芮明杰◎主编

《管理学 现代的观点 》

ANAGEMENT

学 生 用 书   MODERN PERSPECTIVES

第三版前言*

假如我们把泰罗(F.W.Taylor)1911年出版的《科学管理原理》看作是管理开始走向科学的象征的话,那么管理成为一门科学已经有100年了,与其他科学比较,它还是一门年轻的学科。但管理作为人类各项活动中最重要的活动之一最早一直可以追溯到人类的远古时期。那时候,由于人类在面对大自然、面对自身的生存发展等诸多难题时,单个个体几乎无法应付,于是人们不得不形成一个个有序群体来对抗大自然的威胁,来谋求个人无法获得或实现的生存与发展的机会、条件和目标。此时,管理作为协调人群使之组织有序,以便实现大家共同目标的实践活动就已经存在。

尽管今日的人类已掌握了大量的科学技术,在自然界、社会文化等方面的知识积累已十分丰富,在谋求自己的生存与发展方面已有很大的能力,甚至可以"克隆"自己,但这并不意味着人群组织可以解散,管理可以变为个人管理自己时间和事务的一件事。事实上,工业化带来的分工可提高生产效率的概念已深入到现今人类社会的各个领域。筹划未来、协调社会成员的行为、挑战新问题已成为人类社会进步的必要环节,而这些都离不开管理和指导管理实践的管理理论与方法。

—

人类从来没有停止对自己的管理实践行为及其效果进行深刻思考、探索、分析与研究,实际上今天在世界各地,无论是在中国、在印度、在埃及、在希腊、还是在罗马、在法兰西等等,我们依然可以从有限保留下的前人文献中,发现前人关于今天看来属于管理领域的精彩而深邃的论述,令我们赞叹、令我们深思。但历史积淀下来的丰富的管理思想、大量的管理经验经过科学体系化真正开始步入科学的殿堂成为一门科学,还只有100年。

人的生存与发展同其所处自然生态系统与社会生态系统的状况有非常密切的关系,因为人是生物意义上的人,同时也是社会意义上的人。从生物意义上来看,人有"饮食男女"之需求;从社会意义上看,人有交往、沟通、尊重、关爱等一系列需求。一个社会能够为人们提供上述需求的满足十分重要,但这也并不意味着此时人们有了非常好的生存与发展的空间,因为人有思想,有自己的意志,有自己的偏好。事实上,过去所谓的人力资源管理、对人的管理,都是将人当作一种经济资源来看待,在这些管理的过程中人是管理的接受者,受制于企业的制度、规章,受制于生产过程、技术条件,受制于给定的薪金酬劳。在这样的条件下,人是不自在的,类似于一个会说话的工具,供他人驱使。因此到今天为止,人类虽然已经为自己创造了良好的生存发展的自然和社会条件,但人类依然在许许多多的约束条件下生活与工作,远没有

---

* 本前言部分内容为笔者主编的《辉煌六十年:管理实践与管理学创新》中笔者撰写的导论部分内容。

达到所谓的人的全面发展。所谓人的全面的自在的发展,在马克思、恩格斯看来,"只有到了外部世界对个人才能的实际发展所起的推动作用为个人本身所驾驭的时候,才不再是理想、职责等等"①。换句话说,人的全面发展包括两个内容:人的素质的全面增强和人的解放。无论是人的素质的全面增强还是人的解放,只有当人不再受制于自然,不再受制于技术与物质财富并能掌握自己的发展时才有可能。应该说这样一个状况,目前并未达到,但可以证明的是社会进步、技术发展、经济增长均朝着这个方向前进,正在创造人的全面的自在的发展的条件。

从目前人类的经济形态与生产方式正在发生的巨大变化来看,如果说 20 世纪是工业经济时代,那么 21 世纪就是知识经济时代;如果说工业经济时代中人类生产是由人—机组成并以大机器为主导的"规模化、标准化"的生产方式,那么知识经济时代中人类生产则是由人的知识或智慧驱动并由网络连接的计算机辅助系统和柔性制造系统作支撑的"个性化、差异化"的生产方式,即以网络为平台的智能化大规模定制生产方式。与这种新的生产方式相适应,被人—机系统约束控制的人,转变成从事能够体现自己的意志与情趣的创造性工作。对 21 世纪的人来说,工作已经不再是谋生的手段,而是锻炼自我、提高自我、实现自我的必要途径。另一方面,在人类生产过程中形成管理活动是人类的一种基本活动,其性质和内容必然要随着人类生产方式或生活方式的改变而改变。工业经济时代中人类的管理活动一直被"定型"为"主—客"型过程,在这种"主—客"式的管理过程中,只有少数管理者才获得了人或主体人的地位,而大多数的被管理者则处于被动的、从属的地位。这种"主—客"式管理的实质是管理者对被管理者的控制,是管理者行使主体权力,而被管理者放弃主体权力。

在知识经济时代,当人们不再受制于"主—客"型过程,而变革为"主—主"型过程时,即没有什么管理者和被管理者,而是人们都是主体的一种自由协调与合作时,此时每个人都成为自在的人,能够决定自己的发展,在工作中就应该是自我管理,即根据组织总目标的要求,自己管理好给定的工作岗位上的工作任务,在工作中获得其他的享受。所以,以人为本的管理的要害是员工的自我管理。一般的组织可能一下子做不到这一点,因为人的自我管理与人本身的素质是相关的,人的素质不高时让其自我管理必会乱了方寸,企业作为一个功利组织也不能容许,但这并不排除某些方面可实行自我管理,如团队自我管理等。人本管理是一种引导性的自我管理,在自我管理中使人得到全面的发展,它区别于过去组织中所有的人的管理方面的概念。组织重视或提倡这种概念下的人本管理,从功利的角度来看是为了员工可以在更大程度上创造性地发挥自己的潜力,为组织作出贡献;而从客观上来看,则是使组织的员工能够尽可能地全面发展,成为对整个社会有用的人才。

二

管理实践活动是在一定的社会人文环境中发生,在各国经济发展的特定历史过程中展开的。在改革开放发展经济的大潮中,中国的管理学科开始了现代意义上的成长。问题是中国管理学科的成长目标是不是建立现代意义上的先进的管理学科体系,如果是,那么它的发展路径就应该是国际化,与国际先进的学科标准看齐。现代意义上的先进的管理学科体系是否就不需要考虑中国经济社会发展中的管理实际问题,就不需要进行适合本土管理特点的理论

① 马克思、恩格斯:《马克思恩格斯全集》第 3 卷,人民出版社 1960 年版,第 330 页。

与方法的研究创新,就不需要建立适合本土管理需求的管理学科与教育体系? 管理学界对这些问题至今还有不同的看法,有的只强调国际化,只用所谓的国际标准来衡量中国的管理学科与教育,以通过这些标准为荣;有的强调中国的特殊性,认为本土化才是最重要的,特别是这两年中国经济实力有所提高,可以对世界说"不",并且已经学习得差不多应该本土化了。国际化与本土化实际上并不是对立的,本土成功的东西就是国际的,国际先进的如果总是水土不服,它也就不是先进的。管理学科研究对象的情景特征,以及管理学科的应用性特性,决定了国际化与本土化是一个相辅相成的过程,即本土化过程应该同时是国际化的过程,例如研究本土问题就需要用现代国际的方法;而国际化发展的过程不能脱离中国社会、经济与文化,不能脱离中国管理的实践。

一门学科的发展是形而上还是形而下应该与这门学科本身的特点相关。管理学科作为一门科学要不要形而上的东西? 回答是要的。因为管理的哲学、管理的思想是管理学科的重要组成部分。但形而上的东西又不应该都用数量方法形式化地表达。在今天强调研究的科学性与国际接轨的条件下,数量方法形式化的倾向在中国越来越强烈,一些学术期刊被认为高质量仅是因为它只发表运用数量方法的文章。数量方法形式化有其科学上的美,有比较精确的优点,但它是在许多强假设下的产物,可能研究的问题与实际相去甚远。实际上,思想与充分的逻辑演绎应该也是形而上的重要表达。另一方面,管理学科需要形而下,这也是因为管理学科作为实践性很强的应用性学科的特性,我们需要将管理的科学规则有效地予以表达并为广大管理实践者所掌握,不然现实经济中的生产效率与管理水平就难以提高。发展到今天的中国的管理学科还在积极追求形而上,以便与国际接轨,对形而下虽然有认识,但行动不多,以至于在企业管理的实践第一线很难见到管理学者的身影,我以为这不是一个好现象。

社会文化变化下管理学科会不会出现带有不同社会文化特性的管理学派? 回答是肯定的。实际上管理学派早已经存在,目前我们正在推崇发展的管理学科实际上就是管理学科中的主流学派,是西方文明条件下运用科学方法研究工业化时代的管理的学派。但它的科学性表达往往使我们忽视了它的西方文明的痕迹,以为是唯一的东西。其实并不然,东方国家实际上也早就有对管理的研究及相应的思想与方法,也影响着社会的进步与发展,但由于在科学性表达上的问题,使之看上去只是一些思想的火花、经验的表达、警世的名言。因此,对东方特别是我们中国社会文化情景下的管理问题进行研究,并运用许多管理学科的科学方法去研究去表达,不是一件容易的事,需要我们在以下几方面作出努力:第一,以东方(中国)哲学、道德与文化的视角来看待并反思西方哲学与文化视角中的过去与现在的管理理念与思想(甚至是理论),提出新的理念与思想,这肯定是对管理学科发展的贡献。第二,以东方(中国)哲学、道德与文化的视角来看待并研究当下的管理实践,以发现过去没有发现的管理的一般规律与方法,并由此形成对管理学科学性的补充。第三,以东方(中国)哲学、道德与文化的视角来看待并研究东方人文社会情景下的特别的管理方式方法,发现它的艺术性规律。我认为这特别重要,这是东方或者中国管理研究的核心内容。第四,在前述基础上,实证东方或中国管理的绩效问题,这对提高现实资源配置效率有意义。如果我们在以上四个方面不懈地努力,应该可以在不久的将来形成东方管理学派或中国管理学派。

三

尽管 21 世纪的新经济形态可能导致管理及管理学的重大变革,但不管怎样变革,管理学的知识始终要在实践中运用,而这种运用的有效性很大程度上取决于如何将管理学知识与方法结合组织特定的内容进行创新。所谓本土化其实就是管理创新。作为管理理论工作者,我认为我们有责任推动管理的理论与方法不断地向前发展,这种发展的工作之一,就是要将中国的管理经验理论化,写成优秀的教材并使之成为世界的。

1999年我主编的《管理学:现代的观点》由上海人民出版社出版之后,为了方便读者更好地学习这本教材,我在2002年主编了该书的学生用书。2002年本教材被教育部评为全国普通高等学校优秀教材二等奖,表明本教材已经被全国学界认可。2004年时我对教材作了重大修改出版了第二版,还是受到学界与广大读者的欢迎。这些年来,许多学校和企业高管培训机构都把本教材作为管理学课程的教材,还有许多学校把此教材作为硕士研究生和博士研究生入学考试的参考教材。在2007年我主持并以本教材为主要授课内容的《管理学》课程还被评为"上海市精品课程"。然而教材第二版出版至今又过了许多年,其间管理学与管理实践发生了许多变化,我本人对管理学的基本概念、基本原理、基本方法等也有了新的认识。因此,也就有了对此教材进一步修订和完善的想法,就有了此书的第三版。新版本的修改主要从以下三方面进行:

一是对教材(第二版)的总体结构做了一点修改,原来第一篇是"管理的内涵",我仔细考虑后觉得与后面"管理的架构"等还是稍有不协调的方面,而且管理的核心实质是人,第二版虽有对人的问题的阐述,但总觉得分量不够。本次修改把第一篇改为"管理的主体"以凸显人在管理中的重要性,而之后一篇阐述的"管理的架构"实是管理主体开展管理的平台,如此安排就十分妥贴。但这样的写法,可能是管理学教材中比较少见的。

二是对教材(第二版)中的导论进行了替换,把管理理论的发展作为导论的内容,替代了原来的主要论述管理学思想体系与未来的学术性章节。我估计学生们可能不大会认真看原来的导论。现在的导论应该是学生必读的,因为学管理的人,总应该简单了解管理学理论与实践发展的几个关键点,总应该知道一点管理的开山大师。

三是对教材(第二版)中第四篇做了一点修改,主要是用新增加的"组织文化建设"一章替代了原来的"以人为本的管理"。愿景设置与组织的文化建设是密切相关的,愿景应该是组织文化建设中的关键事项之一,同时也是组织未来发展的定位、道路等选择的关键要素。组织文化的建设今天来看已经是管理的重要内容之一,对管理者、管理效率的提升都有重要的影响。

芮明杰
于复旦大学思源楼

目 录

第3篇 管理的过程

第 10 章 决 策

第 11 章 计 划

第 12 章 领 导

第 13 章 激 励

第 **14** 章　控　　制

第 **4** 篇　管理的方式

第 **15** 章　塑造共同愿景

第 **16** 章　组织文化建设

第 **17** 章　实施目标管理

第 5 篇　管理的绩效

第 20 章　管理成本

导 论　管理理论的发展

[**本章概述**]

　　本章按照时间顺序简要介绍了管理理论的发展,从 19 世纪末 20 世纪初兴起的科学管理理论,到 20 世纪 20 年代末兴起的行为科学理论,再到 20 世纪 50 年代的管理科学,最后介绍了现代管理理论的进展。

0.1　科学管理的产生

0.1-1　科学管理的理论核心

　　泰罗于 1911 年出版了他的著作《科学管理原理》,在这本书中,他全面叙述了他的科学管理思想与理论,概括起来主要包括四个方面:

　　(1) 对工人工作的各个组成部分进行科学的分析,以科学的操作方法代替陈旧的操作方法。

　　(2) 科学地挑选工人,对工人进行培训教育以提高工人的技能,促进工人的进取心。

　　(3) 摒弃只顾自己的思想,促进工人之间的相互协作,根据科学的方法共同努力完成规定的工作任务。

　　(4) 管理人员和工人都必须对各自的工作负责。

　　为了实施这一理论,泰罗进一步提出了具体的步骤:

　　(1) 对工作环境进行分析。其中,着重分析要做的工作是什么,谁来做,管理者又应该怎么办?

　　(2) 对工作任务进行分析,如何根据工作的需要和工人的技能分配合适的工作?

　　(3) 要给每一项工作制定工作任务,制定具体的定额,根据这一工作性质和任务要求,精心挑选具有这种技能的工人去承担这项工作。

　　(4) 工人的工作安排就绪后,管理者就要与工人密切合作,要督促工人完成自己的任务,并要做好本范围的各种调配工作和计划工作。

0.1-2　科学管理的贡献

　　科学管理对管理理论体系的形成与发展有着巨大的贡献,具体来说有这样几个方面:

　　(1) 时间和动作研究。

　　科学管理对管理最大的贡献是提出了时间和动作的科学研究方法。时间和动作研究发现了工人在不增加劳动强度的情况下,能最轻松最有效率地进行作业的方法,至今它仍然是企业管理的重要基础。它发挥了以下几个作用:①促进工具和设备的改良;②通过标准时间和实际时间的比较来测定员工的劳动效率;③标准作业时间可以作为奖励工资的基础;④作为估算标准劳务费和制定生产、工程计划的基础。

(2)任务管理。

科学管理理论所提出的任务管理是由科学地规定作业标准、实行标准化、实行激励工资等原理构成的,对今天的企业管理依然有很大的现实意义。

(3)作业人员与管理者的分工协调。

科学管理理论认为,管理人员与作业人员分别有其自己的工作职责,企业效率的责任应两者分摊,并相互协作,即管理人员通过承担其固有的计划职能支持作业人员行使执行职能,使双方配合默契。

0.2 行为科学的兴起

行为科学理论实为人群关系理论,它的产生源于有名的"霍桑实验"。

0.2-1 梅奥教授的见解

梅奥教授提出以下新见解:

(1)霍桑实验证明人是"社会人",是复杂的社会关系的成员,因此,要调动工人的生产积极性,还必须从社会、心理方面去努力。

(2)霍桑实验证实了工作效率主要取决于职工的积极性,取决于职工的家庭和社会生活及组织中人与人的关系。

(3)霍桑实验发现除了正式团体外,职工中还存在着非正式团体,这种无形组织有它特殊的感情和倾向,左右着成员的行为,对生产率的提高有举足轻重的影响。

(4)霍桑实验发现工人所要满足的需要中,金钱只是其中一部分,大部分的需要是感情上的慰藉、安全感、和谐、归属感。

(5)霍桑实验证明,管理人员,尤其是基层管理人员应像霍桑实验人员那样重视人际关系,设身处地地关心下属,通过积极的意见交流,达到感情的上下沟通。

行为科学的产生是管理理论与实践发展的结果,也是当时生存发展对管理的需求的结果。此外,行为科学的产生使企业的老板、管理者重新认识到员工的地位,这对工人在企业中得到一定的尊重也有很大帮助,在某种程度上也缓和了劳资关系。

0.2-2 行为科学的贡献

1. 社会人假定

按照"社会人"假定,在社会上活动的员工不是各自孤立存在的,而是作为某一个群体的一员有所归属的"社会人",是社会存在。"社会人"固然有追求收入的动机和需求,但并不仅仅如此,他在生活工作中还有友谊、安全、尊重和归属等需要。因此,对人的管理不应仅仅从其经济动机的一个方面去考虑,调动人的积极性有时使用非物质的方式、非经济的方法可能更为有效。

2. 需求因素与激励

由于人的需求有不同的层次,因此当人处于某一需求为主的条件下,其行为动机和行为便会带有此种需求未得到满足的特征,为此管理主体可以根据该特征去满足员工的这一需求而使其得到真正的激励。行为科学理论对激励过程和激励模式进行了分析与概括。

3. 作业组合

行为科学认为,作业组合是由共同持有某些准则的员工(管理者与非管理者)所组成的集合体,他们为实现组合体的目标而努力。因此,探讨作业组合的构成、作业组合的特性与运作,分析作业组合的积极效应,就成了行为科学对管理理论的另一贡献。

行为科学在作业组合的研究中得出这样几个颇有意义的结论:(1)作业组合有多种类别,有积极的人际关系型、消极的人际关系型、积极的工作任务型和消极的工作任务型。(2)作业组合形成的原因有工作的空间位置、经济原因、社会心理原因。(3)在组织中,管理者与非管理者都属于一些不同的组。(4)作业组合的基本准则和控制的方法。(5)组合内机制的产生与发展是与管理的要求与压力、达成目标的态势、组合的大小以及成员在满足需求上对组合的依赖相联系的。

4. 领导理论

行为科学家认为,领导是一个个人向其他人施加影响的过程。影响的基础在于权力,一个领导者可以对下属施加影响在于他拥有五种不同的权力:强制权、奖励权、法定权、专长权和个人影响权。行为科学提出了三种广义的领导理论。

(1) 性格理论。即领导者个人性格与其领导行为关系的理论。

(2) 个人行为理论。即依据个人品质或行为方式(风格)对领导风格进行分类的理论,以及管理有效性与行为关系的理论。

(3) 权变理论。即有效的领导取决于外界环境情况与领导者行为的相互作用,没有一种具体的领导方式可以在任何场合下都有效,为此需要根据具体情况创设新的领导方式。

0.3 管理科学的发展

管理科学是继科学管理、行为科学理论之后,管理理论与实践发展的结果。这一理论源于运用应用科学的方法解决生产和作业管理的问题。

管理科学的理论特征有以下四点:(1)以决策为主要的着眼点,认为管理就是决策,给定各种决策分析模型。(2)以经济效果标准作为评价管理行为的依据,为此建立诸如量、本、利等模型以讨论行为的结果及变化。(3)依靠正规数学模型,以数学形式表达解决问题的可行办法,为此,建立合适的模型就成为管理行为可行性的前提。(4)依靠计算机计算复杂的数学方程式,从而得出定量的结论。

0.3-1 管理科学的模型

管理科学中所采用的数学模型可以分成两大类,即描述性模型和规范性模型,其中各自又可分成确定性模型和随机性模型两种。

流行的管理科学模型现有:决策模型;盈亏平衡点模型;库存模型;资源配置模型;网络模型;排队模型;模拟模型。

0.3-2 管理科学的贡献

管理科学对管理理论与实践的贡献也是很大的,突出表现为:(1)科学技术的引入与运用;(2)决策理论的构造;(3)管理信息系统。

0.4 现代管理理论的进展

现代管理理论是指 20 世纪 70 年代开始至今的管理理论,它是科学管理、行为科学和管理科学三阶段演进之后的必然产物,同时又具有不同于前者的特征。

0.4-1 现代企业与现代管理

第二次世界大战后,全球性市场逐步形成,国际竞争激烈,生产活动呈现出大生产的特点,这就是:

(1) 生产规模越来越庞大,产销已扩张到全球;
(2) 生产技术的复杂程度大大增加;
(3) 产品升级换代的周期大大缩短,科技发展速度加快;
(4) 劳动生产率的提高主要不再靠体力劳动的加强,而是靠智力和工作积极性;
(5) 生产日益社会化,使得生产协作关系更加复杂;
(6) 企业与社会的联系日益广泛和密切,社会责任日益加大。

与这些特点相适应,企业规模的发展呈现出两个趋势:一方面出现了不少采用现代企业制度的超大型现代公司,并且不断扩张和发展;另一方面,中小企业大量涌现,其中有些不过是只有几个人的"迷你型"小企业。

0.4-2 现代管理理论的主干

综合地说,现代管理理论的发展可以体现在以下五个方面:(1)管理内涵进一步拓展;(2)管理组织的多样化发展;(3)管理方法日渐科学;(4)管理手段自动化;(5)管理实践的丰富化。

0.4-3 现代管理理论的新思潮

现代管理理论的新思潮当数公司再造、学习型组织、知识管理与管理创新。

1. 公司再造

美国人迈克尔·哈默(Michael Hammer)和詹姆斯·钱比(James Champy)于 1994 年出版了《公司再造》一书。该书一出版便引起管理学界和企业界的高度重视,迅速流传开来。

哈默与钱比认为,亚当·斯密的分工理论始终主宰着当今社会中的一切组织,大部分的企业都建立在效率低下的功能组织上。公司再造是根据信息社会性要求,彻底改变企业的本质,抛开分工的旧包袱,将硬生生拆开的组织架构,如生产、营销、人力资源、财务、管理信息等部门,按照自然跨部门的作业流程,重新组装回去。显然,这样一种重新组装是对过去组织赖以运作的体系与程序的一种革命。

流程的改革建立在信息技术得以高度发展的今天,这是因为信息技术的发展使得效率不一定产生于分工,而有可能产生于整合之中。

2. 学习型组织

彼得·圣吉(Peter M.Senge)于1990年出版了《第五项修炼——学习型组织的艺术与实务》一书。彼得·圣吉以全新的视野来考察人类群体危机最根本的症结所在,认为我们片面和局部的思考方式及由此所产生的行为,造成了目前支离破碎的世界,为此需要突破线性思考的方式,排除个人及群体的学习障碍,重新就管理的价值观念、管理的方式方法进行革新。

彼得·圣吉提出了学习型组织的五项修炼,认为这五项修炼是学习型组织的技能。

第一项修炼:自我超越。"自我超越"的修炼是学习不断深入并加深个人的真正愿景,集中精力,培养耐心,并客观地观察现实。它是学习型组织的精神基础。

第二项修炼:改善心智模式。"心智模式"是指根深蒂固于每个人或组织之中的思考方式和行为模式,它影响人或组织如何了解这个世界,以及如何采取行动的许多假设、成见,甚至是图像、印象。第二项修炼就是要把镜子转向自己,先修炼自己的心智模式。

第三项修炼:建立共同愿景。如果有任何一项理念能够一直在组织中鼓舞人心,凝聚一群人,那么这个组织就有了一个共同的愿景,就能够长久不衰。第三项修炼就是要求组织能够在今天与未来环境中寻找和建立这样一种愿景。

第四项修炼:团队学习。团队学习的修炼从"深度汇谈"开始。"深度汇谈"是一个团队的所有成员,摊出心中的假设,从而实现真正一起思考的能力。"深度汇谈"的修炼也包括学习找出有碍学习的互动模式。

第五项修炼:系统思考。这一项修炼是要让人与组织形成系统观察、系统思考的能力,并以此来观察世界,从而决定我们正确的行动。

3. 知识管理

知识管理可以看作是一个管理各种知识的连续过程,以满足现在和将来出现的各种需要,确定和探索现有和可获得的知识资产,开发新的机会。

知识管理本质是要将组织拥有的各类知识有效地管理起来,进行知识的合理配置与创新,使知识在组织资源配置中能够创造出更大的价值。

组织内知识管理的目标可以有六个方面:第一是知识的发布,以使一个组织内的所有成员都能应用组织的知识;第二是知识的传递,确保组织的成员需要知识时可以随时获得;第三是动员资源进行知识的创新,获得知识的优势;第四是有效地从外部获得组织所需的知识;第五是推进知识和新知识在组织内的学习与扩散;第六是确保组织成员不断地进行组织知识的积累。

4. 管理创新

管理创新是指创造一种新的更有效的资源整合范式,这种范式既可以是新的有效整合资源以达到组织目标和责任的全过程管理,也可以是新的具体资源整合及目标制定等方面的细节管理。

管理创新概念至少可以包括下列五种情况:(1)提出一种新发展思路并加以有效实施;(2)创设一个新的组织机构并使之有效运转;(3)提出一个新的管理方式方法;(4)设计一种新的管理模式;(5)进行一项制度的创新。

本章思考题参考解答

1. 科学管理理论对管理理论及管理实践的最大贡献是什么？

答：科学管理对管理理论体系的形成与发展有着巨大的贡献，具体来说有这样几个方面：

（1）时间和动作研究。它发挥了以下几个作用：①促进工具和设备的改良；②通过标准时间和实际时间的比较来测定员工的劳动效率；③标准作业时间可以作为奖励工资的基础；④作为估算标准劳务费和制定生产、工程计划的基础。

（2）任务管理。科学管理理论所提出的任务管理是由科学地规定作业标准、实行标准化、实行激励工资等原理构成的，对今天的企业管理依然有很大的现实意义。

（3）作业人员与管理者的分工协调。科学管理认为，管理人员与作业人员分别有其自己的工作职责，企业效率的责任应两者分摊，并相互协作，即管理人员通过承担其固有的计划职能支持作业人员行使执行职能，使双方配合默契。

2. 把工人假定为"经济人"在目前的环境中是否基本正确？

答：在劳动仍被作为谋生的手段时，在收入水平不高而且对丰富的物质产品世界充满欲望时，人的行为背后确有经济动机在起作用。因此，经济人假设利用人的这一经济动机，来引导和管理人们的行为，应该是一大创新。它开创了对人的管理从其内在动机出发而不是一味压迫、规制的方式。在目前的情况下，工人的收入水平相对比较低，在部分地区和部分产业把工人看作经济人仍有其合理的成分。

3. 试比较"经济人"假设与"社会人"假设的差异与相应的影响？

答："经济人"假定：工人工作的目的是获取最大的工资收入。在劳动仍被作为谋生的手段时，在收入水平不高而且对丰富的物质产品世界充满欲望时，人的行为背后确有经济动机在起作用。因此，经济人假设利用人的这一经济动机，来引导和管理人们的行为，应该是一大创新。它开创了对人的管理从其内在动机出发而不是一味压迫、规制的方式。

"社会人"假定：社会中的个人决不是惟利是图的纯经济人，而是作为某一个群体的一员有所归属的"社会人"。"社会人"固然有追求收入的动机和需求，但并不仅仅如此，他在工作生活中还需要得到友谊、安全、尊重和归属等需要。

社会人假设提出了新的对人管理的方案，其要点为：(1)管理人员要有人际关系处理技能。(2)让职工参与决策。(3)上下沟通。(4)提案制度。(5)面谈制度。

社会人假设及其管理方案的提出是企业对人的价值的重新评估，从经济人到社会人，使对人的看法更接近人的本来面目。与此相应的管理方案已不再把人单纯地看作一个被动的接受管理者，一个经济动物，而是从人的社会需要各方面出发对人的行为加以引导，这种引导更多地从协作的目的出发，这比科学管理的经济人方案进了一大步。然而这种方案的功利性目标依然很强，方案的出发点依然是管理主体的企业家或管理者，换句话说方案本身只是为企业主、管理者们设计的，被管理者的角色依然是既定的。

4. 行为科学理论分析基础是什么？

答：行为科学理论实为人群关系理论，它的产生源于有名的"霍桑实验"。根据霍桑实验，梅奥教授提出以下新见解，这也就是行为科学理论建立的基础：(1)霍桑实验证明人是"社会人",是复杂的社会关系的成员,因此,要调动工人的生产积极性,还必须从社会、心理方面去努力。(2)霍桑实验证实了工作效率主要取决于职工的积极性,取决于职工的家庭和社会生活及组织中人与人的关系。(3)霍桑实验发现除了正式团体外,职工中还存在着非正式团体,这种无形组织有它特殊的感情和倾向,左右着成员的行为,对生产率的提高有举足轻重的影响。(4)霍桑实验发现工人所要满足的需要中,金钱只是其中一部分,大部分的需要是感情上的慰藉、安全感、和谐、归属感。(5)霍桑实验证明,管理人员,尤其是基层管理人员应像霍桑实验人员那样重视人际关系,设身处地地关心下属,通过积极的意见交流,达到感情的上下沟通。

行为科学的产生是管理理论与实践发展的结果,也是当时生存发展对管理的需求的结果。

5. 决策对于管理体系来说是最大的工作吗?

答:"管理即决策"的观点是由诺贝尔经济学奖获得者西蒙教授提出的,根据他的观点,可以认为决策对于管理体系来说是最大的工作。

6. 现代管理理论的新进展有哪些?

答:进入 20 世纪 90 年代新的管理思潮不断涌现,包括"公司再造"、"第五项修炼""知识管理"和"管理创新"。有人认为这些是管理的革命,将导致传统管理理论与实践实现全面革新,开创全新的管理天地。

本章测试题

1. 科学管理兴起于哪一个阶段? （　　）

    A. 19 世纪末 20 世纪初   B. 19 世纪 90 年代

    C. 19 世纪 80 年代   D. 19 世纪 70 年代

    E. 20 世纪初

2. 科学管理的理论核心不包括以下哪项? （　　）

    A. 对工人工作的各个组成部分进行科学的分析,以科学的操作方法代替陈旧的操作方法。

    B. 科学地挑选工人,对工人进行培训教育以提高工人的技能,促进工人的进取心。

    C. 摒弃只顾自己的思想,促进工人之间的相互协作,根据科学的方法共同努力完成规定的工作任务。

    D. 管理人员和工人都必须对各自的工作负责。

    E. 将人看作为经济人。

3. 科学管理的贡献不包括以下哪项? （　　）

    A. 时间和动作研究   B. 任务管理

    C. 作业人员与管理者的分工协调   D. 经济人的提出

4. 行为科学的产生源于哪次实验？　　　　　　　　　　　　　　　　　　（　　）

    A. 梅奥实验　　　　B. 霍桑实验　　　　C. 行为实验　　　　D. 科学实验

    E. 西屋实验

5. 梅奥教授的见解不包括以下哪项？　　　　　　　　　　　　　　　　　（　　）

    A. 霍桑实验证明人是"社会人"，是复杂的社会关系的成员，因此，要调动工人的生产积极性，必须从社会、心理方面去努力。

    B. 霍桑实验证实了工作效率主要取决于职工的积极性，取决于职工的家庭和社会生活及组织中人与人的关系。

    C. 霍桑实验发现除了正式团体外，职工中还存在着非正式团体，这种无形组织有它特殊的感情和倾向，左右着成员的行为，对生产率的提高有举足轻重的影响。

    D. 霍桑实验发现工人所要满足的需要中，金钱只是其中一部分，大部分的需要是感情上的慰藉、安全感、和谐、归属感。

    E. 霍桑实验证明，管理人员，尤其是基层管理人员应像霍桑实验人员那样重视人际关系，设身处地地关心下属，通过积极的意见交流，达到感情的上下沟通。

    F. 梅奥教授在总结霍桑实验的基础上提出了著名的"管理方格理论"。

6. 行为科学的主要贡献不包括以下哪项？　　　　　　　　　　　　　　（　　）

    A. 社会人假设　　　B. 需求要素与激励　　C. 作业组合　　　　D. 领导理论

    E. 计时工资

7. 以下哪个理论属于广义的领导理论？　　　　　　　　　　　　　　　　（　　）

    A. 权变理论　　　　　　　　　　　B. 决策理论

    C. 盈亏平衡理论　　　　　　　　　D. 需求层次理论

    E. 双因素理论

8. 彼得·圣吉提出了学习型组织的五项修炼，以下哪一项不包括在内？　（　　）

    A. 自我超越　　　　B. 改善心智模式　　　C. 建立共同愿景　　D. 团队学习

    E. 互相批评　　　　F. 系统思考

9. 现代管理理论的发展不包括以下哪项？　　　　　　　　　　　　　　（　　）

    A. 管理内涵进一步拓展　　　　　　B. 管理组织的多样化发展

    C. 管理方法日渐科学　　　　　　　D. 管理手段自动化

    E. 管理实践的丰富化　　　　　　　F. 管理深化

10. 决策理论构造是由谁提出的？　　　　　　　　　　　　　　　　　　（　　）

    A. 李嘉图　　　　　B. 彼得·圣吉　　　　C. 西蒙　　　　　　D. 科斯

    E. 熊彼特

11. 以下哪个管理创新的概念最为贴切? （ ）
   A. 用新的更有效的方式方法来整合组织资源,以便更有效地达成组织的目标
   B. 管理创新就是节约交易成本
   C. 管理创新是指创造一种新的更有效的资源整合范式,这种范式既可以是新的有效整合资源以达到组织目标和责任的全过程管理,也可以是新的具体资源整合及目标制定等方面的细节管理
   D. 管理创新是组织创新在企业经营层次上的辐射
   E. 管理创新就是对资源的重新配置

12. 管理的一个本质特征就是创造性,管理创新不包括以下哪一项? （ ）
   A. 提出一种新的发展思路并加以有效实施
   B. 开发一种新的技术
   C. 创设一个新的组织机构并使之有效运转
   D. 设计一种新的管理模式
   E. 提出一个新的管理方式方法
   F. 进行一项制度的创新

第 1 篇

管理的主体

第**1**章 管理的内涵

[**本章概述**]

　　本章首先讨论了管理的定义、特性,接着阐述了管理的基本对象、资源配置的要求、过程及机制,最后论述了管理的目标、基本手段等内容,使读者对管理有一个初步的认识,同时为本书继续深入讨论管理的架构、过程、方式和绩效奠定理论基础。

1.1　管理的定义与特性

1.1-1　管理的定义

　　管理是对组织的资源进行有效整合以达成组织既定目标与责任的动态创造性活动。计划、组织、指挥、协调和控制等行为活动是有效整合资源所必需的活动,故而它们可以归入管理的范畴之内,但它们又仅仅是帮助有效整合资源的部分手段或方式,因而它们本身并不等于管理,管理的核心在于对现实资源的有效整合。

1.1-2　管理的特性

　　管理作为人类的一项活动,不同于文化活动、科学技术活动和教育活动等,它具有动态性、科学性、艺术性、创造性和经济性这五个特性。

　　1. 动态性

　　管理这类活动的动态性特征主要表现在这类活动需要在变动的环境与组织本身中进行,需要消除资源配置过程中的各种不确定性。

　　2. 科学性

　　管理活动可分成两大类:一是程序性活动,二是非程序性活动。这两类活动虽然不同,但又是可以转化的,实际上,现实的程序性活动就是以前非程序性活动转化而来的,这种转化的过程是人们对这类活动和管理对象规律性的科学总结,管理的科学性在这里得到了很好的体现。

　　3. 艺术性

　　事实上,管理主体对这种管理技巧的运用与发挥,体现了管理主体设计和操作管理活动的艺术性。在众多可选择的管理方式中选择一种合适的用于现实的管理之中,这也是管理主体进行管理的一种艺术性技能。

　　4. 创造性

　　管理既然是一种动态活动,既然对每一个具体的管理对象没有一种唯一的完全有章可循的模式可以参照,那么欲达到既定的组织目标与责任,就需要有一定的创造性。图1.1为管理特性相互关联图。

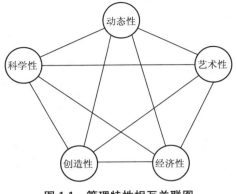

图 1.1　管理特性相互关联图

5. 经济性

管理的经济性首先反映在资源配置的机会成本之上。其次,管理的经济性反映在管理方式方法选择上的成本比较。再次,管理是对资源有效整合的过程,因此选择不同资源供给与配比,就有成本大小的问题,这就是经济性的另一种表现。管理的上述五个特性是相互关联的,是管理性质的五个不同方面的反映,其相互关系可用图1.1表示。

1.2　管理的对象

1.2-1　管理的基本对象

任何一个组织尽管其存续的目的不同、形态不同,但都必须拥有一定的资源,否则就无法维持组织的存续。任何一个组织为了存续至少需要下述类型的资源:(1)人力资源;(2)金融资源;(3)物质资源;(4)信息资源;(5)关系资源。

1.2-2　资源的有限性

每个组织所拥有的资源尽管在数量、质量、种类上都不尽相同,但一定是有限的。组织资源的有限性首先在于人类社会赖以生存发展的自然资源是有限的;其次,组织赖以生存的人文社会资源也是有限的;再次,就是人们从自然界摄取资源后创造的财富相对于人们的需求而言也是有限的。实际上,后两个方面的有限性根本上取决于自然资源的有限性,其次取决于人们现时认识能力和创造能力的有限性。

组织拥有资源的有限性对组织的行为产生了巨大的影响:

(1) 组织资源的有限性对组织目标的确定有很大的影响;

(2) 组织的有限资源与组织可调动的资源可能是不相等的;

(3) 组织资源的有限性要求组织应该充分有效地利用这些有限的资源,使之发挥最大的效用;

(4) 组织资源的有限性导致组织需要一些活动或工作来对有限的资源进行安排,以便以尽量少的资源使用获得最大的收益。

"资源有限,创意无限",这才是现代组织在面对自己有限资源时的正确态度。

1.2-3　资源配置的要求及配置过程

资源配置是指对有限的不同类型的资源,根据组织目标和产出物内在结构要求,在量、质等方面进行不同的配比,并使之在产出过程中始终保持相应的比例从而使产出物成功产出。所以,资源配置有两个重要的要求:(1)要有与产出物结构需求一致的资源配置结构;(2)要对资源的市场价格变化作出反应。

实现资源配置这两个重要要求的过程就是资源配置的过程,管理就是这一过程中的一类活动。管理作为对组织内有限资源有效整合的活动,贯穿于组织资源配置的全过程。在组织的资源配置过程中,人力资源起到决定性的作用。

1.2-4 资源配置机制

组织内资源的配置主要依赖行政机制,即利用科层制的行政官僚机构,通过命令、执行、检查监督等手段来保证资源配置的有效性。

1.3 管理的目标与基本手段

1.3-1 管理的目标

1. 管理的目标是双重的

组织既定目标是通过一系列资源配置活动的衔接逐步实现的,这种衔接可以是按不同活动的先后顺序进行,也可以是不同活动并行直至最终协调成功。故组织既定目标一定是层层纵向分解或按照不同领域横向分解,这些分解后的小目标既是组织既定目标的规定,又是管理活动或工作欲达成的具体目标。

2. 组织既定目标的双重性

组织既定的目标具有双重特性:功利性和非功利性。组织既定目标的功利性是指组织既定目标设定的核心特性。例如,企业这么一个经济组织其既定目标为最大利润或满意利润,这一目标的核心特性就是企业运行的根本理由,可称之为功利性的。

组织既定目标的非功利性则是指目标实现过程中所获得的非既定设想的其他价值。

随着社会的发展、国家的进步,社会与国家对组织的要求也越来越高,这就是希望组织在实现其既定目标的过程中既要完成它的功利特性,这是组织自身的根本追求,同时也希望在这一实现目标的过程中能够获得符合社会进步、国家发展要求的组织的非功利性价值。

3. 管理目标与组织目标

图1.2表达的关系有三个层次:

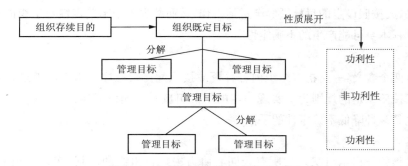

图1.2 组织目标与管理目标关系图

(1) 组织存续目的决定了组织在资源配置方面的既定目标,事实上组织资源配置既定目标是组织存续目的的阶段性展示。

(2) 组织既定目标分解成各类管理活动的具体目标,这些具体目标的逐步实现将最终帮助实现组织既定目标。

（3）组织既定目标的功利性和非功利性反映在具体的管理活动上时，很难将其按照不同的特性分开来。

1.3-2　管理过程的不确定性

管理主体对管理客体实施管理以达成组织既定目标与责任，这就是管理过程。这一过程包含着巨大的不确定性。

1. 管理客体的不确定性

管理客体不确定性是指确定管理对象的条件的不确定性。

2. 管理运行的时空不确定性

时空的不确定性关键在于时空本身在运动变化。

3. 管理工具、手段的不确定性

一些现有的管理工具、手段和方法是确定的，但它们的运作效果是难以确定的，尤其是"软"的管理方式方法。

4. 管理实施结果的不确定性

由于上述诸多方面的不确定性导致管理主体作用于管理客体的效果也是不确定的，即一定会与既定的目标和应负的责任有所不同。

1.3-3　管理的基本手段

管理过程中的诸多不确定性是进行有效配置资源、达成组织既定目标与责任的障碍。为此，作为管理主体就必须在管理过程中寻找一些特殊手段或行为来帮助降低这些不确定性，使实际的结果与预期的目标相一致。计划、组织、指挥、协调、控制等就是这一类的行为活动。

1. 计划

计划是指对未来的行动或活动以及未来资源供给与使用的筹划。从计划的定义、目标及其功能来看，计划无非是一种降低组织在资源配置过程中的不确定性的一种手段，事实上无论是战略计划，还是职能部门计划，对未来行为的一种筹划就是希望通过事先的安排有准备地迎接未来，或按照设定的目标循序渐进地工作，从而减少未来不确定性对组织的冲击，减少未来工作过程本身可能产生的不确定性。

2. 组织

组织有两个含义：一是指将组织内各种资源按照配比及程序要求有序地进行安置；另一是指一群人按照一定的规则为了实现一定的目的组成一个团体或实体。前一种含义下的组织事实上也是一种降低不确定性的手段。

3. 指挥

指挥是指领导指示组织内的所有人同心协力去执行组织的计划，实现组织的目标。因此，指挥这一行为活动也是一种降低组织运作过程中不确定性的手段。

4. 协调

协调是指将资源按照规则和配比安排的一种活动，也是将专业化分工条件下各自的工作行为成果有序统一的活动。没有协调就不会有合力，由分工产生的不确定性就无法消除。

5. 控制

控制是指根据既定目标不断跟踪和修正所采取的行为,使之朝着既定目标方向动作并实现预想的成果或业绩。

传统的管理理论将计划、组织、指挥、协调和控制看作是管理的职能实在是局限了管理的内涵和管理职能的内涵。假定管理职能仅被定义为管理分类活动的总称,那么现在与未来的管理职能绝对不仅仅就只有计划、组织、指挥、协调和控制。例如,信息社会中信息的收集与处理这类活动就应该属于管理活动,也可称之为管理的职能。这就好像有的管理著作将领导、监督也称为管理的职能一样。所以准确地说,计划、组织、指挥、协调和控制只是帮助进行资源有效整合、降低不确定性和风险以达成目标的基本手段。

本章思考题参考解答

1. 组织资源的有限性会不会对组织发展产生巨大的约束?

答:每个组织所拥有的资源尽管在数量、质量、种类上都不尽相同,但一定是有限的。组织资源的有限性首先在于人类社会赖以生存发展的自然资源是有限的;其次,组织赖以生存的人文社会资源也是有限的;再次,就是人们从自然界摄取资源后创造的财富相对于人们的需求而言也是有限的。实际上,后两个方面的有限性根本上取决于自然资源的有限性,其次取决于人们现时认识能力和创造能力的有限性。组织拥有资源的有限性对组织的行为产生了巨大的影响。体现在:(1)组织资源的有限性对组织目标的确定有很大的影响。(2)组织的有限资源与组织可调动的资源可能是不相等的。(3)组织资源的有限性要求组织应该充分有效地利用这些有限的资源,使之发挥最大的效用。(4)组织资源的有限性导致组织需要一些活动或工作来对有限的资源进行安排,以便以尽量少的资源使用获得最大的收益。"资源有限,创意无限",这才是现代组织在面对自己有限资源时的正确态度。

2. 管理的基本问题是什么?

答:管理是对组织的资源进行有效整合以达成组织既定目标与责任的动态创造性活动。计划、组织、指挥、协调和控制等行为活动是有效整合资源所必需的活动,故而它们可以归入管理的范畴之内,但它们又仅仅是帮助有效整合资源的部分手段或方式,因而它们本身并不等于管理,管理的核心在于对现实资源的有效整合。从管理的定义中可以看到,管理与组织分不开,而组织又是人们为了某一个目的,遵循共同的准则而形成的团体。人、组织与管理是不可分割的整体,也正是如此,管理的基本问题就是如何在变动的环境中激发人的潜力,将组织有限的资源进行有效配置,以达到既定的目标。

3. 试列举5个管理实例,说明管理的5个特性。

答:管理作为人类的一项活动,不同于文化活动、科学技术活动和教育活动等,它具有动态性、科学性、艺术性、创造性和经济性这五个特性。(事例略)

4. 组织目标如何能分解为一系列管理活动的目标?

答:组织既定目标有功利性和非功利性的双重特性,管理目标作为组织既定目标分解后的具体目标,同时又以组织既定目标作为管理目标的最终目标。具体见图1.2。

5. 组织运行过程将会遇到哪些方面的不确定性？

答：管理主体对管理客体实施管理以达成组织既定目标与责任,这就是管理过程。这一过程包含着巨大的不确定性,具体有:(1)管理客体的不确定性。管理客体不确定性是指确定客体的条件的不确定性。(2)管理运行的时空不确定性。时空的不确定性关键在于时空本身在运动变化,即随着管理过程的展开而循其自身规律发展变化。(3)管理工具、手段的不确定性。一些现有的管理工具、手段和方法是确定的,但它的运作效果是难以确定的,尤其是"软"的管理方式方法。(4)管理实施结果的不确定性。由于上述诸多方面的不确定性导致管理主体作用于管理客体的效果也是不确定的,即一定会与既定的目标和应负的责任有所不同。

6. 管理基本手段的功效是什么？

答：管理过程中的诸多不确定性是有效配置资源、达成组织既定目标与责任的障碍。为此,作为管理主体就必须在管理过程中寻找一些特殊手段或行为来帮助降低这些不确定性,使实际的结果与预期的目标相一致。计划、组织、指挥、协调和控制等就是这一类的行为活动。

计划是指对未来的行动或活动以及未来资源供给与使用的筹划。从计划的定义、目标及其功能来看,计划无非是一种降低组织在资源配置过程中的不确定性的一种手段,事实上无论是战略计划,还是职能部门计划,对未来行为的一种筹划就是希望通过事先的安排有准备地迎接未来,或按照设定的目标循序渐进工作,从而减少未来不确定性对组织的冲击,减少未来工作过程本身可能产生的不确定性。

组织有两个含义:一是指将组织内各种资源按照配比及程序要求有序地进行安置;另一是指一群人按照一定的规则为了实现一定的目的组成一个团体或实体。在前一种含义下的组织事实上也是一种降低不确定性的手段。

指挥是指领导指示组织内的所有人同心协力去执行组织的计划,实现组织的目标。因此,指挥这一行为活动也是一种降低组织运作过程中不确定性的手段。

协调是指将资源按照规则和配比安排的一种活动,也是将专业化分工条件下各自的工作行为成果有序统一的活动。没有协调就不会有合力,由分工产生的不确定性就无法消除。

控制是指根据既定目标不断跟踪和修正所采取的行为,使之朝着既定目标方向运作并实现预想的成果或业绩。

传统的管理理论将计划、组织、指挥、协调和控制看作是管理的职能实在是局限了管理的内涵和管理职能的内涵。假定管理职能仅被定义为管理分类活动的总称,那么现在与未来的管理职能绝对不仅仅就只有计划、组织、指挥、协调和控制。例如,信息社会中信息的收集与处理这类活动就应该属于管理活动,也可称之为管理的职能。这就好像有的管理著作将领导、监督也称为管理的职能一样。所以准确地说,计划、组织、指挥、协调和控制只是帮助进行资源有效整合,降低不确定性和风险以达成目标的基本手段。

本章案例参考解答

1. 结合所学的管理概念分析以上案例,思考三校合并的动力是什么,进而思考管理内涵。

答：三校各有所长,优势互补,合并后能够形成挑战名校的实力。管理是对组织的有限资源进行有效配置,以达成组织既定目标与责任的动态创造性活动。计划、组织、指挥、协调和控制等行为活动是管理复杂后进行专业化分工的管理专业活动,是有效整合资源所必需的活动,但它们每一类又仅仅是帮助有效整合资源的部分手段或方式,因而它们本身并不等于管理,管理的核心在于对现实资源的有效整合。

2. 以上案例中,刘院长对人性的理解是什么？你是否认同他的看法？并进一步讨论对人性的不同看法会给管理者的管理活动带来什么影响。

答:刘院长认为教师和学生都是识大体、明大局的,只要良好的沟通,给他们发言和自主决定的权利,他们都会表现得很好。按照"社会人"的假设,在社会上活动的职工不是各自孤立的存在,而是作为某一集团或组织的一员的"社会人",是社会的存在。"社会人"不仅要求在社会上寻求较高的收入以便改善经济条件、谋求较高的生活水准,而且作为人,他们还有七情六欲,还需要得到友谊、安定和归属感,还需要得到尊重,追求自我实现。马斯洛的"需要层次理论"实际上就是在"社会人"的假设上发展起来的。

社会人假设提出了新的对人管理的方案,其要点为:(1)管理人员要有人际关系处理技能。(2)让职工参与决策。(3)上下沟通。(4)提案制度。(5)面谈制度。社会人假设及其管理方案的提出是企业对人的价值的重新评估,从经济人到社会人,使对人的看法更接近人的本来面目。与此相应的管理方案已不再把人单纯地看作一个被动的接受管理者、一个经济动物,而是从人的社会需要各方面出发对人的行为加以引导,这种引导更多地从协作的目的出发。对人性的不同看法会影响管理的计划、组织、指挥、协调和控制等管理手段和行为,要达成组织既定目标与责任就需要综合运用计划、组织、指挥、协调和控制等手段来帮助进行资源有效整合,降低不确定性和风险。

3. 为何刘院长以往的管理方法现在不奏效了？谈谈一个组织在不同时期为何要采取不同的管理方式。如果你是刘院长,你会怎样去管理材料学院？

答:自从有人群组织以来,便存在管理这一类活动,管理活动具有动态性,主要表现在这类活动需要在变动的环境与组织本身中进行,需要消除资源配置过程中的各种不确定性。管理主体对管理客体实施管理以达成组织既定目标与责任的过程中,包含着巨大的不确定性,包括管理客体的不确定性,管理运行的时空不确定性,管理工具、手段的不确定性,管理实施结果的不确定性。作为管理主体就必须在管理过程中寻找一些特殊手段或行为帮助降低这些不确定性,使实际的结果与预期的目标相一致。事实上,由于各个组织所处的客观环境与具体的工作环境不同,各个组织的目标与从事的行业不同,从而导致了每个组织中资源配置的不同性,这种不同性就是动态特性的一种派生,因此,不存在一个标准的处处成功的管理模式。

由于管理对象分别处于不同环境、不同行业、不同的产出要求、不同的资源供给条件等状况下,这就导致了对每一具体管理对象的管理没有一个唯一的完全有章可循的模式,特别对那些非程序性的、全新的管理对象,则更是如此。既然对每一个具体的管理对象没有一种唯一的完全有章可循的模式可以参照,那么,欲达到既定的组织目标与责任,就需要有一定的创造性。每个组织所拥有的资源都是有限的,管理过程中的诸多不确定性是有效配置资源、达成组织既定目标与责任的障碍,所以刘院长在制定组织目标后,需系统使用计划、组织、指挥、协调和控制等手段来帮助降低不确定性,以达成既定目标,有效整合现实资源。

本章测试题

1. 以下哪一项不是管理的特征? （　　）

　　A. 动态性　　　　　B. 科学性　　　　　C. 艺术性　　　　　D. 创造性

　　E. 经济性　　　　　F. 直觉性

2. 以下哪一项不是管理过程的不确定性? （　　）

　　A. 管理工具、手段的不确定性　　　　　B. 管理运行的时空不确定性

　　C. 管理客体的不确定性　　　　　　　　D. 管理实施结果的不确定性

　　E. 管理主体的不确定

3. 以下哪一项不是管理的手段? （　　）

　　A. 计划　　　　　B. 组织　　　　　C. 指挥　　　　　D. 协调

　　E. 控制　　　　　F. 策划

4. 管理的基本问题是什么? （　　）

　　A. 如何在变动的环境中激发人的潜力,将组织的资源进行有效的配置,以达成组织既定的目标

　　B. 人、组织与管理的互动管理

　　C. 根据企业生命周期来选择管理模式

　　D. 根据环境变动来选择管理模式

　　E. 使组织中所有的人能够自我实现

5. 管理的核心是什么? （　　）

　　A. 管理被管理者　　　　　　　　B. 完成组织既定的目标

　　C. 获得最大利润　　　　　　　　D. 对现实资源的有效整合

　　E. 计划、组织、指挥、协调和控制

6. 管理目标与组织目标的关系是什么? （　　）

　　A. 管理目标是总目标,组织目标是分解后的目标

　　B. 管理目标与组织目标是一个概念

　　C. 组织目标从属于管理目标

　　D. 组织既定目标分解成各类管理活动的具体目标

　　E. 管理目标与组织目标没有关系

7. 计划、组织、指挥、协调和控制的实质是以下哪一个? （　　）

　　A. 管理的职能　　　B. 管理的内涵　　　C. 管理的特征　　　D. 管理的属性

　　E. 帮助进行资源有效配置,降低不确定性和风险以达成组织目标

第2章 管理中的人

[本章概述]

本章论述了对管理中的人认识的深化过程,提出了人本管理的核心内容是人的自我管理这一观点,并具体阐述了人本管理的方式。

2.1 对人认识的深化

2.1-1 受雇人

资本主义初期,资本家对工人的看法是:(1)一般人有一种不喜欢工作的本性,只要可能,他就会逃避工作;(2)由于人类不喜欢工作的本性,对于绝大多数人必须加以强迫、控制、指挥,以惩罚相威胁,使他们为实现组织目标而付出适当的努力;(3)一般人宁愿受指挥,希望逃避责任,较少有野心,对安全的需要高于一切。

在这么一种对企业工人的看法(忽视了工人的一切需求和对利益的追求)下,工人工作的一切积极性和创造性都被抹杀了,管理者与被管理者的人际关系十分紧张,工人把工作仅视为糊口的手段,不满与反抗时常在企业中爆发。

2.1-2 经济人

泰罗认为,工人的目的是获取最大的工资收入。假如在能够判定工人工作效率比往常提高多少的前提下,给予工人一定量的工资激励,会引导工人努力工作,服从指挥,接受管理。结果是工人得到实惠即工资增加,而企业主们则增加了收入,也方便了管理。

在劳动仍被作为谋生的手段时,在收入水平不高而且对丰富的物质产品世界充满欲望时,人的行为背后确有经济动机在起作用。因此,经济人假设利用人的这一经济动机来引导和管理人们的行为,应该是一大创新。它开创了对人的管理从其内在动机出发而不是一味压迫、规制的方式。

2.1-3 社会人

按照"社会人"的假设,在社会上活动的职工不是各自孤立的存在,而是作为某一集团或组织的一员的"社会人",是社会的存在。"社会人"不仅要求在社会上寻求较高的收入以便改善经济条件、谋求较高的生活水准,而且作为人,他们还有七情六欲,还需要得到友谊、安定和归属感,还需要得到尊重。这种社会人,是作为集团或组织的一员而行动的,他的行动背后以社会需要为动机。

社会人假设提出了新的对人管理的方案,其要点为:(1)管理人员要有人际关系处理技能;(2)让职工参与决策;(3)上下沟通;(4)提案制度;(5)面谈制度。

2.1-4　管理人

西蒙认为,管理就是决策,管理的一切活动都可归结为决策活动。因此,既然企业中的所有员工都在做决策,则他们都应当是管理的出发者,是"管理人"。

管理人假设的提出及派生的管理思路、理论和方法在企业中的运用,是对人的管理、人的价值的一种更为全面的认识。首先,它确认了企业员工都是决策者这一不同凡响的观点,认为企业的成功有赖于全体员工一致的决策和一致的努力,企业员工都具有管理者和被管理者的双重身份,工作的不同只是决策分工的不同。其次,可以通过适当分权让每个人都有自主开展工作的天地,发挥其聪明才智和创造力潜能,而这将更有利于企业资源的有效整合。第三,人的成就感是人自我发展的动力,企业不应该仅仅是使用人的场所,还应该是发展、培养和造就人的学校。

2.1-5　自我实现的人

这一假设很大程度上依赖于心理学家马斯洛的"需要层次论"。自我实现的人是其他所有需要都基本得到满足而只追求自我实现需要的人。

对自我实现的人的管理方式是给予其一个可以发挥自己才能的领域。给员工一个领域关键在于合适的授权,在授权的同时明确员工的责任。合适的授权通常取决于以下三个基本因素:(1)这位员工所处工作岗位的特性,如工作岗位的层次、工作的复杂程度和工作的程序化程度等;(2)这位员工需做决策的范围大小,即他的决策涉及面的大小;(3)决策的频度,即这位员工在其工作中需做决策的次数是否很多,显然,决策越频繁,授权就越应该大些。

2.2　以人为本的管理

人本管理的核心是通过自我管理来使员工驾驭自己、发展自己,进而达到全面自在的发展。

2.2-1　人本管理对人的假设

人本管理实际假设人是追求"自我实现"的社会人,正因为人们追求自我实现,才可能自己对自己进行约束和激励。自我实现的人是其他所有需要都基本得到满足而只追求自我实现需要的人。

既然现代企业中的员工可以假定为是追求自我实现需求的人,那么现代企业在对员工的管理方面就必须设计全新的组织体系,创设全新的机制,给予良好的环境,允许这些员工在企业工作中获得成就,发挥自己的潜力,实现自己的价值。

2.2-2　自我管理的前提

自我管理的一个重要前提就是授权,即组织给你工作任务时给予你完成任务的相应权力,你可在权力范围内自主管理,以便恰当地完成所交给的任务。授权本身也有四项基本前提。

1. 价值观共识化

这实际上就是一个共同愿景的问题,即在执行授权时,组织与员工均要有一个共同的价值观与共同愿景。因为共同的价值观与共同愿景给了每个员工一个自主判断的依据,一个自我管理的方向,使得大家在各自岗位上进行自我管理之后,不至于导致组织内协调的混乱。

2. 资讯共有化,即信息共享

没有完整的信息,一方面可能导致自我管理的人失去作出正确判断的依据,另一方面也无法有效地决定如何使自己的工作更有效地与他人的工作相配合。现代组织需要建有完备的信息,应向所有员工即时公开。

3. 教育训练

在授权之前,进行教育训练,让员工们有一个自我管理的认识,有这么一种自信心,是现代组织实施人本管理的重要前提工作之一。

4. 授权的示范

所谓授权的示范是指在全面授权之前,先进行个别部门、团队或个人的授权试点,使之在授权之后作出足以引以为样板的成绩,并以此向其他人展示,表明自我管理在授权之后就应该如此运作或应防范哪些问题。

2.2-3 自我管理的形式与组织

自我管理在现代组织中有两种表现形式,这就是个人的自我管理与团队的自我管理。

1. 个人的自我管理

就是指个人可以在组织共同愿景或共同的价值观指引下,在所授权的范围内自我决定工作内容、工作方式、实施自我激励,并不断地用共同愿景来修正自己的行为,以使个人能够更出色地完成既定目标。

2. 团队的自我管理

是指组织中的小工作团队的成员在没有指定的团队领导人条件下自己管理团队的工作,进行自我协调,共同决定团队的工作方向、路径,大家均尽自己所能为完成团队的任务而努力。

2.2-4 现代企业组织中的自我管理

现代企业要做到完全让员工自我管理,在目前条件下是不现实的,但很多优秀企业的做法,给了我们很大的启示。

1. 给员工一个领域

给员工一个领域关键在于合适的授权,在授权的同时明确他的责任。合适的授权通常取决于以下三个基本因素:(1)这位员工所处岗位的特性;(2)这位员工需要做决策的范围大小;(3)决策的频度。

2. 参与领导

参与领导的目的在于唤起每个员工的集体意识和集体努力,这样才可能有效达到企业的目标。参与领导的成功需要遵循三个基本原则。这就是:(1)相互支持的原则,即管理人员要设身处地考虑下属人员的处境、想法和希望,让下属自觉认识到自己的地位,采取支持下属实现目标的任何行动,下属在此时则会更合作,更感到被尊重,因而干劲也就更大;(2)团体决定的原则,既然让员工参与领导,那么就一定要在集体讨论的前提下由集体一起作出决定,在对决定的执行进行监督时,则应采取团体成员相互作用的方式,只有这样才算得上真正的参与;(3)高标准要求,即必须制定高的目标要求,这一任务也应该由各个团体自发地进行,因为高的目标要求一方面可激发员工们的想象力,另一方面也是企业资源有效整合的根本要求。

3. 工作内容丰富化

工作内容丰富化分为工作内容的水平式扩大和垂直式扩大两个方面。前者指重新设计工作内容,或把分工细致的作业归并成自主完成的作业单位,明确责任,使工作变得更有意义,或在单纯化的作业中加入有变化的因素。后者指垂直地扩大职工的工作内容,让职工也承担计划、调节和控制等过去一直被认为是管理人员和监督人员固有的职能,也当一回管理者或领导。

2.3　自我管理的人

2.3-1　思想、心理与行为的转换模式

每一个人的思想、心理、行为是三位一体、互相联系、互相影响的,不能把它们绝对分开。任何一个人在行动时,既有思想活动、心理活动,也有思想心理交互作用等等。所谓有意识的行为不是说不带有心理特征,没有心理因素在起作用,而是说思想意识比较有效地对心理需要、个性心理特征进行了压抑或控制。同样,所谓无意识行为也不是说没有一点思想活动的行为,只是说心理需求反映迅速,以至于使思想意识活动未能很好地展开而已。这三者的关联我们可以用一个简图来反映,见图 2.1。

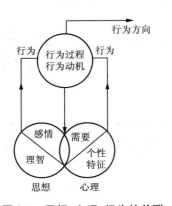

图 2.1　思想、心理、行为的关联

2.3-2　塑造价值观

人的价值观对人的心理状态、行为均有引导、强化和约束等效用,因此塑造一个能够自我管理的人,首先要塑造拥有此种价值观的人,提高其思想认识和思辨的能力。塑造人的价值观最基本的方法是教育。除了教育之外,还要求组织形成相应的文化氛围。

2.3-3　健康的心理状态

一个能够自我管理的人一定拥有健康的心理状态。所谓心理健康主要包括如下特征:智力正常,情绪健康,行为协调,反应适度。要造就拥有健康心理的企业员工,组织要帮助员工塑造自信心和进行自我心理调节。

2.3-4　自我行为引导

人的行为是在内外诱因的刺激下,并结合个人需要发生的。如果是有刺激而没有内在需要,那么行为不会产生;相反,如果只有内在需要,而外界条件不具备,那么需要也会消失。价

值体系一方面对内外诱因作出判断,另一方面对目标实现的可能性、目标的价值、行为方式等作出判断和选择。价值体系还是人的行动的驱动力之一。图 2.2 说明了人的行为的一般构成。根据这一构成模式,对企业员工进行自我管理行为的引导就应该从以下三个方面进行:价值体系变换、给以合适的内外刺激以及目标激励。

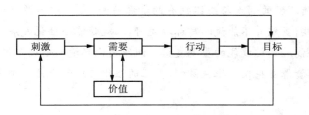

图 2.2　人的行为的一般构成

本章思考题参考解答

1. 管理中的人究竟是什么样的人?

在组织中,人力资源是所有资源中最重要的资源,人具有管理的出发者和管理的接受者这么一个双重身份,管理与人有极为密切的关系。作为一个具体的人,他的思想、心理、行为受到当时社会环境的制约与影响,但人具有在当时条件下的积极性与创造性,管理的核心就是人的管理。在资本主义初期的企业里,工人不过是一个受雇用的人,不过是一个会说话的工具;随着现代化大生产的发展,企业界开始接受工人是经济人的假设,开始意识到工人生产积极性对生产效率的重要影响;随后社会人假设认为在社会上活动的职工不是各自孤立的存在,而是作为某一集团或组织的一员的"社会人",是社会的存在;管理人假设认为管理就是决策,管理的一切活动都可归结为决策活动,企业中的所有员工都在做决策,他们都应当是管理的出发者,是"管理人";自我实现的人假设是最新的对人的价值的一种看法,在当代经济条件下,员工被假定为需要在工作上能最大限度地发挥自己所具有的潜在能力,追求自我实现需求的人。

从上述对人的认识的过程中,我们发现现代管理中对人的价值、人的潜能、人的作用、人的行为动机、人的需求满足等诸多方面的认识,以及提出的管理思想和方案正不断向组织中的人如何全面发展的方向前进。人的全面发展是在一个个具体的环境中的发展,由于分工的不同每个人都将有自己的工作岗位,在特定的工作岗位上创造性地工作以达到目标,同时把自己塑造为一个全面发展的人,这应该是管理中对人管理的最高目标,这也就是以人为本管理的真正要旨。

2. 以人为本管理与过去的管理模式有何不同?

答:人本管理与过去的管理模式的最根本区别在于对人的假设的不同。人本管理的核心是人能够自我管理。这实际上是建立在一个假设基础上的,即人是追求自我实现的社会人。正是人追求自我实现,才可能自己对自己进行约束和激励。过去的管理模式认为人是管理人,所谓对人的管理也仅限于关心人、激励人的积极性,而人本管理则更关注开发人的潜在能力,以为企业的生存与发展服务。人本管理对人的假设更贴近于现实,在实际管理中发挥着巨大的功效。

3. 组织创设工作环境的方式、方法是什么？

答：从某种意义上说，以人为本的管理就是创设一个能让人全面发展的场所，间接地引导他们自由地发展自己的潜能。这样的环境对组织内部而言主要有两个方面：一为物质环境，包括工作条件、设施、设备、文化娱乐条件、生活空间安排等等；二为文化环境，即组织拥有特别的文化氛围。物质环境的创设与组织拥有的资源有关，凡组织资源充裕的，那么物质环境的创设可能优越一些，虽然并不能说物质环境越好，人就越能个性化发展，但良好的物质条件是发展人的潜质、潜能和训练技能的重要支撑。组织文化环境的创设不像物质环境的创设那样只要方向明确、有资源支持便可很快做到，真正的组织文化创设是一个漫长的过程，需要不懈的努力才行。

4. 工作内容丰富化与组织的秩序是否有矛盾？

答：工作内容丰富化与组织秩序之间并不存在矛盾。一方面，随着经济的发展，人们收入的增长和受教育程度的提高，人们的自我意识、自主性、自我实现的需要大大提高，单一化的工作已经不能满足人们的需要，往往会导致员工积极性的丧失，缺勤率与离职率的上升，严重地影响了组织的正常工作秩序，因此，有必要丰富员工的工作内容，维持组织的正常生产与运营。同时，由于企业内部工作岗位的有限性，并不可能保证每个员工都有提升的机会，因此就更有必要通过横向工作内容丰富化来满足员工自我实现的需要。另一方面，在给以员工丰富化的工作内容的同时，也需要组织制定一定的规章制度来引导员工的行为，从而保证组织的正常秩序。由上可见，工作内容的丰富化与组织的秩序之间并不存在必然的矛盾，反而是一个相辅相成的过程。

5. 行为引导与自我管理的关系是什么？

答：自我管理必须有行为引导来加以指导。如果没有行为引导，个人的自我管理可能会与组织内目标相冲突，从而影响组织最终目标的实现。因此必须对员工的自我管理加以引导，使之与组织的共同愿景相符。只有将个人的自我管理建立在共同愿景的基础之上，才能使员工在自我管理时有方向，有一定的约束，有内在的激励力量。

本章案例参考解答

1. 让员工自己选择福利形式是根据什么管理理论？这样做有什么好的地方？

答：根据以人为本的管理理论，通过自我管理来使员工驾驭自己、发展自己，进而达到全面自在的发展。现代企业创设自己的人本管理，就需要创造一个良好的环境，以便于企业员工在完成企业既定目标的要求下能够自主开展工作，进行自我管理，在特定的工作岗位上创造性地工作以达到目标，同时把自己塑造为一个全面发展的人。

2. 以人为本的管理是否就是从福利形式的选择开始？

答：以人为本的管理未必就是福利形式的选择。对自我实现的人的管理就需要给他一个领域，通过适当分权给予这些员工一个想象的空间、一个领域，其基本约束仅仅为目标，你采用什么方式达到这个目标则任你去创造、去选择；还可以通过参与领导唤起每个员工的集体意识和集体努力，让员工们参与企业的领导工作，参与决策，采取集体讨论、集体决定的监督方法,使员工们感到自己在企业中的价值,那么员工们不仅会情绪高涨,在自己的领域内创造性地工作,而企业也会了解如何有效协调配合,从而导致员工之间关系密切、气氛和谐;对自我实现的人的管理方案中,还需要工作内容丰富化这一变革,往往是把员工分成作业小组或小团体,让职工团体自己决定生产指标、生产方式、生产计划、作业程序、作业标准,让他们自己评价工作成绩和控制成本。这一方法同样适用于从事职能管理的管理人员团体。显然此时,上级管理人员的领导方式、管理概念以及管理方法采用也需要随之变化。

3. 你认为上海贝尔的做法是否还有创新的可能?如何创新?

答:当然有创新的可能。以人为本管理的方式建立在对人的思想、心理与行为的转换模式之上。基本方式有塑造价值观、提高其思想认识和思辨的能力。塑造人的价值观最基本的方法是教育,除此之外是组织形成相应的文化氛围,用文化的功效把组织所提倡的价值观、道德标准浸润到每个员工工作生活的周围,使之不知不觉接受这种文化,接受这种价值观。其次,培养健康的心理状态,一个能够自我管理的人一定拥有健康的心理状态,要造就拥有健康心理的组织员工,组织要帮助员工塑造自信心和进行自我心理调节。再次,对组织员工进行自我管理行为引导,使组织中的每一个人都能够个性化全面健康地发展,与组织一起成长。

本章测试题

1. 以下哪项不是管理中关于人的假设?　　　　　　　　　　　　　　(　)
   A. 经济人　　　　　B. 受雇人　　　　　C. 社会人　　　　　D. 管理人
   E. 自私人　　　　　F. 自我实现的人

2. 管理中关于人是自我实现的人的假设在很大程度上依赖于谁提出的理论?(　)
   A. 李嘉图　　　　　B. 熊彼特　　　　　C. 马斯洛　　　　　D. 科斯
   E. 亚当斯

3. 下面关于人本管理的说法正确的有:　　　　　　　　　　　　　　(　)
   A. 人本管理是建立在经济人的基本假设基础上的
   B. 实施自我管理不需要对员工的行为进行引导
   C. 人本管理是以人的全面自在的发展为核心的
   D. 人本管理是加强对人的管理

4. 人本管理中人的假设是:　　　　　　　　　　　　　　　　　　(　)
   A. 自然人　　　　　B. 管理人　　　　　C. 经济人　　　　　D. 社会人

5. 自我管理的前提是:　　　　　　　　　　　　　　　　　　　　(　)
   A. 授权　　　　　　B. 集权　　　　　　C. 企业文化　　　　D. 员工素质

6. 授权的前提是:　　　　　　　　　　　　　　　　　　　　　　(　)
   A. 价值观的共识化　B. 信息共享　　　　C. 培训　　　　　　D. 授权的示范

7. 自我管理的形式有： （ ）
   A. 个人的自我管理　　　　　　　　B. 团队的自我管理
   C. 组织的自我管理　　　　　　　　D. 非正式组织的自我管理

8. 现代企业中自我管理的方式有： （ ）
   A. 工作内容丰富化　　　　　　　　B. 参与领导
   C. 给员工一个领域　　　　　　　　D. 减少对员工行为的引导

9. 健康的心理状态的特征是： （ ）
   A. 智力正常　　　　　　　　　　　B. 自信
   C. 健康的情绪　　　　　　　　　　D. 行为协调，反应适度

10. 如何对企业员工开展自我管理行为的引导？ （ ）
    A. 工作方法程序化　　　　　　　　B. 帮助员工进行价值体系转换
    C. 目标激励　　　　　　　　　　　D. 给予强烈的内外刺激

第**3**章 管理者的素质才能

[本章概述]

　　本章介绍了管理主体的范畴、管理者的角色及变动，然后探讨了管理主体应具备的心智模式和能力结构。

3.1 管理者的角色

3.1-1 管理主体与管理客体

　　管理主体是指管理活动的出发者、执行者。组织中的管理主体由两个部分构成：一是根据组织既定目标将目标任务分解为各类管理活动、工作任务和负有最终督促完成既定目标的人，这类人通常是组织的核心人物。一是各方面具体执行管理活动的人，这类人通常是组织中的骨干人物。而后一类管理主体实际上同时又是管理客体，即管理的收受者。

　　管理客体是管理活动的作用对象，或者说是管理的收受者。组织中的一般成员均是管理的客体，组织中的其他资源，均是管理的客体，组织向外扩张和发展时作用于相关的人、财、物、信息和其他组织时，这些也就成了本组织管理的客体。

3.1-2 管理者的角色

　　管理者的角色实际上是指作为一般的管理者他在组织体系内从事各种活动时的立场、行为表现等的一种特性归纳。著名管理学家亨利·明茨伯格（Henry Mintzberg）经过长期研究认为，管理者扮演着十种不同但又高度相关的角色。这十种角色可以进一步组合成三个方面：人际关系、信息传递和决策制定。

　　1. 人际关系方面的角色

　　人际关系的角色通常是指所有的管理者都要在组织中履行礼仪性和象征性的义务。他们扮演着组织代表即挂名首脑的角色，还要扮演领导者的角色，要在人群中充当联络员。这三种角色的扮演在实践中有时并不是分离的。

　　2. 信息传递方面的角色

　　信息角色是指所有的管理者在某种程度上，既要从外部的组织或机构等接受和传递信息，又要从组织内部某些方面接受和传递信息。明茨伯格将管理者的信息角色划分为三种：一为监听者角色；二为传播者角色；三为发言人角色。

3. 决策制定方面的角色

管理就是决策,故管理者最重要的角色就是制定决策。决策方面的四种角色:第一为企业家角色;第二为混乱的驾驭者;第三为资源的分配者;第四为谈判者。

3.1-3　管理者角色的变动

在现实中,当组织类型不同,组织内所处不同层次的管理者,其扮演这十种角色的侧重点是不同的,这就是管理者角色的变动。

1. 组织中的管理层次

组织中的管理层次对管理者角色有着重大的影响。

2. 管理者角色的变动

高层管理者最重要的角色是决策角色。中层管理者在三个方面的角色分配方面基本上是一致的。基层管理者则主要是调动下属成员进行团队合作,故而人际关系的处理对其而言尤为重要。

3. 组织规模对角色重要性的影响

小组织管理者最重要的角色是发言人,因为他需要花大量时间筹措资源,寻找新的机会促进发展。大组织的管理者主要是处理内部资源的有效配置以获得最佳的资源配置效果。

3.2　管理主体的心智模式

心智模式是指由于过去的经历、习惯、知识素养、价值观等形成的基本固定的思维方式和行为习惯。任何一个人都有自己特殊的心智模式,管理的主体当然也有其特殊的心智模式,管理主体的心智模式状况如何将在很大程度上决定管理主体进行管理活动时的思维、行为等,最终直接影响管理活动的效率,从而影响资源配置效率。良好的心智模式包括:远见卓识、健全的心理、优秀的品质。

3.2-1　远见卓识

远见卓识作为管理主体心智模式的重要组成部分,其表现形式为:(1)随时掌握当代最新的管理、科技成果、知识和信息;(2)系统的思维方式;(3)奋发向上的价值取向。

3.2-2　健全的心理

心理素质,也可称作心理品质,指的是一个人的心理活动过程和个性方面表现出的持久而稳定的基本特点。

从众多的优秀企业家、管理成功者的个性心理来看,以下几组心理特征是非常重要的。

1. 自知与自信

2. 情感和情绪

这又主要表现在:(1)理智感;(2)道德感;(3)审美感。

3. 意志和胆识

优秀管理主体的意志具体表现为坚定性、果断性、顽强、自制、独立精神、勇敢大胆、恪守纪律、坚持原则等。

所谓胆识是指作出决断时的胆略气魄。

胆识和意志是保证一个管理主体坚定自己的信念,坚持走自己的路,从而走向成功的重要条件。

4. 宽容和忍耐

3.2-3　优秀的品质

优秀管理主体的品质主要应包括以下几个方面:(1)勇于开拓;(2)使命感;(3)勤奋好学;(4)乐观热情;(5)诚实与机敏。

3.3　管理主体的能力结构

管理主体必须具备一定的能力才能完成管理过程,这种应具备的能力不是单一的能力而是各种能力的一个集合,是具有多种功能、多个层次的综合体,其内在构造可分为三个层次:核心能力、必要能力和增效能力。核心能力突出表现为创新能力;必要能力包括将创意转化为实际操作方案的能力,从事日常管理工作的各项能力;增效能力则是控制协调加快进展的各项能力。尽管作为管理主体应具备各方面的能力,但关键是要具备创新能力、转化能力、应变能力和组织协调能力。

3.3-1　创新能力

创新能力表现为管理主体在企业或自己所从事的管理领域中善于敏锐地观察旧事物的缺陷,准确地捕捉新事物的萌芽,提出大胆新颖的推测和设想(即创意),继而进行周密的论证,拿出可行的方案来付诸实施。

3.3-2　转化能力

转化能力可以表现为管理主体在转化过程中善于运用以下一些技巧:(1)综合;(2)移植;(3)改造;(4)重组;(5)创新。

3.3-3　应变能力

管理主体的应变能力表现在这样几方面:(1)能在变化中产生应对的创意和策略。(2)能审时度势,随机应变。(3)在变动中辨明方向,持之以恒。

3.3-4　组织协调能力

组织协调能力首先表现在管理主体能否在管理实施的一群人中培养出一种团队精神,即齐心协力不计名利报酬、积极主动争取成功的精神。

组织协调能力其次表现为能够有效地根据管理过程中各阶段不同资源配置的要求,组织不同资源并让其在各自的位置上正常地运作。

组织协调能力还表现在能强化个体与整体的协调与反馈上。

本章思考题参考解答

1. 除了十种角色外,管理者有时还要充当其他什么角色?

答:低层的管理者有时还要充当被管理者的角色。

2. 作为管理主体和作为管理客体的差别何在?

答:管理主体是指管理活动的出发者、执行者。组织中的管理主体由两个部分构成:一是根据组织既定目标将目标任务分解为各类管理活动、工作任务和负有最终督促完成既定目标的人,这类人通常是组织的核心人物;二是各方面具体执行管理活动的人,这类人通常是组织中的骨干人物。而后一类管理主体实际上同时又是管理客体,即管理的收受者。管理客体是管理活动的作用对象,或者说是管理的收受者。组织中的一般成员均是管理的客体,组织中的其他资源,均是管理的客体,组织向外扩张和发展时作用于相关的人、财、物、信息和其他组织时,这些也就成了本组织管理的客体。

3. 如何使自己有良好的心智模式?

答:心智模式是指由于过去的经历、习惯、知识素养、价值观等形成的基本固定的思维认识方式和行为习惯。任何一个人都有自己特殊的心智模式,管理的主体当然也有其特殊的心智模式,管理主体的心智模式状况如何将在很大程度上决定管理主体进行管理活动时的思维、行为等,最终直接影响管理活动的效率,从而影响资源配置效率。良好的心智模式包括:远见卓识、健全的心理、优秀的品质。管理者要改变自己的心智模式要从培养自己的远见卓识、健全的心理和优秀的品质这三点入手。

4. 如何培养自己优秀的管理才能?

答:管理主体必须具备一定的能力才能完成管理过程,这种应具备的能力不是单一的能力而是各种能力的一个集合,是具有多种功能、多个层次的综合体,其内在构造可分为三个层次:核心能力、必要能力和增效能力。核心能力突出表现为创新能力;必要能力包括将创意转化为实际操作方案的能力,从事日常管理工作的各项能力;增效能力则是控制协调加快进展的各项能力。尽管作为管理主体应具备各方面的能力,但关键是要具备创新能力、转化能力、应变能力和组织协调能力。要培养自己优秀的管理才能要从培养自己的核心能力、必要能力和增效能力这三个方面入手,全面发展。

5. 当环境发生巨大变化时,心智模式和管理能力是否需要改变? 如果要改变,怎么改变?

答:管理主体的心智模式主要包括远见卓识、健全的心理和优秀的品质。管理主体的管理能力主要包括核心能力、必要能力和增效能力。当环境发生变化,管理者原有的心智模式和能力结构可能已不能适应,这时候,管理者就必须改变自己的心智模式与能力结构。在改变之前,首先要分析环境的变化状况和环境变化的各个因素对管理主体的影响程度,接着就可以着手根据影响程度改变管理者的心智模式和能力结构。

管理学：现代的观点

学生用书

本章案例参考解答

1. 仔细阅读以上案例,说明李校长扮演了哪些不同的领导角色? 并说明除了明茨伯格说的十种角色外,领导者是否还有其他的角色?

答:李校长作为学校最高层的管理者扮演了人际关系方面的角色,包括挂名首脑、领导者和联络者,扮演了信息传递方面的角色,包括监听者、传播者和发言人,也扮演了决策制定方面的角色,包括企业家、混乱驾驭者、资源分配者和谈判者。除了明茨伯格说的十种角色外,领导者有时还要充当被管理者的角色。

2. 你对李校长本人有何评价?

答:李校长在学校的对外关系处理及内部管理方面都取得了出色的成绩,这与其作为最高层管理者所具有的心智模式和管理能力密不可分。作为一个组织的最高管理者,其良好的心智模式应包括:远见卓识、健全的心理、优秀的品质;需要的最重要的能力为:创新能力、转化能力、应变能力和组织协调能力。

3. 你是否同意李校长"为他所应管,而不为他所不应管"的说法? 如果你是校长,你会怎样处理文末突发的"麻烦事"?

答:组织中不同组织层次、工作岗位上的管理者都有一定的角色职责,所以管理者应"为他所应管,而不为他所不应管"。作为校长,在面临意外的动乱时,应组织各种资源的分配,及时采取行动,在做好接待省教育局领导工作的同时,组织有关校领导及人员第一时间处理外出活动班级中同学重伤这一突发情况。

本章测试题

1. 以下哪个选项不属于明茨伯格管理者角色理论中的三大管理者角色? (　　)

　　A. 人际关系　　　　　B. 信息传递　　　　　C. 决策制定　　　　　D. 制定战略

2. 管理者的角色不会因以下哪个因素的变动而变动? (　　)

　　A. 组织中的管理层　　　　　　　　　B. 管理者角色的变动

　　C. 组织的规模　　　　　　　　　　　D. 组织的战略

3. 小组织的管理者最重要的角色是什么? (　　)

　　A. 发言人　　　　　B. 监听者　　　　　C. 领导者　　　　　D. 企业家

　　E. 联络人

4. 基层管理者最为重要的角色是什么? (　　)

　　A. 决策角色　　　　　B. 信息角色　　　　　C. 人际角色　　　　　D. 变革领导人

5. 人际关系方面的管理者角色不包括以下哪项? (　　)

　　A. 挂名首脑　　　　　B. 领导者　　　　　C. 联络者　　　　　D. 发言人

6. 决策制定方面的管理者角色不包括以下哪项？　　　　　　　　　　　　（　　）

    A. 企业家　　　　　　　B. 发言人　　　　　　C. 混乱驾驭者　　　　D. 资源分配者

    E. 谈判者

7. 对于大组织管理者，最为重要的角色是什么？　　　　　　　　　　　（　　）

    A. 资源分配者　　　　　B. 联络者　　　　　　C. 监听者　　　　　　D. 谈判者

    E. 企业家

8. 心智模式的三大构成不包括以下哪个选项？　　　　　　　　　　　　（　　）

    A. 远见卓识　　　　　　　　　　　　　　B. 健全的心理

    C. 优秀的品质　　　　　　　　　　　　　D. 企业家文学修养

9. 以下哪个选项不是管理者具有创新能力的特征？　　　　　　　　　　（　　）

    A. 兴趣广泛　　　　　　　　　　　　　　B. 富有独立意识

    C. 具有自信心　　　　　　　　　　　　　D. 对环境有敏锐的观察力

    E. 知足常乐

10. 高层管理者需要具有的独特能力中，以下哪一项不属于最为重要的四项之一？（　　）

    A. 领导能力　　　　　　B. 创新能力　　　　　C. 应变能力　　　　　D. 转化能力

    E. 组织协调能力

第 **4** 章 管理者的重要责任

[本章概述]

本章介绍了管理者的责任,主要包括岗位责任、道德责任和社会责任,论述了一些基本概念、分类和理论观点。

4.1 岗位责任

岗位责任是管理者最基本的责任,对组织的正常运行和组织目标的实现,都具有至关重要的意义。

4.1-1 一般岗位责任

在管理学领域里,一般来说常讲的岗位责任大致包括岗位态度、岗位纪律、作风和良心四个方面,这构成了一般岗位责任体系。

1. 态度

人们在赞颂一位兢兢业业、忠于职守的员工时,常常会用一个赞扬的词语,叫做"敬业无涯"。敬业,就是指一种岗位态度。要使人们具有一种良好的岗位态度,需要从主观和客观两个方面来做出努力。

2. 岗位纪律

岗位纪律是一种行为规范,它要求管理者在管理活动中遵守组织目标、正确决策和履行职责。

3. 作风和良心

作风和良心是紧密联系在一起的,其关键在于职业的良心,即管理者对职业责任的自觉意识。

4.1-2 特有岗位责任

20 世纪初期,法国工业家亨利·法约尔提出,所有的管理者都履行着五种管理职能,这就是众所周知的计划(plan)、组织(organize)、指挥(command)、协调(coordinate)和控制(control)。到了 20 世纪 50 年代中期,被哈罗德·孔茨教授作为了管理学教科书的框架。目前,这五项职能一般体现为四项基本职责:计划职责、组织职责、领导职责和控制职责(见图 4.1)。这些职责是管理者特有的岗位责任,是组织对管理的要求。

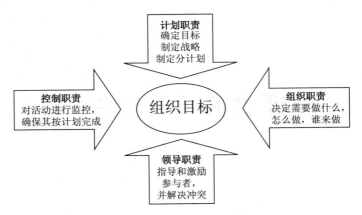

图 4.1 管理者的四大职责

组织的类型千差万别,管理的岗位也各有不同,具体的管理者岗位职责也各不相同,尽管如此,在世界各国都可以发现,管理者的岗位责任都可以归纳成以上这些责任。

4.2 道德责任

广泛而言,道德是社会意识形态之一,它是依靠社会舆论、人们的内心情念和传统习惯,以善恶评价的方式来调节人与人、个人与社会和自然、人与自身之间的伦理关系的行为准则、规范的总和。作为管理者的道德责任,它也与社会形态、经济关系及特定时代的文化背景有着直接关系。

4.2-1 道德责任的定义

一般而言,道德责任(ethics)通常是指规定行为是非的惯例或原则,要求管理者在管理活动中考虑谁会在结果和手段方面受到影响。道德责任是由组织的道德准则所确定的。

大多数道德责任可以分为三类:(1)做一个可靠的组织公民;(2)不做任何损害组织的不合法或不恰当的事情;(3)为顾客着想。从这个意义上将,管理者得到的责任实际上处理的是违反公司的行为,而不是公司的违法行为。

4.2-2 道德的三种观点

1. 道德的功利观

道德的功利观(utilitarian view of ethics),即完全按照成果或结果制定决策的一种道德观点。功利主义的目标是为绝大多数人提供最大的利益。

2. 道德的权利观

道德的权利观(rights view of ethics),这是与尊重和保护个人自由和特权有关的观点,包括隐私权、良心自由、言论自由和法律规定的各种权利。

3. 道德的公正观

道德公正观(justice view of ethics),这要求管理者公平和公正地加强和贯彻规则。

4.2-3 影响道德的因素

一个管理者的行为合乎道德与否,是管理者道德发展水平、组织规则和制度设计、组织文化和道德问题强度的调节之间复杂地相互作用的结果。

1. 道德发展水平

一项实质性的研究表明,道德发展存在三个水平,在每一个相继的发展水平上,个人道德判断变得越来越不依赖外界的影响。第一个水平称为前惯例(preconventional)水平,第二个水平称为惯例(conventional)水平,第三个水平称为原则(principled)水平。

2. 规则和制度

正式的规则和制度可以减少模糊性,职务说明和明文规定的道德准则可以促进行为的一致性。

3. 组织文化

组织文化的内容和力量也会影响道德行为。一种可能形成较高道德标准的文化,是一种高风险承受力,高度控制,以及对冲突高度宽容的文化。强文化比弱文化对管理者的影响更大。

4. 问题强度

与决定问题强度有关的 6 个特征是:

(1) 某种道德行为的受害者(或受益者)受到多大程度的伤害(或利益)?

(2) 多少舆论认为这种行为是邪恶的(或善良的)?

(3) 行为实际发生和将会引起可预见的危害(或利益)的可能性有多大?

(4) 在该行为发生到产生预期的结果之间,持续的时间是多久?

(5) 你觉得(在社会、心理或物质上)你与该种邪恶(或有益)行为的受害者(或受益者)有多么接近?

(6) 道德行为对有关人员的集中作用有多大?

当一个道德问题对管理者很重要时,我们有理由期望管理者采取更道德的行为。

4.3 社会责任

4.3-1 社会责任的含义

在管理学中,社会责任(social responsibility)可以定义为是一种组织追求有利于社会的长远目标的义务,而不是法律和经济所要求的义务。

4.3-2 两种理论观点

1. 古典观

古典观(classical view)最直率的支持者是经济学家和诺贝尔殊荣获得者米尔顿·弗里德曼(Milton Friedman)。他认为,今天大部分经理是职业经理,即他们并不拥有他们经营的公司,他们是雇员,对股东负责。因此他们的主要责任就是按股东的利益来经营业务。那么这些利益是什么呢?弗里德曼认为股东们只关心一件事:财务收益率。

2. 社会经济观

社会经济观(socioeconomic view)反驳道,时代已经变了,并且对公司的社会预期也在变化。公司的法律形式可以最好地说明这一点。公司要经政府许可方能成立和经营,同样,政府亦有权解散它们,因此公司不再是只对股东负责的独立的实体了,它还要对建立和维持它们的更大的社会负责。

4.3-3　赞成和反对社会责任的争论

1. 赞成的论据

赞成企业承担社会责任的主要论据有:(1)公众期望。(2)长期利润。(3)道德义务。(4)公众形象。(5)良好的氛围。(6)减少政府调节。(7)责任与权力的平衡。(8)股东利益。(9)资源占有。(10)预防社会弊端的优越性。

2. 反对的论据

反对企业承担社会责任的主要论据有:(1)违反利润最大化原则。(2)淡化使命。(3)成本。(4)权力过大。(5)缺乏技能。(6)缺乏明确规定的责任。(7)缺乏大众支持。

4.3-4　社会责任的扩展阶段

组织社会责任的扩展分为四个阶段(见图 4.2)。作为一个管理者,在追求社会目标方面,所做的一切取决于管理者认为对其负有责任的人或人们。处在第一阶段的管理者,将通过寻求使成本最低和使利润最大来提高股东的利益。在第二阶段上,管理者将承认他们对雇员的责任,并集中注意力于人力资源管理,因为他们想获得、保留和激励优秀的雇员。他们将改善工作条件、扩大雇员权利、增加工作保障等。在第三阶段上.管理者将扩展其目标,包括公平的价格、高质量的产品和服务、安全的产品、良好的供应商关系以及类似的方式。最后,第四阶段同社会责任的严格意义上的社会经济定义一致。在这一阶段,管理者对社会整体负责。他们经营的事业被看作公众财产,他们对提高公众利益负有责任。承担这样的责任意味着管理者积极促进社会公正、保护环境、支持社会活动和文化活动。即使这样的活动对利润产生消极影响,他们的态度也不改变。每一阶段都伴随持管理者自由决定权的程度的提高。当管理者的自由决定权沿着图 4.2 的连续谱向右端移动时,他们必须作出更多的判断。

图 4.2　社会责任扩展的四个阶段

本章思考题参考解答

1. 举例说明管理者的道德责任非常重要。

答:道德责任(ethics)通常是指规定行为是非的惯例或原则,要求管理者在管理活动中考虑谁会在结果和手段方面受到影响。一个管理者的行为合乎道德与否,是管理者道德发展水平、组织规则和制度设计、组织文化和道德问题强度的调节之间复杂地相互作用的结果。一位管理者如果认为拿一些办公用品回家不算什么的话,他很可能会牵连进贪污公司公款的事件中去。

2. 管理者的社会责任与组织的社会责任一致吗?

答:社会责任(social responsibility)可以定义为是一种组织追求有利于社会的长远目标的义务,而不是法律和经济所要求的义务。组织社会责任的扩展分为四个阶段。作为一个管理者,在追求社会目标方面,所做的一切取决于管理者认为对其负有责任的人。处在第一阶段的管理者,将通过寻求使成本最低和使利润最大来提高股东的利益。在第二阶段上,管理者将承认他们对雇员的责任,并集中注意力于人力资源管理。在第三阶段上,管理者将扩展其目标,包括公平的价格、高质量的产品和服务、安全的产品、良好的供应商关系以及类似的方式。第四阶段同社会责任的严格意义上的社会经济定义一致。在这一阶段,管理者对社会整体负责。他们经营的事业被看作公众财产,他们对提高公众利益负有责任。承担这样的责任意味着管理者积极促进社会公正、保护环境、支持社会活动和文化活动。即使这样的活动对利润产生消极影响,他们的态度也不改变。

3. 履行自己的岗位责任就是履行道德责任吗?

答:岗位责任是管理者最基本的责任,对组织的正常运行和组织目标的实现,都具有至关重要的意义。从人力资源角度来说,管理者的岗位职责说明书明确了岗位责任。但从普遍意义上,管理者的岗位责任既包括了一般性的岗位责任,同时还包括了管理岗位特殊的责任,前者包括态度、纪律、作风和良心,后者包括计划职责、组织职责、领导职责和控制职责。道德责任通常是指规定行为是非的惯例或原则,要求管理者在管理活动中考虑谁会在结果和手段方面受到影响。在管理者群体中,不少人没有认识到自己的岗位责任,依仗管理职权、破坏管理活动的基本道德准则来获取财富,社会利益、公众利益和股东利益就成了管理者个人利益的牺牲品,所以履行自己的岗位责任就是履行道德责任。

4. 你认为管理者应该有社会责任吗?

答:社会责任(social responsibility)可以定义为是一种组织追求有利于社会的长远目标的义务,而不是法律和经济所要求的义务。关于管理者的社会责任,目前存在对立的两种理论观点。一种观点是,按照古典的(或纯经济的)观点,认为管理唯一的社会责任就是使利润最大化;另一种观点是,站在社会经济的立场上,认为管理的责任不仅是使利润最大化,而且还要保护和增加社会财富。从社会责任扩展的四个阶段可以看出,管理者对社会整体负责,他们经营的事业被看作公众财产,他们对提高公众利益负有责任。承担这样的责任意味着管理者积极促进社会公正、保护环境、支持社会活动和文化活动。即使这样的活动对利润产生消极影响,他们的态度也不改变。

本章案例参考解答

1. 你同意该学者的评价吗?你如何评价该公司总经理作出的这一决策?

答:同意。管理者在进行决策时,不仅要考虑到一项行为能够带来的商业利益,同时也应该考虑到该行为所产生的社会影响,因为管理者不仅有岗位责任,也有道德责任、社会责任。李经理为了提高企业知名度,获取更大利润而作出的这一决策,恰恰可能使企业形象受到严重损害。

2. 企业是否要考虑所采取的商业行为的社会效果?

答:企业的存在为了获取经济利益,而商业行为的社会效果与其密不可分。积极的承担社会责任,通过追求社会目标树立良好的企业形象,能够取得更稳固的长期利润;而如果管理者的管理活动不考虑手段和结果的社会影响,那么结果肯定事与愿违,不能得到消费者和社会的认可,难以长期存在和发展。

3. 企业应该如何塑造自己的最佳形象?

答:企业要塑造自己的最佳形象,首先要不断提高自身的能力,包括公平的价格、高质量的产品和服务、安全的产品等;其次,还要依靠企业良好的传播,企业应秉承积极的社会观和价值观,树立一个良好的公民形象,让公众了解熟知、加深印象。企业应关心社会问题,关心社会的公益事业,在自身发展的同时也造福于民众和社会。现代企业不但要从事生产经营活动,获取盈利,还需要承担一定的社会责任。企业应积极促进社会公正、保护环境、支持社会活动和文化活动。

本章测试题

1. 以下哪个选项不属于管理者的责任? ( )
    A. 岗位责任   B. 道德责任   C. 社会责任   D. 税收责任

2. 以下哪个选项不属于管理者一般岗位责任? ( )
    A. 态度   B. 远见卓识   C. 作风   D. 良心
    E. 岗位纪律

3. 管理者特有的岗位责任不包括以下哪个选项? ( )
    A. 计划职责   B. 创新职责   C. 领导职责   D. 控制职责
    E. 组织职责

4. 以下哪个选项不属于对道德认识的观点? ( )
    A. 功利观   B. 权力观   C. 义务观   D. 公正观

5. 影响道德的因素不包括以下哪个选项? ( )
    A. 道德发展水平   B. 规则和制度   C. 组织文化   D. 经济发展水平
    E. 问题强度

6. 以下哪个选项不是赞成企业承担社会责任的论据? ( )
    A. 公众期望   B. 长期利润
    C. 成本   D. 责任与权力的平衡
    E. 道德义务

7. 组织社会责任的扩展分为四个阶段,第四阶段利害攸关者为哪项? ( )
    A. 股东   B. 雇员   C. 供应商   D. 社会整体

第 2 篇

管理的架构

第 **5** 章　组织体系

　　本章主要介绍组织理论的一些基本概念和原理,描绘出组织理论的基本框架。通过本章的学习,读者应该理解组织这一概念的含义,了解组织职能在管理活动中的地位和意义,以及组织目标的定义、目标体系、制定原则及制定过程,掌握组织素质的定义及内涵以及提高组织素质的途径等。

5.1　组织构成

5.1-1　组织的概念

　　组织是一种有意识地对人的活动或力量进行协调的关系,是两个以上的人自觉协作的活动或力量所组成的一个体系。组织既是有形的,又是无形的。一般将前者称为组织体系,而后者称为组织结构。两者之间是一种目的和手段的关系。从关键要素看,组织是由人及其相互关系组成的,是无形的。我们可以从几个方面来把握组织的具体含义。

　　1. 组织是一个社会实体

　　从实体角度来理解,为了实现组织目标,组织内部必然要进行分工与合作,分工与合作体现了组织的有效性。分工以后,为了使各部门、各工种、各人员各司其职,组织要有不同层次的权力与责任体系,这是组织目标实现的保证。

　　2. 组织有明确的目标

　　组织目标是组织存在的前提和基础。从本质上讲,组织本身就是为了实现共同目标而采用的一种手段或工具。管理人员经常向组织成员灌输共同目标的信念,并根据环境的变化和组织的发展不断制定新的目标。

　　3. 组织有精心设计的结构和协调的活动性系统

　　作为一个实体,组织必然有一个由许多要素、部门、成员按照一定的联络形式排列组合而成的框架体系,即组织结构。组织结构通过所设立的一套系统,保证跨部门的有效沟通、合作与整合。一个理想的组织结构应该鼓励其成员在必要的时候提供横向信息、进行横向协调。

　　4. 组织与外部环境相联系

　　组织存在于不同类型的环境中,它是在一个特定的环境中发挥其功能的,环境与组织之间相互影响、相互作用。稳定环境中的组织一般有正规的结构,行动也较有规律;动荡环境中的组织则比较灵活,缺少正规的结构。

5.1-2 组织的类型

在现实生活中,组织可以按不同标准进行分类:按组织的性质可将组织分为经济组织、政治组织、文化组织、群众组织和宗教组织;按组织的形成方式可将组织分为正式组织和非正式组织等。分类标准的选取必须使这种分类有意义,而且在这一点上各种组织要有实质性的区别。

企业组织是现代组织最重要的形式之一。根据组织合成"要素"的性质不同,可以将企业组织划分为三大类:作业组织、管理组织和财产组织。对生产作业活动加以组织,是企业组织的最基本内容。生产作业活动是以物质流为对象,通过人与机器的结合使用和协调配合,达到将原材料的输入转换为一定产品或服务的产出结果。在现代组织中,与生产现场作业活动相并存的办公室作业活动构成了作业组织的另一内容。管理组织通常被认为是一种纯粹以"人"为对象的组织。但随着现代科技的进步,管理组织演变成一种特殊的人机力量协调系统。管理组织主要包括:日常生产经营管理组织、创新管理组织和战略管理组织。财产组织反映组织资本的来源、构成及组织治理结构问题,它对管理组织尤其是战略管理组织,具有不容忽视的影响作用。企业从机器大工厂演变为现代公司,是财产组织形式上的一大变化,体现了企业组织制度的飞跃。

这里主要研究企业的管理组织。

5.1-3 组织的功能

优良组织的基本功能可以归纳为对个体力量的汇聚作用、放大作用和个人与组织之间的交换作用。用简单的数学公式来表示,汇聚就是 $1+1=2$,放大就是 $1+1>2$。个人往往会要求得自于所在组织的利益或报酬大于其对该组织所作出的投入,组织则要求取自于个人的贡献大于其为个人所投入的成本花费。这就必须借助组织活动的合成效应的发挥,使个人集合成的整体在总体力量上大于所有组成人员的个体力量的简单相加。因此,个人与组织之间的关系是建立在一种相辅相成、平等交换基础之上的,并形成双方都感到满意的关系。正是在这种意义上,人们将"组织"誉为与人、财、物三大生产要素并重的"第四大要素"。

5.2 组织目标

5.2-1 组织目标的概述

1. 组织目标的含义

组织目标就是一个组织在未来一定时间内实现的目的。组织目标与组织宗旨相联系。组织宗旨表明了一个组织的存在对于社会的意义,是一个组织最基本的目的,它需要通过目标的具体化才能成为行动的指南。

2. 组织目标的类型

组织目标主要可分为官方发布的组织使命和组织实际追求的经营目标。使命是指组织的总目标,描述组织共同的愿景、共同的价值观、共同的信念以及存在的原因。使命有时又称为官方目标,是对组织力图实现的结果的正式说明。

组织的经营性目标主要包括:经营目标(通常描述的是短期的具体可度量的结果)、业绩水平、资源、市场、雇员发展、创新和生产率等。

组织目标往往要按其重要性或所涉及的范围大小进行分等分层,形成一个有层次的体系。这个层次体系的顶层是社会宗旨和经济宗旨,下一层是包括某些关键成果领域在内的更加具体的目标。这些目标还需进一步转化为公司、部门、小组的目标,一直分解到组织最基层。

组织目标的作用表现为:集中力量和资源,提供协调和沟通基础,为业绩考核提供标准和依据,是组织的信息源和决策依据,影响组织结构。

5.2-2 组织目标的制定

1. 组织目标制定的原则

目标制定应遵循以下原则:(1)根据组织宗旨确定具体目标;(2)目标应是适时适度的;(3)以满足顾客需求为前提;(4)以提高组织的投入产出率为出发点。

2. 组织目标制定的步骤

一般而言,在上述思想指导下制定组织目标应包括六个步骤:(1)明确制定组织目标的目的;(2)进行组织环境分析;(3)制定总体目标方案;(4)确定总体目标方案并具体化;(5)明确组织目标责任;(6)组织目标优化。

5.2-3 组织目标管理

概括地说,目标管理(management by objectives,MBO)是一种综合以工作为中心和以人为中心的管理方法,它首先由一个组织中的上级管理人员与下级管理人员、员工一起制定组织目标,并由此形成组织内每一个成员的责任和分目标,明确规定每个人的职责范围,最后又用这些目标来进行管理、评价和决定对每一个部门和成员的奖惩。目标管理以目标为中心,强调系统管理、以个人为中心,其目的在于让组织内的每一个人对目标的制定和实施都有发言权。今天,目标管理对组织设计和管理仍具有重大的指导意义。

目标管理有四个共同要素:明确目标、参与决策、规定期限和反馈绩效。

5.3 组织素质

5.3-1 组织素质的定义与内涵

组织素质是指一个组织所具有的潜在的品质与能力。潜在品质主要包括组织所具有的价值观、凝聚力与组织成员对于组织目标的认同感;潜在能力主要包括组织的智商、组织的学习能力和组织的应变能力。组织素质的具体内涵可概括为组织价值观、组织凝聚力、组织成员的忠诚度、组织的智商、组织的学习能力和组织的应变能力等内容。

所谓组织价值观是指作为一个整体的组织成员的基本原则与所知觉的存在的信念,由其成员共享并规范着管理者的目标行为取向。组织凝聚力是组织成员之间关系的一种反映和表现,它包括每个组织成员之间的相互吸引力和整个组织对单个成员的吸引力。组织成员对组织的忠诚包括态度忠诚及行为忠诚两部分。组织的智商指一个组织的决策和解决问题的能力,它和该组织拥有的组织知识密切相关。组织的学习能力可概括为全体组织成员的个人学习能力以及在此基础上的组织成员共享学习成果的能力两部分,其中组织成员共享学习成果非常关键。只有共享学习成果,把个人的隐性知识转化为全体成员的显性知识,才能提高整个组织的工作效率,更好地适应环境的变化。组织的应变能力是指组织能够对外部环境的变化(如顾客需求的改变、新技术的发明等)迅速地作出反应,合理高效地运用和配置组织资源,以获得组织的持续发展。

5.3-2　提高组织素质的途径

未来的竞争是组织的竞争,组织竞争力的本质是组织素质,而为了提高组织素质,就必须进行组织修炼。具体而言,可以通过建立学习型组织、组织创新的途径来达到目的。

1990年,彼得·圣吉在前人研究的基础上提出学习型组织的概念,并通过自我超越、改善心智模式、建立共同愿景、团队学习和系统思考等五项修炼来达到组织修炼的目的。创建一个学习型组织,结合组织的具体环境不断把五项修炼运用于组织的实践中,不断学习并把学习成果用于指导组织的实践是提升组织素质的基本途径。组织修炼过程是一个持续的动态的循环过程。在这一过程中,当组织所面临的环境发生变化时,组织就必须进行相应的变革与创新,采用新型组织形式,如目前较流行的网络结构、虚拟组织、企业战略联盟等,以增强组织的生命力,提升组织素质。

本章思考题参考解答

1. 试述组织的概念及其功能。

答:组织是两个或两个以上的人自觉协作的活动或力量所组成的一个体系,它是一个社会实体,具有明确的目标。组织可以按不同标准进行分类。企业组织是现代社会中极为重要的一类组织。

组织存在的作用可以归纳为对个体力量的汇聚、放大和个人与组织之间的交换作用。用简单的数学公式来表示,汇聚就是1+1=2,放大就是1+1>2。个人往往会要求得自于所在组织的利益或报酬大于其对该组织所作出的投入,组织则要求取自于个人的贡献大于其为个人所投入的成本花费。这就必须借助组织活动的合成效应的发挥,使个人集合成的整体在总体力量上大于所有组成人员的个体力量的简单相加。这样,个人与组织之间的关系建立在一种相辅相成、平等交换的基础之上,并形成双方都感到满意的关系。正是在这种意义上,人们将"组织"誉为与人、财、物三大生产要素并重的"第四大要素"。

2. 组织目标的定义、目标体系、制定原则及制定过程具体包括哪些内容?

答:组织目标就是一个组织在未来一定时间内试图达到的和所期望的状态,反映了组织为此努力的终点和结果。一个组织有多种类型的目标,其作用各不相同。组织的经营性目标主要包括经营目标、业绩水平、资源、市场、雇员发展、创新和生产率等七个方面。组织目标的制定应遵循根据组织宗旨确定具体目标、目标应是适时适度的、以满足顾客需求为前提、以提高组织的投入产出率为出发点等原则。其制定过程主要包括明确制定组织目标的目的、进行组织环境分析、制定总体目标方案、确定总体目标方案并具体化、明确组织目标责任、组织目标优化等六个步骤。

3. 组织素质的定义及内涵是什么?

答:组织素质是指一个组织所具有的潜在的品质与能力。潜在品质主要包括组织所具有的价值观、凝聚力与组织成员对于组织目标的认同感;潜在能力主要包括组织的智商、组织的学习能力和组织的应变能力。组织素质的具体内涵可概括为组织价值观、组织凝聚力、组织成员的忠诚度、组织的智商、组织的学习能力和组织的应变能力等内容。

所谓组织价值观是指作为一个整体的组织成员的基本原则与所知觉的存在的信念,由其成员共享并规范着管理者的目标行为取向。组织凝聚力是组织成员之间关系的一种反映和表现,它包括每个组织成员之间的相互吸引力和整个组织对单个成员的吸引力。组织成员对组织的忠诚包括态度忠诚及行为忠诚两部分。组织智商指一个组织的决策和解决问题的能力,它和该组织拥有的组织知识密切相关。组织的学习能力可概括为全体组织成员的个人学习能力以及在此基础上的组织成员共享学习成果的能力两部分,其中组织成员共享学习成果非常关键。只有共享学习成果,把个人的隐性知识转化为全体成员的显性知识,才能提高整个组织的工作效率,更好地适应环境的变化。组织的应变能力是指组织能够对外部环境的变化(如顾客需求的改变、新技术的发明等)迅速地作出反应,合理高效地运用和配置组织资源,以获得组织的持续发展。

4. 提高组织素质的途径有哪些?

答:提高组织素质的途径有建立一个学习型组织或组织创新等。

建立一个学习型组织主要是通过自我超越、改善心智模式、建立共同愿景、团队学习和系统思考等五项修炼来进行。其中自我超越的修炼对于组织中整体价值观的形成,对于组织成员对组织目标的认同,对于提高组织的学习能力应具有重要作用;改善心智模式修炼对于提高组织成员学习能力和智力水平具有重大影响,因此可视为影响组织的学习能力和组织智商的重要因素;建立共同愿景对于组织观的形成,特别对于组织凝聚力的强化具有重大影响,这一修炼是组织目标形成和组织成员目标认同的必要前提;通过团队学习修炼,团队成员了解彼此的感觉和想法,凭借完善的协调和一体的感觉,发挥有效的新方式,提升团队思考和行动的能力;系统思考对于组织素质的提升具有全面而深刻的作用。因此,创建一个学习型组织,结合组织的具体环境不断把五项修炼运用于组织的实践中,不断学习并把学习成果用于指导组织的实践是提升组织素质的基本途径。

知识经济时代,组织所面临的内外部环境的复杂性和不确定性进一步增强,这就决定了组织素质的培养和提升过程是一个动态的过程,因此,要求组织修炼过程是一个持续的动态的循环过程。在组织修炼过程中,当组织所面临的环境发生变化时,如一种新技术的发明和应用,或一种新的管理理论的提出,或提出新的战略目标,组织就必须进行相应的变革与创新,采用新型组织形式,如目前较流行的网络结构、虚拟组织、企业战略联盟等,以增强组织的生命力,提升组织素质。

本章案例参考解答

1. 什么是学习型组织? 它有什么样的特征?

答:"学习型组织"理论是人类共创、共识的管理理论,被企业界人士称为21世纪的"管理圣经"。学习型组织的思想开始于20世纪70年代,最先由阿吉里斯与舍恩提出单环学习与双环学习的理念;20世纪80年代,威廉·大内提出Z型组织的概念,并提出通过13个步骤来建立Z型组织的设想;1990年,彼得·圣吉在前人研究基础上提出学习型组织的概念,并通过自我超越、改善心智模式、建立共同愿景、团队学习和系统思考等五项修炼来达到组织修炼的目的。

所谓学习型组织,是指通过培养弥漫于整个组织的学习气氛、充分发挥员工的创造性思维能力而建立起来的一种有机的、高度柔性的、扁平的、符合人性的、能持续发展的组织。这种组织具有持续学习的能力,具有高于个人绩效总和的综合绩效。传统科层组织的信条是管理、组织与控制,学习型组织的信条将是愿景、价值观与心智模式;从学习型组织形态上看,组织成员间在心理上要形成"利益共同体"的认同感,组织层级数量趋向最少(扁平式结构)。

学习型组织具有下面的几个特征:

(1) 组织成员拥有一个共同的愿景。组织的共同愿景,来源于员工个人的愿景而又高于个人的愿景。它是组织中所有员工共同愿望的景象,是他们的共同理想。它能使不同个性的人凝聚在一起,朝着组织共同的目标前进。

(2) 组织由多个创造性个体组成。在学习型组织中,团体是最基本的学习单位,团体本身应理解为彼此需要他人配合的一群人。组织的所有目标都是直接或间接地通过团体的努力来达到的。

(3) 善于不断学习。这是学习型组织的本质特征。主要有四点含义:一是强调"终身学习",即组织中的成员均应养成终身学习的习惯,这样才能形成组织良好的学习气氛,促使其成员在工作中不断学习。二是强调"全员学习",即企业组织的决策层、管理层、操作层都要全心投入学习,尤其是经营管理决策层,他们是决定企业发展方向和命运的重要阶层,因而更需要学习。三是强调"全过程学习",即学习必须贯彻于组织系统运行的整个过程之中。约翰·瑞定提出了一种被称为"第四种模型"的学习型组织理论。他认为,任何企业的运行都包括准备、计划、推行三个阶段,而学习型企业不应该是先学习然后进行准备、计划、推行,不要把学习与工作分割开,应强调边学习边准备、边学习边计划、边学习边推行。四是强调"团体学习",即不但重视个人学习和个人智力的开发,更强调组织成员的合作学习和群体智力(组织智力)的开发。学习型组织通过保持学习的能力,及时铲除发展道路上的障碍,不断突破组织成长的极限,从而保持持续发展的态势。

(4) "地方为主"的扁平式结构。传统的企业组织通常是金字塔式的,学习型组织的组织结构则是扁平的,即从最上面的决策层到最下面的操作层,中间相隔层次极少。它尽最大可能将决策权向组织结构的下层移动,让最下层单位拥有充分的自决权,并对产生的结果负责,从而形成以"地方为主"的扁平化组织结构。例如,美国通用电气公司目前的管理层次已由9层减少为4层。只有这样的体制,才能保证上下级的不断沟通,下层才能直接体会到上层的决策思想和智慧光辉,上层也能亲自了解到下层的动态,吸取第一线的营养。只有这样,企业内部才能形成互相理解、互相学习、整体互动思考、协调合作的群体,才能产生巨大的、持久的创造力。

(5) 自主管理。学习型组织理论认为,"自主管理"是使组织成员能边工作边学习并使工作和学习紧密结合的方法。通过自主管理,可由组织成员自己发现工作中的问题,自己选择伙伴组成团队,自己选定改革、进取的目标,自己进行现状调查,自己分析原因,自己制定对策,自己组织实施,自己检查效果,自己评定总结。团队成员在"自主管理"的过程中,能形成共同愿景,能以开放求实的心态互相切磋,不断学习新知识,不断进行创新,从而增加组织快速应变、创造未来的能量。

（6）组织的边界将被重新界定。学习型组织的边界的界定,建立在组织要素与外部环境要素互动关系的基础上,超越了传统的根据职能或部门划分的"法定"边界。例如,把销售商的反馈信息作为市场营销决策的固定组成部分,而不是像以前那样只是作为参考。

（7）员工家庭与事业的平衡。学习型组织努力使员工丰富的家庭生活与充实的工作生活相得益彰。学习型组织对员工承诺支持每位员工充分的自我发展,而员工也以承诺对组织的发展尽心尽力作为回报。这样,个人与组织的界限将变得模糊,工作与家庭之间的界限也将逐渐消失,两者之间的冲突也必将大为减少,从而提高员工家庭生活的质量(满意的家庭关系、良好的子女教育和健全的天伦之乐),达到家庭与事业之间的平衡。

（8）领导者的新角色。在学习型组织中,领导者是设计师、仆人和教师。领导者的设计工作是一个对组织要素进行整合的过程,他不只是设计组织的结构和组织政策、策略,更重要的是设计组织发展的基本理念;领导者的仆人角色表现在他对实现愿景的使命感,他自觉地接受愿景的召唤;领导者作为教师的首要任务是界定真实情况,协助人们对真实情况进行正确、深刻的把握,提高他们对组织系统的了解能力,促进每个人的学习。

2. 山东新汶矿业集团良庄煤矿获得新的发展的主要原因是什么?

答:是"学习型组织"这一世界最前沿的管理新论,引导良庄煤矿走上发展新路;是不断提升的学习力,助推良庄煤矿发展不断提速。

学习型组织有着它不同凡响的作用和意义。它的真谛在于:学习一方面是为了保证企业的生存,使企业组织具备不断改进的能力,提高企业组织的竞争力;另一方面学习更是为了实现个人与工作的真正融合,使人们在工作中活出生命的意义。事实上,学习型组织的缔造不应是最终目的,重要的是通过迈向学习型组织的种种努力,引导出一种不断创新、不断进步的新观念,从而使组织日新月异,不断创造未来。

良庄煤矿创建"学习型企业"的五项修炼,每一项都取得突破性进展。"自我超越"使员工产生自尊与自我实现较高层次的需求;"改善心智模式"使员工以开放的方式以及全新的思维和观念探询和检视自己在认知方面的缺失;建立"建设安全、高效、低耗、环保现代化煤炭资源综合利用示范矿"的共同愿景成为全员努力追求的最高目的;"团队学习"使团体力量超乎个人力量,形成发展团体成员整体搭配与实现共同目标的巨大能量;"系统思考"培养出全新、前瞻而开阔的思考方式,进而产生深刻而持续的创造力。

案例 2

1. 你认为在目标管理过程中,应注意一些什么问题?

答:目标管理指导思想上是以 Y 理论为基础的,其核心是强调通过组织中的上级和下级共同参与制定具体的、可行的而且能够客观衡量的目标。目标管理包括目标具体化、参与决策、限期完成和绩效反馈四个要素。与传统管理方式相比有鲜明的特点,可概括为:

（1）重视人的因素。目标管理是一种参与的、民主的、自我控制的管理制度,也是一种把个人需求与组织目标结合起来的管理制度,在这一制度下,上级与下级的关系是平等、尊重、依赖、支持,下级在承诺目标和被授权之后是自觉、自主和自治的。

（2）建立目标锁链与目标体系。目标管理通过专门设计的过程,将组织的整体目标逐级分解,转换为各单位、各员工的分目标。从组织目标到经营单位目标,再到部门目标,最后到个人目标。在目标分解过程中,权、责、利三者已经明确,而且相互对称。这些目标方向一致,环环相扣,相互配合,形成协调统一的目标体系。指明每个人员完成了自己的分目标,整个企业的总目标才有完成的希望。

(3) 重视成果。目标管理以制定目标为起点,以目标完成情况的考核为终结。工作成果是评定目标完成程度的标准,也是人事考核和奖评的依据。至于完成目标的具体过程、途径和方法,上级并无过多干预。所以,在目标管理制度下,监督的成分很少,而控制目标实现的能力却很强。

所以,要促进目标管理,积极探索切实有效的目标管理模式,主要考虑以下问题:(1)加强培训和技术准备,使管理者和职员达成对目标管理的共识,减少考核程序的设计以及考评中的人为因素或偏差。(2)建立沟通和反馈机制,构建并维护开放式的双向沟通渠道。(3)完善激励与约束机制,建立起岗、责、绩相结合的管理考核模式。(4)创造实施目标管理的外围环境,变革组织文化和组织设计。通过不断学习和交流,进行管理创新和流程再造,促进组织上下的参与、合作与革新,建立一个有利于目标管理制度实施和落实的工作环境。(5)建立科学、规范的考评体系。在考评制度上要体现科学与民主,考核内容尽量具体,注意定性和定员、主观和客观的结合,防止"暗箱操作"。

2. 目标管理有什么优缺点?

答:目标管理作为一种"民主集中制"的参与式管理方法,突出了计划、决策、组织和控制等管理功能。合理的目标管理模式对企业优质运行具有至关重要的意义:(1)目标管理对组织内易于度量和分解的目标会带来良好的绩效,为业绩的检查反馈和效果评价提供了客观基础。对于那些在技术上具有可分性的工作,由于责任、任务明确,目标管理常常会起到立竿见影的效果。(2)目标管理有助于改进组织结构的职责分工,容易发现授权不足与职责不清等缺陷。它使组织的运作有了明确的方向,使每个人都有努力的目标。(3)目标管理结合了人性管理的思想,促使权力下放,调动了员工的主动性、积极性、创造性。由于强调自我控制,自我调节,将个人利益和组织利益紧密联系起来,因而提高了士气。(4)目标管理促进了意见交流和相互了解,改善了人际关系。

在实际操作中,目标管理也存在许多明显的缺点,主要表现在:(1)目标难以制定。组织内的许多目标难以定量化、具体化;许多团队工作在技术上不可分解;组织环境的可变因素越来越多,变化越来越快,组织的内部活动日益复杂,使组织活动的不确定性越来越大。这些都使得组织的许多活动制定数量化目标是很困难的。(2)目标管理对人的假设不一定都存在。目标管理的指导思想上是以Y理论为基础的,即认为在目标明确的条件下,人们能够承担责任、能够自治、愿意上进和发展。Y理论对于人类的动机作了过分乐观的假设,实际中的人是有"机会主义"本性的,尤其在监督不力的情况下。因此许多情况下,目标管理所要求的承诺、自觉、自治气氛难以形成。(3)目标商定可能增加管理成本。目标商定上下沟通、统一思想是很费时间的;每个单位、个人都关注自身目标的完成,很可能忽略了相互协作和组织目标的实现,滋长本位主义、临时观点和急功近利倾向。(4)有时奖惩不一定都能和目标成果相配合,也很难保证公正性,从而削弱了目标管理的效果。

因此,在实际中推行目标管理时,除了掌握具体的方法以外,还要特别注意把握工作的性质,分析其分解和量化的可能;提高员工的职业道德水平,培养合作精神,建立健全各项规章制度,注意改进领导作风和工作方法,使目标管理的推行建立在一定的思想基础和科学管理基础上;要逐步推行,长期坚持,不断完善,从而使目标管理发挥预期的作用。

本章测试题

1. 下列关于组织概念的说法不正确的是哪一项?　　　　　　　　　　　　　(　　)

    A. 组织既是一种结构,又是一种实现管理目的的工具和载体

    B. 组织是有意识地协调两个或两个以上的人的活动或力量的协作系统

    C. 组织就是由人员、职位、指挥链和规章制度构成的封闭的系统

    D. 组织可以区分为组织体系与组织结构

2. 组织之所以能够实现"个人与组织之间的交换作用"是因为:　　　　　　(　　)

    A. 组织力量的放大作用使整体大于各个部分的总和

    B. 组织使人的积极性得以充分发挥

    C. 组织使资源的配置效率提高

    D. 组织的力量汇集作用

3. 与人、财、物三大生产要素并重的"第四大要素"是:　　　　　　　　　(　　)

    A. 领导　　　　　　　　B. 组织　　　　　　　C. 劳动　　　　　　D. 资本

4. 关于"组织宗旨"的说法不正确的是:　　　　　　　　　　　　　　　　(　　)

    A. 组织宗旨与组织目标是一个概念

    B. 表明了一个组织的存在对于社会的意义

    C. 组织宗旨是一个组织最基本的目的

    D. 需要通过目标的具体化才能成为行动的指南

5. 关于"组织目标"的说法不正确的是:　　　　　　　　　　　　　　　　(　　)

    A. 每个组织有一系列要实现的目标,这些目标之间相互关联

    B. 组织目标往往要按其重要性或所涉及的范围大小进行分等分层

    C. 组织目标不是组织中每个成员的行动指南

    D. 组织目标层次体系的顶层有社会宗旨和经济宗旨

6. 关于"组织目标制定的原则"说法不正确的是:　　　　　　　　　　　　(　　)

    A. 根据组织宗旨确定具体目标

    B. 目标应适时适度

    C. 目标值应尽可能高,不能不求进取,以免失去激励作用

    D. 以满足顾客需求为前提

7. 下列哪个不是目标管理的四个共同要素?　　　　　　　　　　　　　　(　　)

    A. 明确目标　　　　　B. 服从决策　　　　　C. 规定期限　　　　D. 反馈绩效

第**6**章 组织设计

[本章概述]

　　本章主要介绍组织设计理论的一些基本概念和原理。通过本章的学习,读者应该理解组织设计的理论、目的、策略、影响组织结构设计的因素,以及组织设计的原则和组织设计的艺术。了解部门概念、部门划分的基本原则和方法,以及部门之间职能范围的界定。掌握职务的设计、职务特征模型以及职权、职位与职责,管理幅度与管理层次等基本分析。

6.1　组织设计

6.1-1　组织设计的理论

　　组织设计理论可分为静态的组织设计理论和动态的组织设计理论。静态的组织设计理论主要研究组织的职权结构、部门结构和规章制度等。动态的组织设计理论则在静态组织设计理论的基础上,加进了人的因素,并研究了组织结构设计完成以后运行中的各种问题,如协调、控制、信息联系、激励、绩效评估、人员配备与训练等。两者并不是互相排斥的。在动态的组织设计理论中,静态组织设计理论所研究的问题依然占主导地位,依然是组织设计的核心内容。

6.1-2　组织设计的目的与策略

　　进行组织设计时,首先考虑到的一个问题是组织设计的目的。组织是管理的架构,组织设计的主要目的是建立有益于管理的组织。具体地说,正式组织的设计必须达到如下六个要求:符合组织目的的组织,能使组织成员的能力得以发挥最大效用,能使组织成员对组织作出贡献的欲望得以提高,能使组织成员对组织有归属感,能不断持续发展,组织富有效率。

　　组织设计的基本策略有两种:功能性组织结构和目标导向的组织结构。

　　1.功能性组织结构

　　功能性组织结构主要是从功能的角度来设计组织,将同一部门或单位中从事相同或相似的工作的人集中在一起而构成的组织结构,见图6.1。

图6.1　功能性组织结构

2. 目标导向的组织结构

目标导向的组织结构,是将实现同一目标的各方面成员集中在一起而构成的组织结构,如图 6.2 所示。

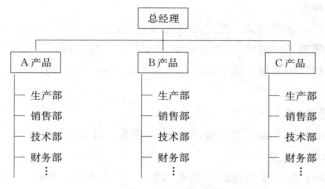

图 6.2　目标导向的组织结构

6.1-3　影响组织结构设计的因素

每一组织内外的各种变化因素,都会对其内部的组织结构设计产生重大的作用,如组织的规模、战略、环境、技术和权力控制等因素。

1. 规模因素

一般说来,组织规模越大,工作就越专业化,标准操作化程序和制度就越健全,分权的程度就越高。

2. 战略因素

美国管理学家雷蒙德·迈尔斯和查尔斯·斯诺认为,公司的战略变化导致了组织结构的变化。战略决定组织结构。企业组织结构是实现企业战略的重要保证。不同的战略需要不同的组织结构。

3. 环境因素

一般来说,处于相对稳定状态中的组织单位都采用机械式的组织结构。处在不稳定或不可预测环境下的组织,一般都采用有机式的组织结构。同一组织内不同部门也可能因各自所处的不同环境而采用不同的组织结构。

4. 技术因素

这里的技术因素不仅指机器设备和自动装配线,还包括着其情报信息系统和教育培训人才等等。美国管理学家琼·伍德沃德首先对三种技术类型的组织及其组织结构进行了研究。

5. 权力控制因素

组织的规模、战略、技术和环境等因素对组织模式的备选方案起着限制性作用,但是,从诸个备选方案中挑选哪一个方案,则最终由权力控制者决定。他们要求最大限度地运用权力来谋取个人和其代表利益集团的利益,而事实上他们也拥有这种权力。

6.1-4　组织设计的原则

世界上并不存在一个十全十美适用于一切的组织模式,但有一些原则还是具有普遍意义的,如英国管理学家厄威克提出的组织设计的八条原则:目标原则、相符原则、职责原则、组织阶层原则、控制幅度原则、专业化原则、协调原则和明确性原则。美国学者戴尔提出的组织设计的五项原则是：目的、专业化、协调、权限和责任。还有，目标导向的设计原则是指，在一定时间内，组织将注意力集中在特定的目标上，重点在于强调工作的成果、工作的目标，而非工作的处理程序和处理方式。

所有这些原则都不是绝对的。现代的矩阵型组织就否定了许多传统的管理原则。矩阵型组织由纵横两套管理系统组成，一套是纵向的功能性领导系统，另一套是为完成某一任务而组成的横向的目标导向系统。这样实际形成了双重指挥。矩阵型组织在许多企业运用。

6.1-5 组织设计的艺术

组织设计尽管有许多原则可供遵循，但它更要讲究设计艺术。

1. "整分合"的设计艺术

"整"就是把握组织的整体目标以及基本任务；"分"就是在此基础上，将组织的任务科学地分解为一个个组成部分、基本环节和要素，据此建立起相应的组织机构；"合"是在分工基础上对各分工部门再进行总体协调与综合。把这三个步骤归结起来就是：把握整体，科学分工，组织综合。

2. "封闭"的设计艺术

它是指组织结构设计要使组织系统内部形成一个封闭的回路，形成相互制约、相互作用的关系。组织不能只有决策机构和执行机构，而没有监督机构和反馈机构。没有监督，执行机构就失去了制约力。没有反馈机构，组织的输入和输出则会中断，组织的运转结果与决策指令的偏差将无从知晓，从而使整个领导活动陷入混乱、盲目的状态之中。

3. 富有"弹性"的设计艺术

组织机构必须适应组织的外部环境。组织外部环境的变化是经常的、多种多样的，组织本身却不能因此而频繁地调整，因此组织结构必须要留有伸缩的余地，能通过其自身职能的变化来适应外部环境的变化。但组织机构不能因此永恒不变，有时候也要进行根本变革。

4. 寻求最佳领导幅度与层次的设计艺术

不同的组织有其不同的最佳领导幅度和层次。无论是横式结构还是直式结构都有局限性，必须根据组织的具体情况来确定。

5. 权变的设计艺术

现代组织设计的权变艺术必须视"情势而定"，即因时、因人、因环境等各种主客观条件来确定。组织结构有四种影响力量：最高领导者、组织任务、客观环境和员工。

6.2 部门分工

6.2-1 部门的概念

部门是指组织中的各类主管人员按照专业化分工的要求，为完成某一类特定的任务而有权管辖的一个特定的领域。组织部门化实际上是对工作的横向分工，目的是理清众多工作中相似的部分，并划归一个特定部门处理，提高生产与管理效率。

6.2-2　部门划分的基本原则

部门划分的基本原则是：(1)确保组织经营目标的实现；(2)职责的明确性与均衡性；(3)力求部门高效精干；(4)保持弹性；(5)部门之间要有良好的配合与协调。

6.2-3　部门划分的方法

部门化的方法包括人数部门化、时间部门化、职能部门化、程序部门化、业务部门化与区域部门化。

1. 人数部门化

人数部门化采用的越来越少，如军队中军、师、团、营、连、排即为此划分方法。因为按专业技术或工作职能组织工作比单纯按人数组织效率高。

2. 时间部门化

时间部门化如工厂按早、中、晚三班编制进行生产。适用于最基层的组织。

3. 职能部门化

职能部门化是根据组织的主要经营职能的不同来设置部门，如划分生产、营销、财务、人事等部门。有利于提高工作的专业化与效率。

4. 程序部门化

程序部门化是把生产的各道工序进行分解，如机械制造企业组织，通常按毛坯、机械加工、装配工艺等顺序分别设立部门。

5. 业务部门化

按业务划分部门，就是把业务系列的管理工作划归一个部门负责。这种划分在大中型组织是十分必要的，有利于充分利用管理者的专业知识和技能，有利于组织专业化经营，有利于扩大服务工作。国外大中型企业的事业部，就是典型的按业务划分的部门。

6. 区域部门化

区域部门化是根据地理因素来设立管理部门，把不同地区的业务和职责划归不同部门全权负责。因为不同地区的政治经济形势、文化科学技术水平、对业务的要求等都有很大差别，区域部门化有利于提高各地管理的适应性和有效性。我国企业组织中的地区性分公司、办事处，国外组织中的地区事业部等，都是按地区划分的部门。

一个组织究竟采用何种方式划分部门，应视具体情况而定，而且这些划分方式往往是结合采用的。

6.2-4　部门的职能

部门的职能包括部门本职工作、部门主要职能和部门兼管职能。

6.2-5　部门间职能范围的界定

部门间职能范围的界定应包括几个主要原则：(1)职能部门的职能互不重叠(无重叠)。"一事无二管"，主要指时间上不重叠和范围上不重叠；防止"政出多门"，尤其是对外关系应该有固定的分工，不能混杂。(2)职能部门的职能互相衔接。组织运转所需要的职能都有相应的部门负责，不能留下任何空白；不同职能部门的职能不同；组织内部不能有两个职能相同或类似的部门；根据既定的部门职能，对相关部门进行具体界定。

6.2-6　部门间的横向联系

部门之间有必要建立良好的横向联系与协调机制,组织如何来设计这种横向联系? 汤普森认为部门间存在三种不同类型的相互依赖关系,在间接影响的波动型相互依赖关系中,可建立标准化的决策、法规与决策程序来协调;在直接影响的连续型相互依赖关系下,可通过共同指定的计划、蓝图和作业顺序来协调;在相互影响的交叉型相互依赖关系下,经过部门间互动与反馈才能有效协调。

明茨伯格提出几种基本协调方式:直接操作者彼此之间通过非正式的、配合默契的工作方式相互调整;上级对下级直接监督;通过对工作过程、业务和技能标准化来协调。达福提出六种协调方式:即通过文书档案工作进行协调;通过直接接触进行协调;设置联络员进行协调;设置临时性委员会进行协调;设置专职协调员进行协调;设置常设委员会进行协调。我国的组织管理中还有一种很常见的方式就是建立各种协调会议机制。

6.3　职务设定

6.3-1　职务的设计

一个组织是由成千上万个任务构成的。职务设计指将任务组合起来构成一项完整职务的方式。不同组合的方式导致了多种职务设计选择。

1. 职务专业化

职务专业化就是在劳动分工思想指导下,某一职务只包含一些狭窄的专业化活动。但过分专业化可能使员工厌倦单调重复的工作,反而降低工作效率。

2. 职务轮换

职务轮换是避免职务专业化及其缺陷的一种方式,主要是水平方向上不同岗位的轮换。职务轮换的有利之处是拓宽了员工的工作领域,给予他们更多的工作体验,对组织中的其他活动有了更多的了解,从而为人们担任更大责任的职务,尤其是高层职务做好准备。但过分频繁的职务轮换使员工从事专业性的工作经验有限,工作效率下降,培训成本增加;可能使那些喜欢在所选定专业中寻找更大的、更具体责任的员工的进取心、积极性受到影响;非自愿地对员工进行职务轮换,可能导致旷工和事故的增加。

6.3-2　职务扩大化

职务扩大化是指在原有职务中增加一定数量的新任务,试图避免过度专业化造成的工作单调性,但结果往往使员工感到任务繁重,压力大而十分厌烦。

6.3-3　职务丰富化

职务丰富化是赋予员工比以往更多的自主权、独立性和责任感去从事一项完整的活动。

6.3-4　工作团队

当职务是围绕小组,而不是围绕个人来进行设计时,就形成了工作团队。工作团队代表了一种日益盛行的职务设计方案。一个工作团队被指派一项具体的工作任务,而如何完成任务的分工则在团队内进行,可以由团队的主管指定,也可以由团队成员之间自行协调决定。

6.3-5 职务特征模型

职务特征模型确定了五种职务特征,并分析了它们之间的关系以及对员工生产率、工作动力和满足感的影响。

1. 从工作核心维度

根据职务特征模型,任何职务都可以从几个核心维度进行描述。这几个核心维度分别是:(1)技能多样性;(2)任务同一性;(3)任务重要性;(4)自主性;(5)反馈。

前三个维度(技能多样化、任务同一性和任务重要性)共同决定了一项工作对任职者是否有意义,即具有这三个特征可使任职者认为职务是重要、有价值和值得做的。自主性的职务会给任职者带来一种对工作结果的个人责任感,提供反馈的职务能使任职者了解他的工作效果。

2. 从激励的角度

职务特征模型指出,要是一个人知道(对结果的了解)他个人在其关注的任务上完成得很好,那么,他会获得一种内在的激励。员工个人成长需要强度与职务特征维度结合起来影响其工作表现。对相同核心维度的职务,具有高度成长需要的员工要比只有低度成长需要的员工有更高程度的体验,对工作会作出更积极的反应。

3. 职务模型的寓意

职务的诸核心维度可以综合为一项单一的指标——激励潜力得分(MPS)。要取得得分高的职务,必须在导致人们体验到任务意义的三个要素上至少有一个取得高分。可以预见其对动机、绩效和满意感将会产生积极的影响,并使员工缺勤和离职流动的可能性降低。

4. 对管理者的指导

职务特征模型为管理者从事职务设计提供了具体的指导,包括合并任务、形成自然的工作单位、建立起客户联系、纵向扩展职务、开通反馈渠道等方法,目的是改善职务的五个核心维度,创造更有意义的工作。

6.4 职权设计

6.4-1 职权、职位与职责

职权是管理职位所固有的发布命令和希望命令得到执行的这样的一种权力。职权与组织内的一定职位相关,而与担任该职位管理者的个人特性无关,它与任职者没有任何直接的关系。职权关系有两种形式:直线职权与参谋职权。直线职权是指给予一位管理者指挥其下属工作的权力,它形成所谓的指挥链。参谋职权为直线管理者提供支持、协助和建议,并减轻他们的信息负担。与职权相对应的是职责,职责与职权具有对等的重要性。职责具有两种不同形式:最终职责与执行职责。

6.4-2 职权和权力

古典学者认为,组织职位中所固有的权力是影响力的唯一源泉。但现代管理的研究者和实践者发现:职权与职务不是同等的概念,职权只是更广泛的权力概念的一个要素。权力是指一个人影响决策的能力,而职权则是由一个人所居职位带来的合法权力。职权是与职务相伴随的,由一个人在组织层级中的纵向职位决定。权力有多种来源,职权是其中之一。

6.4-3 权力和来源

约翰·弗伦奇等确认了权力有五种来源或基础:强制的、奖赏的、合法的、专家的和感召的。强制权力是一种依赖于惧怕的力量,使用一些制裁手段或威胁来支撑,利用别人对不遵从上级意图所可能产生的负面结果的惧怕促使他对这种权力作出反应。奖赏权力与强制权力相对应,就是能给他人施以他们认为有价值的奖赏而带来的一种权力。合法权力是与职权同一的概念,代表一个人在正式层级中占据某一职位所相应得到的一种权力。专家权力来自专长、特殊技能或知识的一种影响力。感召权力是指由于某人所拥有的独特智谋或特质而形成的个人魅力对他人的影响力。

6.5 管理幅度

6.5-1 管理幅度分析

所谓管理幅度是指组织的一名上级领导,能直接而有效地领导下属的可能人数。一个人的精力、知识与经验是有限的,需要根据其具体情况确认合理的管理幅度。

当下属人员增多时,相互联系的总量急剧增加,组织内部的关系迅速变得错综复杂,管理协调工作也变得更加复杂,因此,要科学地确定管理幅度问题。

6.5-2 管理幅度的影响

组织设计中管理幅度过大或过小都是不恰当的。减小管理幅度对组织的影响表现为:管理层次增多,管理人员增加,相互之间的协调工作难度加大,所花费的时间、精力和费用都要增加;上下级之间的信息传递容易发生遗漏和失真;办事效率低,容易助长官僚主义。扩大管理幅度对组织的影响表现为:可以减少管理层次,精简组织机构和管理人员,用于协调的时间和费用都会减少;信息传递渠道缩短可以提高工作效率;管理幅度过大,也容易导致管理失控,各自为政;管理幅度扩大时,主管人员对下属的具体指导和监督在时间上相对减少。

6.5-3 确定管理幅度时应考虑的因素

管理幅度的大小主要受十个因素的影响。

(1)管理工作的复杂性和相似性。高层领导处理事关组织全局的复杂问题,或者是前所未遇的新问题,对应的管理幅度宜小;基层领导主要是处理一些重复性或相似性的例行性日常工作,直接领导的人数就可多些。

(2)工作能力的强调。如果上下级的工作能力都很强,则主管人员的管理幅度可大一些。

(3)领导者的领导风格。有些人喜欢控制也愿意管理更多下属;有的人则希望直接领导的下属少而精,太多反而把握不住节奏与效率。

(4)管理业务标准化程度。下属从事业务的标准化程度越高,则管理幅度可越大。

(5)授权的程度。如果领导者善于把管理权限充分地授予下属,则领导者本人需要亲自处理的问题就可相对减少,管理幅度就可扩大。

(6)信息传递的效率。如果上下左右有顺畅的信息渠道,交流快捷方便,则可扩大管理幅度。

（7）下属职能的类似性程度。类似程度越高，管理幅度越大。

（8）组织机构在空间的分散程度。如果领导者管理的组织机构在空间上比较分散，那么管理的幅度就相对窄一点。

（9）得到协助的有力程度。如果获得助手的有利协助，管理的幅度就可以加大。

（10）经营形势和发展阶段。当组织处在初创阶段时，管理幅度可能较小；随着组织的不断发展和成熟，管理幅度就有可能相应扩大。在组织的经营形势困难的时候，为了集中各方面力量渡过难关需要集权，管理幅度就可能作一些调整，有可能变大，也有可能变小。

6.6 管理层次

6.6-1 减少管理层次的好处

管理层次就是指直线行政指挥系统分级管理的各个层次。在可能的情况下，组织内的管理层次应尽量少。减少管理层次的好处有：可以减少管理人员，节约管理费用；可以加快信息沟通，减少信息传递中的遗漏和失真，有助于提高管理工作效率；上下级直接接触，增进共识，消除隔阂，加强指导，提高领导工作的有效性；有利于扩大下属的管理权限，调动下属人员工作的积极性、主动性和创造性，提高其管理能力和管理水平；可以克服机构庞杂、人浮于事、公文旅行、文件过多、官僚主义等机关过多综合征。值得注意的是，减少管理层次不是目的，只是手段。管理层次并不能随意减少，而是要受到有效管理幅度的限制，如果管理层次过少，也会影响到管理的有效性。

6.6-2 管理层次的影响因素

管理层次受组织规模、技术和管理幅度的影响。规模较小的组织，其管理层次较少；技术愈复杂，管理层次愈多。

6.6-3 管理层次与管理幅度的关系

组织的管理层次与管理幅度密切相关，在员工人数一定的情况下，管理幅度的大小与管理层次数目的多寡成反比例关系。扩大管理幅度意味着减少管理层次，缩小管理幅度就意味着增加管理层次。

本章思考题参考解答

1. 组织设计时应考虑哪些主要因素？

答：主要有以下六个方面：

（1）企业环境。包括行业特点、原材料供应、人力资源条件、市场特点、政府的政策法令和经济形势等。这些因素会从环境的复杂性和稳定性方面来影响组织设计。环境因素越是复杂和多变，组织设计就越要强调适应性。

（2）企业战略。战略决定结构。企业的组织结构是实现企业经营战略的重要工具。不同的战略要求不同的组织结构。

（3）企业技术。这里的技术含义比较宽泛，不仅包括设备生产工艺，而且包括职工的知识和技能。这种知识和技能，不仅指生产技术方面，而且包括了管理业务的知识和技能。

（4）人员素质。企业人员素质包括各类职工的价值观念、思想水平、工作作风、业务知识、管理技能、工作年龄和年龄结构等。人员素质影响到集权程度、分工形式以及人员定制等。

（5）企业规模。企业规模对专业化程度、管理层次、集权程度、规范化、制度化等都有直接或间接的影响。

（6）企业生命周期。企业处于不同的发展阶段，面临的主要矛盾和问题不同，因而组织设计的主要任务也就不同。

2. 你认为部门按什么方法划分比较好？在设计部门的职能时应注意什么？

答：各种不同的部门化有其适应的环境与情况。在制造型工厂的基层组织，如果需要连续工作可采用时间部门化；对生产工序复杂的制造型企业可按不同的工序划分部门；对一般的制造型或服务企业采用最普遍的是职能部门化；在多业务、多事业的企业里有必要按业务划分部门，每个部门独立负责一项业务运作；对跨国跨地区的企业，且地区间差距较大时，可以采用区域部门化，以便及时对各地业务做决策。

设计部门时应注意：（1）组织运转所需要的职能都有相应的部门负责，不能留下任何空白。（2）不同职能部门的职能互不重叠，"一事无二管"。（3）每个部门的职能在总量上应大体平衡，不能忙闲不均。（4）部门的职能根据组织的需要确定，根据环境需要必要时应加以调整（或增或删），保持弹性。

3. 我们应该如何协调部门之间的关系？

答：协调部门之间的关系包括：（1）操作人员与管理人员之间接触、商谈和沟通以达到协调工作的目的。（2）对上下级部门可以通过管理等级链由上级直接向下级部门发出指示并监督，来协调它们之间的关系。（3）对工作过程标准化。（4）对工作成果标准化。（5）对执行工作者技能标准化。（6）设置联络员，该联络员属于某一部门，负责与别的部门进行协调。（7）设置专职联络员，该联络员独立于任何一个部门之外，依靠自己的专长、影响与威望来处理部门间发生的问题。（8）设置临时性或常设性委员会进行协调。

4. 职务轮换对于激励员工有什么作用？

答：职务轮换对于激励员工的作用有：（1）增加员工工作内容的丰富性，可减轻他们对单调工作的厌烦感，激励他们努力工作。（2）有利于训练员工成为"多面手"，掌握不同部门要求的不同技能，并且经过职务轮换更易受到提拔。（3）有利于员工了解不同部门的工作特点，在以后的协调与合作中增加了解，减少协调难度。

5. 你认为怎样才能有效地设计一个优秀的工作团队？

答：当职务是围绕小组，而不是围绕个人来进行设计时，就形成了工作团队。工作团队代表了一种日益盛行的职务设计方案。一个工作团队被指派一项具体的工作任务，而如何完成任务的分工则在团队内进行，可以由团队的主管指定，也可以由团队成员之间自行协调决定。设计团队时可以考虑以下几点：

（1）对员工充分授权。在团队协作中，时常有这样一个现象，很多领导者看到员工做工作不如自己,总是忍不住要加以指点。殊不知,这种指点在团队成员看来已经成了一种干涉,员工因此有可能变得消极怠惰、惟命是从,失去主观能动性,团队更不会有战斗力可言。领导者应善于拓展员工的发挥空间,激发他们的创造性;赋予下属充分的职权,同时创造出每一个人都能恪尽职守的环境。

(2)取消不必要的竞争。一些管理学家提倡员工间的竞争和分级,他们认为这是激发他们力量最有效的方法。不少管理实践者也都认为,没有等级的区分,员工根本不可能产生工作的动力。但在团队内,正确的做法应该是以合作取代竞争,追求双赢。在同一个团队中,由于具有共同的利益、挑战和共同的愿景,管理者没有必要在团队内部制造不必要的竞争与对立,而应鼓励员工共同合作,强化共同理念,协调每个成员间的利益,打造具有和谐战斗力的团队。

(3)成员间换位思考。对于管理人员来说,与员工的沟通、对员工的理解尤为重要。领导者不应该在员工中间划出一条代表员工平均水平的线,并判断哪些在线上、哪些在线下;他们应当以宽容的心态,主动去发现谁"需要帮助",而不是谁"不合格";然后找出需要帮助的员工问题所在,如培训不足、供应不良、产品和生产设施设计有缺陷、设备和工具不合格、各部门缺乏合作等等,并予以消除。

(4)虚拟团队的组成与设计。①挑选适合虚拟团队特质的人。理想的虚拟团队成员应该是自动自发主动性强,不需要很多细节与工作架构的指示就可以工作。经常需要从与人互动中得到刺激、需要额外协助工作才能保持在稳定的轨道上的人员,不太适合进入虚拟团队。如果一定要将这样的人纳入团队,他们在加入团队之前,先给予团队合作、计划工作、运用和沟通等的相关训练。个人沟通习惯也是考虑条件之一。既乐于又善于沟通的人,才可能是适当的成员,因为他们主动与清楚的沟通习惯,有助于降低无法见面、必须透过冷漠的科技来沟通的困扰。②选取适合虚拟团队的工作。如果工作连续性非常高、整合性非常大,就不大适合运用虚拟团队来进行,因为团队成员必须经常聚在一起反复讨论。招募、交易、维持关系这些需要分享复杂信息的活动,最好不要采用虚拟团队,还是面对面沟通比较能够达到效果。③制定明确的团队沟通原则与时间表,并且强力执行。团队从一开始就要建立沟通共识,包括如何立即回复电子邮件、谁有决策权,有经验的领导人会在虚拟团队组成之时给团员一份行前计划书,其中就包括解释工作流程、沟通原则、进度报告与会议时间。沟通要即时、正面、言之有物。虚拟团队重结果,沟通内容要重实际的协助,而且愈快愈好。由于书面文字有时候比口语更容易伤人,而且无法观察对方的反应,对方又可能是在孤立的情境,所以要特别留意遣词用字,不论是建议或批评,最好都以正面的方式措辞。

6. 职务特征模型是什么? 它为管理者从事职务设计提供哪些指导?

答:职务特征模型确定了五种职务特征,并研究了它们之间的关系以及对员工生产率、工作动力和满足感的影响。根据职务特征模型,任何职务都可以从几个核心维度进行描述。这几个核心维度分别是:(1)技能多样性;(2)任务同一性;(3)任务重要性;(4)自主性;(5)反馈。前三个维度(技能多样化、任务同一性和任务重要性)共同决定了一项工作对任职者是否有意义,即具有这三个特征可使任职者认为职务是重要、有价值和值得做的。自主性的职务会给任职者带来一种对工作结果的个人责任感,提供反馈的职务能使任职者了解他的工作效果。

职务特征模型指出,要是一个人知道(对结果的了解)他在其关注的任务上完成得很好,那么他会获得一种内在的激励。员工个人成长需要强度与职务特征维度结合起来影响其工作表现。对相同核心维度的职务,具有高度成长需要的员工要比只有低度成长需要的员工有更高程度的体验,对工作会作出更积极的反应。职务的诸核心维度可以综合为一项单一的指标,即激励潜力得分(MPS)。要取得得分高的职务,必须在导致人们体验到任务意义的三个要素上至少有一个取得高分。可以预见其对动机、绩效和满意感将会产生积极的影响,并使员工缺勤和离职流动的可能性降低。

职务特征模型为管理者从事职务设计提供了具体的指导,包括合并任务、形成自然的工作单位、建立起客户联系、纵向扩展职务、开通反馈渠道等方法,目的是改善职务的五个核心维度,创造更有意义的工作。

7. 什么是权力? 它的来源有哪些?

答:权力是指一个人影响决策的能力。权力是一个三维的概念,包括职能、职权层次和中心性三维。权力同时由纵向职位和组织权力核心或中心的距离所共同决定。

约翰·弗伦奇等确认了权力有五种来源或基础:强制的、奖赏的、合法的、专家的和感召的。强制权力是一种依赖于惧怕的力量,使用一些制裁手段或威胁来支撑,利用别人对不遵从上级意图所可能产生的负面结果的惧怕促使他对这种权力作出反应。奖赏权力与强制权力相对应,就是能给他人施以他们认为有价值的奖赏而带来的一种权力。合法权力是与职权同一概念,代表一个人在正式层级中占据某一职位所相应得到的一种权力。专家权力来自专长、特殊技能或知识的一种影响力。感召权力是指由于某人所拥有的独特智谋或特质而形成的个人魅力对他人的影响力。

8. 什么是管理幅度? 制定管理幅度应考虑哪些因素?

答:管理幅度是指组织的一名上级领导,能直接而有效地领导下属的可能人数。管理幅度多大为合适,没有一个确切的答案。

确定管理幅度应考虑的因素包括:管理工作的复杂性和相似性、工作能力、领导者的领导风格、管理业务标准化程度、授权的程度、信息传递的效率、下属职能的类似性程度、组织机构在空间的分散程度、得到协助的有力程度、经营形势和发展阶段。高层领导往往面对的是事关组织全局的复杂问题,或者是前所未遇的新问题,他们直接领导的人数宜少而精,以便集中最优秀的人才处理最复杂、最重要的问题;基层领导主要是处理一些重复性或相似性的例行性日常工作,因此直接领导的人数就可多些。如果下属的工作能力很强,不需要上级对其进行很多的业务指导,则主管人员的管理幅度可大一些;如果主管人员自身的工作能力很强,办事果断,决策迅速,则管理幅度在一般情况下也可大一些,但也不完全一定,还要看主管人员的领导风格。有的人希望直接领导的人越少越好,甚至只有一人的管理幅度,但对全局的驾驭能力并不差;有的人希望直接领导的人越多越好,对下属不太放心,总希望亲自管,这样的领导风格下管理幅度自然要大得多。如果作业方法及作业程序标准化程度愈高,管理幅度可愈大;如果标准化程度很低,事事要重新研究,则管理幅度要小一些。如果领导者善于把管理权限充分地授予下属,让下级有充分的自主权,则领导者本人需要亲自处理的问题就可相对减少,管理幅度就可扩大;如果不能授权,或不愿授权,则管理幅度应相应缩小。如果信息传递的方式和渠道恰当,上下左右沟通快捷,关系能够很好地协调,则可扩大管理幅度;如果信息传递渠道不畅,上下左右沟通困难,则应适当缩小管理幅度。如果所管理的下属在职能上具有很高的类似程度,那么管理的幅度就可以宽一点;反之,管理的幅度就必须窄一点。领导者所管理的组织机构如果在空间上比较接近,那么管理的幅度就相对可以大一点;如果在地理上很分散,那么管理的幅度就必须窄一点。如果领导者能够获得助手的有利协助,那么管理的幅度就可以大一点;如果缺乏有力的协助,那么管理的幅度就只能窄一点。当组织处在初创阶段时,管理幅度可能较小,随着组织的不断发展和成熟,管理幅度就有可能相应扩大。在组织的经营形势比较稳定时,各方面工作健康有序,因此,此时的管理幅度就可扩大。在组织的经营形势困难的时候,为了集中各方面力量渡过难关,这时需要集权,此时的管理幅度就可能作一些调整,有可能变大,也有可能变小。

9. 你认为管理层次是多好,还是少好? 为什么? 它与管理幅度有何关系?

答:管理层次还是少一些好,因为管理层次设置多会使企业的管理人员数量增多,从而增加管理成本;还使上下级之间传递信息不便,易失真,效率低;易造成官僚主义;对外界环境变化反应不灵敏,因为有很多时间浪费在向上级请示命令上,可能浪费宝贵的机会。

组织扁平化是组织机构发展的趋势,原因是外界的竞争激烈,商机稍纵即逝。扁平化可以赋予下属更多的自主权,便于他们相机行事,提高组织决策与经营效率。但也要注意,必要的组织层次还是要的,过分扁平化使一个领导者领导的下属数量过多,可能导致管理失控。所以应根据组织情况合理确定管理幅度,再划分管理层次。

本章案例参考解答
案例1

1. 双重指挥链与统一指挥原则矛盾吗?

答:统一指挥原则是古典组织理论所强调的一大原则。在一个组织中,除了最高管理者外,组织中的所有其他员工都会受到来自其上级的领导和管理。可想而知,如果一个员工同时接受两个或两个以上的上级的领导,而且每个上级的指示不可能完全保持一致时,员工就会感到无所适从而工作混乱。以上现象就是组织工作中不允许存在的"多头领导"现象。统一指挥原则是与"多头领导"相对应的,它要求组织设计时满足这样一个条件:组织中的任何成员只能接受一个上级的领导,将管理的各个职务形成一个连续的等级链,明确规定链中每个职务之间的责权关系,禁止越级指挥。

本案例中,ABB公司实行的是一种矩阵式组织结构,它是在当前极为复杂和不确定的环境压力,以及产品线之间存在的共享稀缺资源的压力下产生的。它事实上否定例如统一指挥原则,而这种组织结构在运行中也确实会遇到一些困难。我们必须辩证地看待矩阵式组织结构。在管理学中没有放之四海而皆准的原则,因此也就没有十全十美的组织形态。在考虑选用哪种组织结构时,要同时看到它的利弊,要考虑成本与收益,然后权衡轻重,根据组织独特的特点,选择与之匹配的组织形态。

矩阵式结构固然有可能造成协调成本加大,但在某些情况下,它确实不失为一种有效的组织形态。一般说来,当产品线之间存在共享资源稀缺的压力,或环境对两种或更多的重要产品存在要求,组织的环境条件极其复杂和不确定,频繁的外部变化和部门之间的高度依存,要求无论在纵向还是在横向都有大量的协调与信息处理时,矩阵式结构效益明显,而且大大超过由此带来的管理成本。

可以采取一些措施来避免或减少矩阵式结构中两条指挥链带来的问题,如明确各矩阵角色的职、权、责,培养组织内信息共享、相互信任的文化等等。

案例中ABB公司采取的矩阵式结构取得了成功,一方面是因为矩阵式结构较好地适应了ABB公司共享技术和产品的要求,另一方面肯定还有另外多方面的努力。双重指挥链在ABB公司有效,不一定在其他公司也有效。

案例2

1. 对公司组织体系进行重组的基本思路是什么?

答:随着公司的发展,公司的规模会越来越大,公司的经营环境也会变得越来越复杂,同时公司的战略规划也会发生变化。公司组织体系必须不断地适应这些变化,才能立于不败之地。公司的组织体系从长期来看是个动态的概念。一般情况下,随着组织规模的扩大,组织必须放松管制,下放权力,让下一级能够得到充分的自主权,调动积极性。

利兹夫妇经营的CMP出版公司经过不断的积累以后,取得了迅速的发展,出版公司的规模扩大了许多。显然,如果出版公司的决策依然完全掌握在利兹夫妇手中的话,那么出版公司将不能得到再次的大规模发展。也就是说,在原有的出版公司组织结构下,出版公司的发展程度受到了极大的限制。尽管出版公司的外部机遇很好,但由于出版公司的内部组织结构存在劣势,出版公司已经不能利用机遇了。可喜的是,利兹夫妇在当时就认识到了这个问题,并着手重组出版公司的结构。出版公司从原有的功能性组织结构重组为目标导向的组织结构。经过公司组织体系的重组,把原来集中在利兹夫妇手中的管理决策权下放到了出版委员会成员和各分部经理手中,特别是各分部经理被授予了足够的权力去经营和扩展他们各自的分部。CMP出版公司经过组织变革,重新找到了发展的契机,公司的收益持续快速地增加,变革带来了明显的效果。

案例中,CMP出版公司的组织变革说明了企业在演变过程中,要根据具体的环境情况,选择不同的组织结构,在变化中寻求新的发展平衡。

本章测试题

1. 事业部制组织结构遵循的组织设计策略是: （　　）

   A. 人员导向　　　　B. 目标导向　　　　C. 系统导向　　　　D. 功能导向

2. 美国学者戴尔提出组织设计的五项策略是: （　　）

   A. 目的、相符、职责、专业化和明确性

   B. 目的、专业化、统一指挥、控制幅度和权责对等

   C. 专业化、责任、协调、目的和权限

   D. 分工、协调、统一指挥、精简和责任

3. 关于"封闭"的设计艺术,下列说法正确的是: （　　）

   A. 组织要在系统内部形成决策、执行、监督和反馈的封闭的回路

   B. "封闭"就是组织集中于核心能力的构建,避免外界的干扰

C. "封闭"指组织要在内部建立情报保密机构,对外"封闭"信息

D. 以上说法都对

4. 汤普森认为组织中存在三种不同类型的相互依赖关系,下列说法不正确的是: ( )

    A. 间接影响的波动型相互依赖关系   B. 直接影响的连续型相互依赖关系

    C. 相互影响的交叉型相互依赖关系   D. 持续影响的动态型相互依赖关系

5. 宝洁公司的组织结构分为洗发水部、护肤品部和卫生用品部等,这是依据哪种部门化?

                                                                  ( )

    A. 职能部门化   B. 程序部门化   C. 业务部门化   D. 区域部门化

6. 纵向扩展职务可使工作核心维度的哪一项得到提高?   ( )

    A. 技能多样性   B. 任务重要性   C. 自主性   D. 反馈

7. 下列关于职权与权力的论断哪一个不正确?   ( )

    A. 当某人从职位上退下来就不再拥有相应的职权,但可能仍拥有一些权力

    B. 在组织中的地位越高,权力就越大

    C. 职权是权力概念的一部分

    D. 不一定要管理者才拥有强制的权力

8. 权力的来源或基础有: ( )

    A. 强制的、奖赏的、合法的、非法的   B. 继承的、授予的、法定的

    C. 强制的、奖赏的、合法的、专家的   D. 感召的、强制的、自愿的、专家的

第7章 组织结构

[本章概述]

    本章重点介绍组织结构,即组织的制度框架。通过本章的学习,读者应该理解组织结构设计的影响因素、组织结构的基本类型、优缺点与适用范围,掌握高耸型组织与扁平型组织、机械式组织与有机式组织的特征、差异以及各自的适用范围,理解权变组织结构的基本含义和设计的方法。

7.1 组织结构分析

7.1-1 组织结构特性

    组织结构是组织体系的决定性架构,是一个组织有效运转的支撑。组织结构特性可以用三种向量表征:复杂性、正规化和集权化。复杂性指的是组织分化的程度。正规化是组织依靠规则和程序引导员工行为的程度。集权化是考虑决策制定权力的集中程度。

7.1-2 组织结构的影响因素

    组织结构的影响因素有以下几个方面:

1. 战略与结构

战略决定结构。企业组织结构是实现企业经营战略的重要保证。不同的战略要求不同的组织结构。

2. 规模与结构

组织的规模对其结构具有明显的影响作用。一般来说,规模越大,工作就越专业化,标准化的程序和制度越健全,分权的程度就越高。但是,这种关系并不是线性的,而是达到一定的规模临界点后,规模对结构的影响强度在逐渐减弱。也即随着组织的扩大,规模的影响力相对显得越来越不重要。

3. 技术与结构

查尔斯·佩罗使用技术—结构双因素矩阵,用二维变量——任务多变性和问题可分析性,构建了一个 2×2 矩阵的双因素矩阵。技术—结构关系分析的结论是:组织控制和协调方法必须因技术类型而异。越是常规的技术,越需要标准化结构的组织。反之,越是非常规的技术,越要求结构是有机式的。

4. 环境与结构

机械式组织在稳定的环境中运作最为有效;有机式组织则与动态的、不确定的环境最匹配。

7.1-3 组织结构设计的程序

组织结构设计的程序一般包括如下步骤:确定组织目标、确定业务内容、确定组织结构、配备职务人员、规定职责权限和联成一体。

7.1-4 组织结构系统

一个现代化的健全的组织机构一般包括:决策子系统、指挥子系统、参谋子系统、执行子系统、监督子系统和反馈子系统。决策子系统由组织的领导体系和各级决策机构及决策者组成。指挥子系统是组织活动的指令中心,是以行政首长为首的各级职能单位及其负责人和成员所组成的垂直形态的系统。参谋子系统是由各级职能或参谋机构及其负责人和成员组成的水平形态的系统。执行机构负责贯彻执行指挥中心的指令,监督机构监督执行的情况,而反馈子系统是反映执行的效果。这样在组织内部就形成相互制约、相互作用的组织结构体系。

7.2 组织结构的基本类型

常见的组织结构的类型有:直线制、职能制、直线职能制、事业部制、矩阵制、多维立体组织结构以及委员会制组织结构等。

7.2-1 直线制组织结构

直线制组织结构又称军队式结构。特点是:组织中各种职位是按垂直系统直线排列的,各级行政领导人执行统一指挥和管理职能,不设专门的职能机构。其优点是:组织结构设置简单、权责分明、信息沟通方便,便于统一指挥、集中管理。主要缺点是:缺乏横向的协调关系,没有职能机构当领导的助手,管理者负担较重,容易产生忙乱现象。适用条件:企业规模不大,职工人数不多,生产和管理工作都比较简单。

7.2-2 职能制组织结构

职能制组织,亦称"U型"组织。特点是:以工作方法和技能作为部门划分的依据,将专业技能紧密联系的业务活动归类组合到一个单位内部。优点:有利于最高管理者作出统一的决策;职能部门任务专业化,提高人力和物质资源的使用效率;便于发挥职能专长;利用职能的规模经济效益降低管理费用。缺点:狭窄的职能眼光,不利于企业满足迅速变化的顾客需要;一部门难以理解另一部门的目标和要求;职能部门之间的协调性差;不利于在管理队伍中培养全面的管理人才。适用条件:只有单一类型的产品或少数几类产品,面临相对稳定的市场环境。

7.2-3 直线职能制组织结构

直线职能制组织结构是现实中运用最为广泛的一种组织形态。它把直线制和职能制结合起来,以直线为基础,在各级行政负责人之下设置相应的职能部门,分别从事专业管理,作为该领导者的参谋,实行主管统一指挥与职能部门参谋、指导相结合的组织结构形式。优点:保持了直线制的集中统一指挥,又吸取了职能制发挥专业管理的长处。缺点:过于集权;职能部门之间的横向联系差;参谋部门与指挥部门之间容易产生矛盾;信息传递、反馈较慢,适应环境变化较难。

7.2-4 事业部制组织结构

事业部制组织,亦称"M型"组织。特点是:以产生目标和结果为基准来进行部门的划分和组合,在集权领导下实行分权管理,就是在总公司的领导下,按产品或地区分别设立若干事业部,每个事业部独立核算,总公司只保留预算、人事任免和重大问题的决策等权力,并运用利润等指标对事业部进行适度控制。优点:提高了管理的灵活性和适应性;有利于最高管理层集中精力做好有关企业大政方针的决策;便于组织专业化生产,提高产品质量,降低产品成本。缺点:增加了管理层次、管理人员和管理费用;各事业部之间协调较差;容易产生事业部本位主义和分散主义倾向。适用环境:具有较为复杂的产品类别或较广泛的地区分布的企业。

7.2-5 矩阵制组织结构

矩阵制组织结构,是由纵横两套管理系统组成的组织结构,一套是纵向的职能领导系统,另一套是为完成某一任务而组成的横向项目系统。优点:有利于各职能部门之间的协作和配合;具有较强的机动性,组织适应环境的能力强;有利于集思广益,攻克技术难题,在发挥人的才能方面具有很大的灵活性。缺点:资源管理复杂;稳定性差;权责不清。适用环境:需要对环境变化作出迅速而一致反应的企业。

7.2-6 多维立体组织结构

多维立体组织结构是直线职能制、矩阵制、事业部制和地区、时间结合为一体的复杂结构形态,是多维立体的组织结构。主要包括三类管理机构:按产品划分的事业部,是产品利润中心;按职能划分的专业参谋机构,是专业成本中心;按地区划分的管理机构,是地区利润中心。优点:紧密配合各方力量,有利于实现组织的总目标。适用范围:多种产品开发、跨地区经营的跨国公司或跨地区公司。

7.3 组织形态的纵向层次划分

纵向层次的设置,为组织最高管理者提供了通过职权等级链的逐层直接监督来控制和协调组织活动的有力手段。根据纵向层次设置的多寡,组织可以区分为高耸和扁平两种形态。

高耸型组织,或者叫做"高架式结构",是在最高层与作业层之间具有为数众多的管理层次,每个层次的管理幅度均较窄小,组织的结构特征表现为高而瘦,所以也被称为"宝塔式"结构。优点:主管所管辖的下属人数较少,便于监督和控制;有利于简单问题的迅速解决;主管职位多,下属晋升机会也较多;职责分明,分工明确,等级森严,有利于统一指挥;纪律严明,稳定性较好。缺点:层次间和部门间的协调任务重,计划和控制工作较为复杂;管理费用高;信息交流不畅且易失真;决策民主化程度不够;管理效率低;环境适应性差。

扁平型组织与高耸型组织相反,其结构特征是扁而平,其管理幅度大,管理层次少,又叫做扁平结构或"横式结构"。主要优点是:管理费用低;纵向沟通和联系的距离缩短;有利于基层管理人员的成长;有利于决策民主化;加快信息传递速度和减少信息失真,有利于合理决策。不足之处是:管理人员工作负荷重,精力分散;对管理人员的素质要求相对较高;对下属人员的控制难度加大;同级间的沟通联络困难。

总之,高耸结构与扁平结构都是相对的,在适宜的环境下,都可能成为有效的结构形态。

7.4 机械式与有机式组织结构

机械式组织和有机式组织代表着一个连续统一体的两个极端,它们之间实际上存在无数的中间过渡状态,可以有多种变异,或者表现为多种不同的具体形式。

机械式组织,也称官僚行政组织,是综合使用传统组织设计原则的自然产物。传统组织坚持统一指挥的结果,产生了一条正式的职权层级链,并保持窄的管理跨度,随着组织层次的提高就形成了一种高耸的、非人格化的结构,主要进行常规性决策。它的"刚性"特征表现为:任务被划分为独立的专业化部分;职责范围受严格精确限定;有明确的职权等级和许多程序规则;有关工作的知识及对任务的监控集中在组织上层;强调上级对下级的纵向沟通;协调和控制倾向于采用严密结构的层级组织(如职能制组织)。适用条件:环境相对稳定和确定,企业可以近于封闭的方式来运作;任务明确且持久,决策可以程序化;技术相对统一而稳定;按常规活动且以效率为主要目标;企业规模相对较大。

有机式组织,也称适应性组织,是低复杂性、低正规化和分权化的。它不具有标准化的工作和规则条例,是一种松散、灵活的结构,能根据需要迅速地作出调整,主要进行非常规决策。有机式设计方案的选择,包括简单型、矩阵型、网络型和任务小组及委员会结构等。它的"弹性"特征表现为:员工围绕共同的任务开展工作;职责范围在相互作用中不断修正;职权等级和程序规则少;有关工作的知识及对任务的监控分散在组织之中;强调上下级双向的沟通及横向和斜向的沟通;协调和控制经常依靠相互调整和具有较大灵活性的组织系统(如矩阵型组织)。适用条件:环境相对不稳定和不确定,企业必须充分对外开放;任务多样化且不断变化,使用探索式决策过程;技术复杂而多变;有许多非常规活动,需要较强的创造和革新能力;企业规模相对较小。

对两种组织设计的选择,依据的是每一方案适用的条件,如不同的使用时间和地点,组织的内部要求,以及外部环境。

7.5 权变的组织结构

7.5-1 权变组织结构的基本含义

组织"权变"的观点认为:世界上并没有最好的组织结构。一个好的组织结构能够实现任务、组织及人员等三者的最佳配合,能够满足成员的需要,有效适应环境的变化。管理学家夏悌和卡利索提出四种影响组织结构的力量:经理人员的影响力;部属的影响力;任务的影响力;环境的影响力。

7.5-2 权变组织结构的设计原则

格鲁克提出了权变组织结构的设计原则,也就是组织结构的权变力量有以下几个:组织的目标;组织的环境;组织的规模;行业间竞争。权变是一种科学的指导思想而并非被迫无奈的权宜之计。

7.5-3 权变组织结构设计的步骤

哈佛的管理学家们把有关权变方法的组织设计归纳总结为以下十个步骤:审查组织目的;审查外部环境;确认目的和手段;确认内部的主要次环境因素;分析每一个主要次环境因素;陈述主要次环境的工作流程;确定必要条件;综合考虑整体需求;检查各种工作特点等;修正原有组织结构。

7.5-4 与传统方法比较

权变方法设计的组织结构与传统方法的区别表现在以下几个方面:从设计的指导思想来看,权变方法强调组织的灵活性和适应性,使结构适应当时的情境;而传统方法则强调组织的稳定性,使组织结构规规矩矩。从设计的环境假设来看,权变方法强调环境的动态性;传统方法则假设环境处于静态。从指挥的关系来看,权变的组织结构既注意纵向的沟通与权力关系,又注意发展横向的及交叉性质的沟通与互动;而传统的组织结构则主要着眼于阶层性的管理结构及垂直的权力关系,横向联系很少。从上下级关系来看,权变的组织结构上下级关系复杂,一个人可能有两个以上的上司;而传统的组织关系简单,强调命令统一,一个人只能有一个上司。从管理幅度来看,权变的组织结构中管理幅度的大小取决于人员、任务和环境;而传统结构中的管理幅度通常是按照职权范围及所处管理层次来决定,一般固定不变。从决策的情况来看,权变的组织结构随情况灵活采用集中决策和民主决策两种方式;而传统的组织结构实行集权式管理。从管理哲学来看,权变组织注意到人的社会性需要,主张对人的管理因人而异。对有的人要严加控制,有的却可以充分信任;传统的组织对人的管理基本上是着眼于控制,对人严格管理。

本章思考题参考解答

1. 组织结构的特性有哪些?影响组织结构的因素有哪些?

答:组织结构是组织体系的决定性架构,是一个组织有效运转的支撑。组织结构特性可以用三种向量表征:复杂性、正规化和集权化。复杂性指的是组织分化的程度。正规化是组织依靠规则和程序引导员工行为的程度。集权化是考虑决策制定权力的集中程度。

影响组织结构的因素主要有以下六个方面:(1)企业环境。包括行业特点、原材料供应、人力资源条件、市场特点、政府的政策法令和经济形势等。这些因素会从环境的复杂性和稳定性方面来影响组织设计。环境因素越是复杂和多变,组织设计就越要强调适应性。(2)企业战略。战略决定结构。企业的组织结构是实现企业经营战略的重要工具。不同的战略要求不同的组织结构。(3)企业技术。这里的技术含义比较宽泛,不仅包括设备生产工艺,而且包括职工的知识和技能。这种知识和技能,不仅指生产技术方面,而且包括了管理业务的知识和技能。(4)人员素质。企业人员素质包括各类职工的价值观念、思想水平、工作作风、业务知识、管理技能、工作年龄和年龄结构等。人员素质影响到集权程度、分工形式以及人员定制等。(5)企业规模。企业规模对专业化程度、管理层次、集权程度、规范化、制度化等都有直接或间接的影响。(6)企业生命周期。企业处于不同的发展阶段,面临的主要矛盾和问题不同,因而组织设计的主要任务也就不同。

2. 如何进行组织结构设计?

答:以新建企业为例,组织结构设计一般按以下程序进行:(1)确定组织目标。在综合分析组织外部环境和内部条件的基础上,合理确定组织的总目标及各种具体的派生目标。(2)确定业务内容。根据组织目标的要求,确定为实现组织目标所必须进行的业务管理工作项目,并按其性质适当分类。明确各类活动的范围和大概工作量。进行业务流程的总体设计,使总体业务流程优化。(3)确定组织结构。即设计各个管理层次、部门的责任和权利。具体表现为确定企业的组织系统图。(4)配备职务人员。根据业务工作的性质和对人员素质的要求,挑选和配备称职的人员及其行政负责人,并明确其职务和职称。(5)规定职责权限。明确各单位和部门及其负责人对管理业务工作应负的责任以及评价工作成绩的标准。(6)联成一体。明确规定各单位、各部门之间的相互关系,以及它们之间的信息沟通和相互协调方面的原则和方法,把整个组织联结起来,协调运作。

3. 直线制组织结构与职能制组织结构有什么区别?

答:这两种组织机构的区别是十分明显的。直线制组织结构的特点是组织中各种职位是按垂直系统直线排列的,各级行政领导人执行统一指挥和管理职能,不设专门的职能机构。这种组织便于统一指挥、集中管理。但只适用于生产和管理工作都比较简单的情况。职能制组织以工作方法和技能作为部门划分的依据,组织中专业化的职能部门大量存在,由上级直线领导,并同直线上级一起拥有对下级直线的指挥、命令权,这样就形成多重指挥链的局面,所以这种组织结构未能推广开来。

4. 你认为什么情况下设计矩阵制组织结构形式为好?

答:虽然二元层级式矩阵组织看起来好像是一种非正常的组织设计手段,但在以下条件下会非常有效:(1)产品线之间存在资源稀缺的压力。该组织通常是中等规模,拥有中等数量的产品线。在不同产品共同灵活地使用人员和设备方面,组织有很大压力。比如,组织不够大,不能为每条产品线安排专职的工程师,于是工程师以兼任的形式被指派为产品或项目服务。(2)环境对两种或更多的重要产品存在要求。例如,对技术质量(职能制结构)和快速产品更新(事业部制结构)的要求。这种双重压力意味着组织的职能和产品之间需要一种权力的平衡。为了保持这种平衡就需要一种双重职权的结构。(3)组织的环境条件是复杂和不确定的。频繁的外部变化和部门之间的高度依存,要求无论在纵向还是横向方面都要有大量的协调与信息处理。在上述三种条件下,纵向和横向的职权将得到相同的承诺,于是便产生了一种双重职权结构,平衡两者之间的权力。

5. 请比较一下高耸型组织结构和扁平型组织结构的优点和不足。

答:高耸型组织管理幅度小,管理层次多;扁平型组织管理幅度大,管理层次少,所以两者优缺点正好相反。高耸型组织优点是结构严谨、周密,组织成员职责分明,上下级等级森严,领导的权威程度高,便于经理人员对下属实施严格控制,因而组织的稳定性很高。但由于过多的层级,使得管理费用升高,而且层次间和部门间的协调任务重,计划和控制工作较为复杂;信息交流不畅且易失真,整个组织的应变能力差,缺乏弹性;决策民主化程度不够,不利于发挥中下级管理人员的积极性。

与高耸型组织相反,扁平型组织管理费用低;纵向沟通和联系的距离缩短;有利于基层管理人员的成长;有利于决策民主化;加快信息传递速度和减少信息失真,有利于合理决策。不足之处是:管理人员工作负荷重,精力分散;对管理人员的素质要求相对较高;控制的难度加大;同级间的沟通联络困难。

6. 机械式组织和有机式组织有哪些不同? 在什么情况下设计机械式的组织结构? 在什么情况下设计有机式的组织结构?

答:从组织内分工情况看,机械式组织按职能分工,任务被划分为独立的专业化部门;有机式组织强调合作,以任务和顾客为中心组织流程。从职责范围看,机械式组织职责范围受到精确和严格的限定;有机式组织的职责范围在相互作用中不断调整,会通过雇员的团队重新划分。在职权等级和规章制度上,机械式组织多,而有机式组织少。在权力的集中与分散程度上,有机式组织有关工作的知识及对任务的监控集中在组织上层;有机式组织则分散在组织中。在信息沟通上,机械式组织强调上级对下级的纵向沟通,即只有命令和指挥;而有机式组织强调上下级的双向沟通及横向和斜向的沟通。在协调与沟通系统上,机械式组织倾向于采用严密结构的层级组织;而有机式组织经常依靠相互调整和具有较大灵活性的组织系统。

机械式组织一般在下列情况下使用:环境相对稳定和确定,企业可以一种近于封闭的方式来运作;任务明确且持久决策可以程序化;技术相对统一和稳定;按常规活动且以效率为主要目标;企业规模相对较大。

有机式组织适用的条件为:环境相对不稳定和不确定,企业必须充分对外开放;任务多样化且不断变化,使用探索式决策过程;技术复杂而多变;有许多非常规活动,需要较强的创造和革新能力;企业规模相对较小。

7. 为什么要设置权变的组织结构?

答:组织结构是整个组织管理活动的架构和依存,功能在于协调和整合众多人的力量来实现组织整体目标。组织战略目标的制定与实现都要受到组织外部环境与自身条件的制约。组织的结构也必须与周围的环境相适应,与自身的人员规模、技术等条件相匹配。研究组织结构的设计,就是研究组织的职能如何满足成员的需要以及怎样面对外来的压力,也就是要着眼于任务、组织及人员等三者的互相配合。组织内部职能设计必须与组织任务的要求、科技或外在环境的要求,以及组织成员的需要等相符合,组织始能有效。

不同组织的任务、环境、人员等显然是大不相同的,所以世界上并不存在适用于一切情况的组织结构。所谓最佳组织结构,应视各种情形而定,综合考虑环境、技术、人员和规模等因素灵活处置,设计出最适合本组织的权变的结构。

本章案例参考解答

案例 1

1. A 与 B 公司各采用了什么样的组织结构？对公司产生了怎样的影响？

答：A 和 B 公司自从被卖给了不同的投资者以后，尽管两个公司都设有相似的管理部门，并且两者的规模也相差不大，但是由于各自总经理的个性不一样，两个公司最终采取了不同的组织结构。其中，A 公司采取了机械式的组织结构，对员工实行严密的控制；而 B 公司则采取了有机式的组织结构，强调组织中部门之间的工作协调，关心员工的满足感。

在 20 世纪 70 年代初期，由于电子行业的兴旺发展，A 和 B 公司都取得了成功。在 A 公司中，制定了详细的组织结构图和职务说明书，对每个部门和员工的工作进行细密的专业化分工，并规定有明确的职责范围。这使得 A 公司在大批量制造印刷电路板及装配方面具有很高的生产效率，从而具有较强大的竞争力，对实现"稳定运行中的效率"这个企业目标起了很大的作用。B 公司的管理者则对组织机构图不感兴趣，在公司中不提倡员工用书面文件进行沟通，也不对员工的工作作出死规定。这使得 B 公司运行时显得有点混乱，但对实现"动态适应中的创新"这一企业目标起了积极的作用。

2. 你认为可以给 A、B 公司设计怎样的组织结构，为什么？

答：由于 A、B 两个公司采取了不同性质的组织结构，导致了它们不同的命运。A 和 B 公司进行组织结构设计时，可以采用结合 A、B 公司原有结构的模式，即保留原有的结构优点，同时吸收另一种结构的优点来弥补原有结构的缺点。A 公司的机械式组织结构具有保持稳定的组织效率的优点，但同时具有灵活性差、不利于适应环境变化的缺点。B 公司的有机式组织结构具有灵活适应环境、创新性强的优点，但同时具有生产不稳定、效率不高的缺点。结合 A 和 B 公司的组织结构，在稳定与创新之间找到平衡，那么就可以设计出一种所谓"柔性组织结构"。柔性组织结构可以适应广泛的环境，表现出良好的环境适应性，它能同时满足组织生产效率和产品创新方面的要求，不失为理想的组织结构。

3. 你认为 A 公司通常比 B 公司利润赚得多是什么原因？

答：A 公司采用的机械式组织结构在保证员工能感到满意的前提下，通常具有生产效率高的特点，此时员工的任务明确，运作起来可以节省成本。然而 B 公司采用的有机式组织结构，由于员工之间的任务不明确，工作起来显得乱哄哄，生产效率也就不可能很高，同时消耗的成本也将是比较高的。这样，由于 A 公司的生产效率高，每个员工的平均年销售额比 B 公司要高，并且由于 A 公司运行时的井然有序使得成本得到下降。销售额较高和成本相对较低使得 A 公司比 B 公司能赚取更多的利润。

4. 试比较 A、B 公司组织结构的优劣。

答：尽管 A 公司通常比 B 公司赚得更多的利润，但是在不同的时期，A 公司和 B 公司表现出了不同的适应性。当环境发生变化，即某一复印机厂要求 A、B 公司在短期内生产出 100 件样品时，B 公司具有弹性的有机式组织结构显示出了其创新能力强的优点。B 公司能够在短时间内发现设计有误，并改正错误之处，迅速重新设计，最终按时提交了样品，并且质量全部合格。此时 A 公司的机械性组织结构并不能及时地适应环境变化，表现出适应性、创新性差的劣势。但是,当A、B公司都步入正轨后,A公司的组织结构显示出巨大的优势,能够实现大批量印刷电路板及装置的高效生产,使产品的成本降低了20%,这样A公司的产品极具竞争力,最后赢得了复印机厂的全部订单。此时B公司的组织结构在实现快速创新产品之后,不能够高效低成本生产的缺点暴露无遗,这样同时印证了A公司通常比B公司利润赚得更多的结论。

案例2

1. 海尔集团组织结构的演变中采用了哪几种组织结构,各种组织结构有什么特点?

答:海尔在各种不同的宏观背景、不同的发展战略下,组织结构也在不断进行调整。

20世纪80年代,海尔的组织结构采取了直线职能制的结构形式,保持较高的集权程度。因为当时计划经济仍占主要地位,计划经济体制有巨大惯性,海尔只是专心于冰箱一种产品的生产(名牌战略),所以在组织结构上只需划分职能,采取垂直式集权领导是适合的。直线职能制组织结构在现实中运用最为广泛,它把直线制和职能制结合起来,以直线为基础,在各级行政负责人之下设置相应的职能部门,分别从事专业管理,作为该级领导者的参谋,实行主管统一指挥与职能部门参谋、指导相结合的组织结构形式。优点:保持了直线制的集中统一指挥,又吸取了职能制发挥专业管理的长处。缺点:过于集权;职能部门之间的横向联系差;参谋部门与指挥部门之间容易产生矛盾;信息传递、反馈较慢,适应环境变化较难。

进入20世纪90年代,海尔开始推行分权的事业部制以及部分经营领域更加分权的子公司制。1992年邓小平"南方谈话"掀起了改革开放、建设市场经济的热潮,同时海尔集团正式成立,并转入多元化经营和相应的兼并扩张、集团化发展的战略阶段。企业慢慢发展壮大,不免会出现人浮于事、效率低下的大企业病,因此海尔在1993年进行"权力分散化",在原工厂制(直线职能制)基础上,推进事业部制,总部集中筹划集团发展目标,集团下属是事业部(已经形成规模效益且管理机制较完善的称为事业本部,未达到标准的称为事业发展部)。对各事业部兼并的企业,集团有最终决策权。这样海尔集团与事业部之间,事业部与各分厂之间的责权利关系相当明晰,初步呈现出分权化、扁平型的组织结构特征,适应了规模扩张和多元化经营的要求,调动了集团管理人员和职工的积极性。事业部制组织特点:以产生目标和结果为基准来进行部门的划分和组合,在集权领导下实行分权管理,提高了管理的灵活性和适应性;有利于最高管理层集中精力做好战略决策;便于组织专业化生产,提高产品质量,降低产品成本。缺点:增加了管理层次、管理人员和管理费用;各事业部之间协调较差;容易产生事业部本位主义和分散主义倾向。适用环境:具有较为复杂的产品类别或较广泛的地区分布的企业。

到了20世纪90年代末期,海尔的组织机构又从一般的事业部制改组为本部—事业部制,即一个本部下辖几个事业部,也成为超事业部、大事业部。全球化、新经济是这个时段的显著特征,海尔进入全球营销网络布局阶段。1997年进军以数字电视为代表的黑色家电,1998年进军米色家电,坚定多元化发展道路并制定了挺进世界500强的发展目标。进500强首要条件是要有一流的内部管理,虽然海尔组织结构整体上是分权化、扁平式的,但对于冰箱本部而言,仍是集权式直线职能制。这种结构对于以前单一的冰箱产品是适应的,但对于小家电等多种产品齐头并进的快速扩张形势则显得缺乏效率。海尔集团于1996年开始实行事业本部制,1997年又在事业本部基础上,采取了"细胞分裂"方式,使整个组织结构形成四个层次:集团总部是投资决策中心,事业本部是经营决策中心,事业部是利润中心,生产工厂是成本中心,各个层次各负其责,允许各事业本部各自为战,但不许各自为政。这种组织管理模式称为"联合舰队模式",海尔把这种组织模式延伸到营销体系中,各事业部设有营销公司,负责自己的产品销售、出口和海外建厂工作。集团总部设有营销中心,对各本部销售公司和进出口公司的工作实行监督控制和指导,这样既能发挥各本部销售公司和进出口公司的战斗力,又能进行整体进攻,很好地配合全球营销网络中多元化发展的要求。

1999年,实施了市场链为组带的企业业务流程再造(BPR),形成创新订单支持流程3R (R&D——研发,HR——人力资源开发,CR——客户管理)和保证订单实施完成的基础支持流程3T(TCM——全面预算,TPM——全面设备管理,TQM——全面质量管理)。产品本部在3R的支持下通过新品研发、市场研发及提高服务竞争力不断创新订单;产品事业部在3T的支持下将商流获取的订单和产品本部创造的订单执行实施;物流本部搭建全球采购配送网络,实现JIT(即时采购、即时配送和即时分拨物流)订单加速流;资金流搭建全面预算系统,这样形成直接面向市场的完整的物流、商流等核心流程体系和3R、3T等支持流程体系。这种结构实现了企业内部和外部网络相连,使企业形成一个开放的系统。将外部市场的压力传递给每一个员工,使他们把压力变成动力,最大限度地追求顾客满意度最大化,从而实现海尔三个"零"的目标:质量零缺陷,服务零距离,流动资金零占用。这一组织创新,取得了良好的效果。

2. 你认为海尔下一步会采取哪种组织结构,为什么?

答:海尔下一步的组织结构仍应以扁平化、虚拟化、信息化的有序非平衡结构为基准,不断创新实现由强做大,由大变强的国际战略。海尔和著名跨国公司相比,无论资金、技术、规模,都没有优势,但海尔有比较优势,那就是速度。经销商们提出一个要求时,海尔会以比那些老牌跨国大公司更快的速度满足他们的要求。正是不断强化这一优势,海尔对其内部组织结构进行动态调整,把组织的有序平衡结构转向有序非平衡结构,使其运作模式不断创新。事实上,海尔必须靠建立一流的快速适应市场变化的管理体制和系统化的国际运作来实现再发展,走真正的国际化道路。组织结构适当虚拟化,有利于企业整合外部资源,弥补自身不足。海尔在建立和发展国际化经营组织结构中,已经借鉴了西方跨国公司组建虚拟企业的经验。另外,扁平化的过程中调和集权与分权授权的矛盾,要把握好两者结合的"度"。

本章测试题

1. 组织结构的影响因素不包括: （　　）

    A. 企业的生命周期   B. 市场份额

    C. 管理技术手段   D. 环境

2. 下列关于战略与结构的说法不正确的是: （　　）

    A. 战略的变化先行于并导致了结构的变化   B. 结构服从于战略

    C. 结构影响战略的制定与实施   D. 以上都不对

3. 下列说法不是直线职能制的缺点的是： （ ）
   A. 各职能部门之间的横向联系较差　　　　B. 信息传递路线较长,反馈较慢
   C. 不利于集中统一指挥　　　　　　　　　D. 参谋部门与直线部门之间容易产生矛盾

4. 当环境要求每个产品线都能快速作出变化,而且要求专业技术时,哪种组织类型最为恰当？
   （ ）
   A. 直线职能制　　　B. 矩阵制　　　C. 事业部制　　　D. 超事业制

5. 下列对高耸型组织与扁平型组织的论断不正确的是： （ ）
   A. 高耸型组织管理层次多而管理幅度小,扁平型组织相反
   B. 扁平型组织优于高耸型组织
   C. 扁平型组织在信息沟通与联络上存在困难
   D. 高耸型组织稳定性较高

6. 权变的组织设计方法与传统的方法相比 （ ）
   A. 强调环境的动态性
   B. 更多地采用民主决策方式
   C. 管理幅度通常按照职权范围及所处管理层次来定
   D. 以上都正确

7. 机械式组织与有机式组织的差异不包括： （ ）
   A. 机械式组织的职责范围受严格限定,而后者不断调整
   B. 前者主要是常规性决策,后者主要是非常规性决策
   C. 前者高度正规化,后者低度正规化
   D. 前者适用于大型企业,后者适用于小型企业

第**8**章 组织运行

[**本章概述**]

　　本章重点介绍组织运行,即使其组织结构动态化。通过本章的学习,读者应理解组织制度的特点、组织制度体系以及现代公司制度、制度优化与制度化管理的一般特点,掌握集权与分权、组织授权、组织协调的特征,理解组织整合的基本含义、整合的主要手段和组织运行机制。

8.1　组织制度

8.1-1　组织制度的特点

　　组织制度是组织中全体成员必须遵守的行为准则,它包括组织的各种章程、条例、守则、规程、程序、标准等。组织体系中的任何制度都必须具有并反映出科学性、合法性、系统性、权威性、强制性和稳定性等特点。

8.1-2　组织制度体系

　　1. 组织的基本制度

　　组织的基本制度是组织其他制度的依据和基础。它是规定组织(如企业)形成和组织方式,决定组织性质的基本制度。它主要包括诸如规定组织法律地位和财产所有形式的契约、组织章程等方面的程度,以及组织的领导制度和民主管理制度等。

　　2. 专业管理制度

　　专业管理制度既是组织基本制度得以执行的具体保证,又是组织进行专业管理的具体手段,一般应包括责任制度、组织的技术规范、业务规范和个人行为规范。责任制度是规定组织内部各级部门、各类成员应承担的工作任务、应负的责任以及相应职能的制度,是专业管理制度的核心。技术规范是针对组织的业务活动而制定的技术标准、技术规程等。业务规范是组织在反复的实践中总结出来的,通过行政命令的方式予以认可的工作程序和作业处理规定。企业的业务规范有操作规程、服务规范、安全规范等。个人行为规范是对个人在执行组织任务时应有的个人行为的规定,如个人行为品德规范、劳动纪律、仪态仪表规范等。

8.1-3　现代公司制度

　　现代公司制度,又称为股份制,为现代所有企业组织提供了一种较好的制度设计。正是采用了这种制度,西方大公司才表现出良好的业绩和勃勃生机。

现代公司制度与传统企业制度(如个体业主制和合伙制)相比较,有两个鲜明的特点:(1)公司是一个法人组织体,在独立的法人财产的基础上营运;(2)公司是由一个公司治理结构来统治和管理的。

现代公司的治理结构由股东大会、董事会和由高层经理人员组成的执行机构三个部分组成。股东是指持有公司股权的投资者,可以是自然人,也可以是法人,他们通过股东大会行使自己的发言权和投票权,维护自己的法定权益。股东大会有例行年会和特别会议两种。召开股东大会的通知必须采取书面形式,在开会前送到每个在册的有表决权的股东手里。参加股东大会的股东必须达到法定人数才能视为合法,通过的决议才能有效。董事会是公司的最高决策和领导机构,是公司的法定代表。董事会由股东大会选出,代表全体股东的利益,负责制定或审定公司的战略性决策,并检查其执行情况。公司的执行机构由高层执行官员(包括总经理、副总经理等)组成。这些高层执行官员即高层经理人员受聘于董事会,在董事会授权范围内拥有对公司事务的管理权和代理权,负责处理公司的日常经营事务。由于具体情况不同,各个公司有关三者职权划分的规定是不尽相同的。

要完善公司治理结构,就要明确划分股东、董事会、经理人员各自的权力、责任和利益,从而形成三者之间的制衡关系。从法律原则上说,我国《公司法》明确区分了股东大会与董事会之间的信任托管关系和董事会与高层经理人员之间的委托—代理关系。信任托管关系特点在于:一旦董事会受托来经营公司,就成为公司的法定代表;不兼任高层经理人员的董事一般不领取报酬,只领取一定的津贴或"车马费",表明不是雇佣关系而是信任托管关系;在法人股东占主导地位的情况下,大法人股东的代表往往派出自己的代表充当被持股公司的董事。董事会与公司经理人员之间的委托—代理关系的特点在于:经理人员作为意定代理人,其权力受到董事会委托范围的限制,包括法定限制等,如某种营业方向的限制,处置公司财产的限制等;公司对经理人员是一种有偿委托的雇用,经理人员有义务和责任依法经营好公司事务,董事会有权依据经理人的经营绩效进行监督,并据此对经理人员作出(或约定)奖励或激励的决定,并可以随时解聘。

8.1-4 组织制度优化

优化组织制度要遵守的基本要求:(1)组织制度要从组织的需要出发,以组织的实际状况为基础。(2)优化组织制度要以加强科学管理、尊重人为中心。(3)制度要系统配套。(4)制度的修订要有广泛的群众基础。(5)要定期和不定期地审视组织制度。(6)要强化制度执行的监督和管理。

8.1-5 制度化管理

制度化管理是以系统的制度为基本手段,协调共同劳动体中各成员行为的管理方式。实行制度化管理,排除了因管理者的个人偏好、凭经验行事的影响,使得一切活动都是在理性和合理化的原则下进行。制度化管理的主要特点有:(1)以岗位责任制为核心,明确各种岗位的权利和义务。(2)根据在组织内的职位权力的大小,通过制度的形式建立组织的指挥体系或等级系统。(3)强调制度化的管理,所有权与经营管理权相分离。(4)组织成员的关系必须以理性的组织制度为准则,不受成员个人感情因素的影响。(5)组织中人员的任用,完全按照职务上的要求,根据正式考试或教育训练后人员所获得的适合组织需要的技能程度来决定。(6)管理者是一个职业阶层。制度化管理的实质是以科学管理的制度体系为手段协调组织各层次行为的基本准则。

8.2　职权的平衡

8.2-1　集权与分权

集权是指决策权在组织系统中较高层次上一定程度的集中;分权是指决策权在组织系统中较低层次上一定程度的分散。在组织管理中,集权和分权是相对的,绝对的集权或绝对的分权都是不可能的。

过度集权的弊端:不利于合理决策;不利于调动下属的积极性;阻碍信息交流;助长组织中的官僚主义。与此对应,职权分散化有利于组织决策的合理化,有利于明确地实行分级决策、分层负责,而且有利于调动下属的积极性;有助于培养组织管理专家。

分权和集权在组织中只是个程度问题,主要有四个衡量的标志:决策的数量、决策的范围、决策的重要性和决策的审核。

集权与分权的程度随条件变化而变化。影响分权程度的因素有:(1)决策的代价。其反映决策的重要性,代价越大就越不宜分权。(2)政策的一致性。政策一致性势必使组织趋向于集权化。(3)组织的规模。规模扩大要求分权管理。(4)组织的成长。从组织成长的阶段来看,随着组织规模日益扩大,组织一般经历由集权到分权的过程;从组织成长的方式来看,内部发展倾向于集权,外部发展倾向于分权。(5)管理哲学。即管理者的个性和管理哲学。(6)人才的数量和素质。与分权程度成正相关。(7)控制的可能性。高层主管对控制有信心就愿意分权。(8)职能领域。组织的分权程度也因职能领域而异,有些职能领域需要更大的分权程度,有些则相反。在组织的经营职能中,生产和销售业务的分权程度往往很高。但财务职能中的某些业务活动需要较高的集权,只有集权,最高层主管才能保持其对整个组织财务的控制。

8.2-2　组织授权

1. 授权分析

授权不等于分权。授权并不是将职权放弃或让渡,授权者也不会由于将职权授予别人而丧失它,授出的一切职务都可由授权者收回和重新授出。分权是授权的基础,授权以分权为前提。

(1) 授权的内容。包括:分派任务、委任权力、明确责任。

(2) 授权的原则。包括:重要原则,要使下级认为被授予的权限是该层次比较重要的;明责原则,要向被授权者明确其责任、目标及权力范围;适度原则,授权既要调动下属的积极性,又要保证不失去控制;不可越级授权原则,以免扼杀中层管理者的积极性,导致机构混乱。

(3) 授权的特点。包括:上级必须通过职位授权;授权不等于授责;授权不等于放任不管;授权是一种组织行为,不是上司的个人行为;职权的授予可以是具体的,也可以是一般描述性的;职权的授予可以是书面的,也可以是口头的;权力既可以授出去,也可以收回来。

(4) 授权的好处。包括:得到下属的尊敬;有利于发挥下属的聪明才智;可以减轻上司的工作负担。

2. 授权的心理障碍

很多经理人员了解授权的必要性,但在实际工作中却不愿授权,根本原因在于经理人员通常对授权有心理障碍。常见的心理障碍包括：害怕失去控制；害怕竞争；害怕失去权威性；被奖赏的欲望；需要工作的感觉。

3. 授权的艺术

管理人员还必须学习授权的艺术，掌握授权的技巧。要做到授权时清楚而明确地陈述管理政策；明确地规定各种工作任务和目标；根据所要完成的任务挑选人员；保持信息沟通渠道的畅通。

4. 建立有效的授权控制方法

管理者授权后并不等于放任自流，还要学会对下属进行控制。这样下属拥有必要且充分的权力，而上司又能控制自如。以下方法可供参考：

（1）首先要对准备授权的下属进行严格的培养。采取渐进的方式加大权力与责任，建立正常的工作报告制度、绩效考核制度、预算审计制度等必要的控制措施。（2）使用任务式的命令方式。这种方式只是告诉下属任务是什么，要做什么，而不告诉他怎么去做，"如何做"完全留给下属去思考。关键是要下属明确要完成的任务、必要的限制条件和可利用的资源条件。（3）建立合理的奖惩制度，体现责、权、利平衡的原则。（4）要避免不完整的授权，虚假的授权，与完成任务的要求不一致的授权，不信任的授权，反复无常的授权和授完权后疏于对下属的监督与管理。

主管人员必须敢于授权并善于授权，要有接受他人意见的勇气，愿意大胆地让下属去尝试并允许下属犯错误。

8.2-3 组织权力运行的约束与监督

一个组织能否自我调整、自我约束和自我发展，关键在于其是否能够建立一种有效的反馈机制。正反馈会使系统偏离目标的运动加强，甚至使系统产生震荡和解体。负反馈会使系统偏离运动减弱，使系统趋于稳定。现代组织中把决策者或决策部门、执行者或执行部门看作是"受控系统"，而把咨询或咨询部门、监督者或监督部门看作是"反馈系统"。咨询系统的出现标志着决策过程中"谋"与"断"的分离，有利于决策科学化。监督系统的独立使决策和执行透明化，与目标相违背的行为活动才能得到迅速的察觉和修正，为决策科学化和执行专门化提供了有利保证。

8.2-4 组织权力执行机关的专门化

执行机关的专门化是指行政部门、执行部门作为立法决策机关的执行者脱离出来，和立法机关相互制约。在专制体系中，实行家长式领导方式。在组织内部，没有分工，没有合作，一切都是领导者个人凭自己的意志决定种种事项。执行机关的专门化起源于资产阶级政体中立法、行政、司法三权分立。执行机构的专门化表现在军事组织上，就是统帅部与参谋部分离。在企业组织中是所有权和经营权两权分立。1841 年的马萨诸塞火车事件，使经理制走上管理经营舞台。经理制使公司的发展不再受到所有者个人经营能力和生命周期的限制，同时使产业管理专门化，经营管理从此成为一门科学逐步发展起来。

8.3 组织协调

组织内部协调（又称为组织整合）主要通过培养员工的组织观念、正确处理权责关系、加强沟通工作、相互理解与让利等方法达到;组织的外部协调则主要是通过增强政策法规观念、尊重用户权益、诚实对待伙伴关系、重视沟通理解等方法,来获得满意的协调关系。

8.3-1 组织整合

部门与层次划分是组织分化的重要表现。伴随着组织的分化,组织的内部协调日益重要。组织内部协调是指一个组织内上下左右、各个部门和人员都要朝着有利于完成本单位以及整个组织目标的方向而共同努力,故又称为组织整合。组织整合的需要程度由三大因素决定。

1. 工作的相互依赖性

组织内各种工作的依赖关系类似于汤姆森提出的部门间横向联系的关系。分为并列式相互依赖(组织内各单位之间只有共享资源和共担目标的关系,相互联系很少,相互影响也较小)、顺序式相互依赖(前后工作之间存在严格顺序的衔接)和交互式相互依赖(工作成果互为投入与产出往返双向式的关系)。以上三种相互依赖关系的程度是逐渐提高的,所需的整合与协调也要相应增强。

2. 组织的分化程度

组织内部分化包括纵向分化、横向分化和空间分化。纵向分化是等级层次分化;横向分化是部门按职能划分;空间分化指企业组织机构分布于若干个地区与国家。组织的分化会带来协调的难度。

3. 合作带来的益处

合作给组织及其员工带来了更多的益处,表现为:提高工作效率;获得雇员的团结和满意;促进组织目标的实现;促进创新和创造性,帮助组织迅速地开发新的技术、产品和服务。

8.3-2 组织整合的主要手段

一般而言,组织协调的手段包括如下五种:

(1)通过组织等级链的直接监督。

组织中脑力劳动与体力劳动分离后就出现了管理者,专门负责统一指挥和监督他人的活动。组织规模扩大后,在最高管理者与作业人员之间往往又产生若干层次的中层管理者,形成了组织监督管理的等级链。

(2)通过程序规则的工作过程标准化。

它主要是把所要进行工作的内容、过程制定成详细的程序和规则,即通过规定标准的工作方法来达到各方面行动的协调配合。

(3)通过计划安排的工作成果标准化。

如果某项工作的过程不易分解,无法规定标准化的工作内容和程序,这就可以要求产出的成果达到既定的标准要求,保证前后工序的顺利衔接。

(4)通过教育培训的职工技能标准化。

如果工作过程和产出的成果都无法预先规定出妥当的标准,就可对从事某一工作所必须具备的知识、能力、经验等"投入"作出标准化的规定,并在招收、聘用人员时遵照执行,保证工作活动达到统一的要求。

(5)通过直接接触的相互调整。

通过下级工作人员之间直接的接触和沟通而主动调整各自的行动,以取得彼此的协调配合。在许多情况下,横向的调整和协调可以对纵向的监督、控制和协调起到一定的补充甚至替代作用。

组织整合的手段和协调的方式是由简单到复杂不断演化和发展的。随着组织的发展,标准化协调方式因为缺乏灵活性,所以难以应付可能出现的复杂多变的局面。因此,组织又发展出了联络职位、任务小组、项目小组乃至矩阵组织这些横向协调机制。这些机制的特点是在相互联系的部门中选出用于沟通的人员,组成一个团队完成一项任务,在这个团队中就能代表各自的部门沟通,工作效率高。

8.3-3 协作网络

在新的经济环境中,协作网络正在出现,组织将自己看成是共同创造价值的团队,而不是与所有其他组织处于竞争状态的自主组织。组织内部协调与外部协调可以通过减少边界和增加合作实现组织目标。

8.4 组织运行机制

任何组织都会在一定的环境中按照特定的方式运作。保持组织在混乱环境中有序运作的良好运作机制,为我们透视组织运作的内在原理和功能提供了方法。大量的调查和实证研究表明,现代公司因其所具有的独特制衡治理结构而表现出的完善运行机制,是公司组织在激烈的市场竞争中立于不败之地的一个主要原因。

8.4-1 产权规制机制

产权理论告诉我们,产权制度是组织运行的根本基础,它决定了组织的类型和形式,也决定了经济效率的高低。选择何种产权制度取决于能否使交易成本达到最低。同时,产权是引导人们实现外部性内部化的激励机制,外部性内部化是指个体行为的后果——收益或成本——将由产生这一行为的个体来承担。产权理论为我们分析企业行为和组织管理体制提供了工具。

产权理论一般认为,现代公司的行为目标是追求适度利润。这种看法与新古典理论所认为的追求利润最大化的目标差异很大。其原因就在于,股份公司的产权结构已发生了根本性变化。产权结构之所以发生如此大的变化,其根本原因在于大规模生产活动引起的交易成本的变化。现代公司产权结构的一个重要特点是在所有权分散基础上的两权分离。这一特点要求对经营者的行为进行约束和刺激,包括经理报酬结构的设计、资本市场的竞争、产品市场的竞争以及经理市场的竞争。

现代公司的内部产权规则是将复杂的产权关系规范化,这有利于公司的运作和管理。具体内容包括资产体系界定、产权控制和产权控制规范三个方面。

8.4-2 现代公司的运行机制

现代公司的运行机制主要包括动力机制、决策机制、信息机制、竞争机制、约束机制和社会责任等六个方面。公司的动力机制,是指公司从事经济活动具有内在推动力的基本动机、目标或目标系统。公司以利润最大化为主要经营目标或基本动机,是公司动力机制的基本表现。公司的决策机制是指公司能够自主地作出为实现自身的主要目标或目标系统服务的政策性决定的可能性。公司的决策机制实际上是公司在其生产经营活动中应具有的自主权,或应具有的各项权能的自主(自决)程度。公司信息机制是指公司对与其决策有关的各种信息的收集、传导、处理、储存、取出和分析的机制和渠道。市场机制的作用,在很大程度上是通过竞争得以实现。竞争是企业(包括公司)作为独立的商品生产者和经营者的正常行为。一般来说,公司将受到来自各个方面的竞争压力,包括产业竞争对手、潜在的进入者和替代品生产者以及买方与供方的竞争等。公司的自我约束机制包含利益约束机制、预算约束机制、财产约束机制等。此外,公司运行机制也包括了其履行一定的社会责任的行为,满足了公司长期发展的需要。

本章思考题参考解答

1. 组织制度的定义是什么? 它具有哪些特点?

答:组织制度是组织中全体成员必须遵守的行为准则,它包括组织的各种章程、条例、守则、规程、程序、标准等。组织体系中的任何制度都必须具有并反映出科学性、合法性、系统性、权威性、强制性和稳定性等特点。

制定的制度要能够达到预想的效果,首要前提条件就是制度本身要科学合理。制定的科学性主要表现在,它要符合业务活动的技术性要求,充分体现所规范的经营管理活动的客观规律;同时也是保证制度相对稳定性的重要条件。组织的制度必须遵守所在国家和地区的法规。如果与国家、地区的有关法规相违背,那么它最终要失去约束力而成为废弃物。组织各部门和各环节的业务紧密相关,规范组织行为的各项规章制度,必须既反映组织层次的要求,又有严密的系统性和完整性,完成互相衔接和补充的、严密完整的制度规范体系。制度的权威性,一是来自于制度本身的科学性、合法性和系统性,二是因为它是组织中拥有相应职能的行政领导的意志。强制性是制度得以遵守的约束力量,主要表现在它对任何部门和任何人都具有相同的约束力;一旦有人违反了制度,组织就会利用行政手段采取强制性惩罚措施。制度总是要经过一段时间才能被人们熟知,并被人们转化成自觉的行为,其作用才能够深入人心。这就需要制度在一定的时间内保持不变。制度的科学性、系统性和合法性是制度稳定性的重要保证,制度的稳定性是维持制度权威性的重要基础。但是,制度也不是长期固定不变的。为了保证它的科学性和权威性,在条件发生较大变化的情况下,制度应作相应的调整。

2. 组织运行为何需要完整的组织制度体系? 为什么现代公司制度是企业组织的一种较好的制度设计?

答:组织运行需要完整的组织制度体系,制度化管理是以系统的制度为基本手段,协调共同劳动体中各成员行为的管理方式。制度化管理的实质是以科学管理的制度体系为手段协调组织各层次行为的基本准则。实行制度化管理,排除了因管理者的个人偏好、凭经验行事的影响,使得一切活动都是在理性和合理化的原则下进行。制度化管理的主要特点有:(1)以岗位责任制为核心,明确各种岗位的权利和义务;(2)根据在组织内的职位权力的大小,通过制度的形式建立组织的指挥体系或等级系统;(3)强调制度化的管理,所有权与经营管理权相分离;(4)组织成员的关系必须以理性的组织制度为准则,不受成员个人感情因素的影响;(5)组织中人员的任用,完全按照职务上的要求,根据正式考试或教育训练后人员所获得的适合组织需要的技能程度来决定;(6)管理者是一个职业阶层。

现代公司制度,又称为股份制,为现代所有企业组织提供了一种较好的制度设计。正是采用了这种制度,西方大公司才表现出良好的业绩和勃勃生机。公司制度与传统企业制度(如个体业主制企业和合伙制企业)相比较,有两个鲜明的特点:作为一个法人组织体,公司在独立的法人财产的基础上营运;公司由一个公司治理结构来统治和管理。

3. 集权有效还是分权有效?

答:集权与分权的有效性是相对而言的。在某些环境中,集权更有效,而在另外的环境中,分权更有效,并没有一个绝对的标准。一般而言,当组织需要保持政策的一致性,集中力量突破重点或难点,或需要紧密控制、统一部署时,决策权集中于较高层次更有效一些。而当组织的环境复杂动荡,需要充分发挥下级的创造力与主动性时,分权就较为有效。比如说,在企业的初创阶段,规模比较小,管理层次少,一般使用集权的管理方式;当组织规模扩大后,层次渐趋复杂,集权管理就不如分权管理有效和经济。又比如,营销和研发部门面临的不确定性大,需要一线人员根据情况及时作出反应和决策,分权管理能发挥他们的创造精神,提高组织的适应能力;而人事和财务部门等关系到整个组织的稳定,只有集权才能保持对整个组织的控制,保证组织按照既定目标和正常轨道持续发展。

有效的分权是有条件的,它还受到组织成员的素质与能力的限制。如果组织成员经验丰富,训练有素,具有较强的自我管理能力,分权才能发挥应有的效果。相反,当组织成员素质低下,管理人员匮乏时,分权必然造成组织混乱和失去控制,反而不如集权有效。

4. 影响分权的因素有哪些?

答:影响分权程度的因素有:(1)决策的代价。其反映决策的重要性,代价越大越不宜分权。(2)政策的一致性。政策的一致性势必使组织趋向于集权化。(3)组织的规模。规模扩大要求分权管理。(4)组织的成长。从组织成长的阶段来看,随着组织规模日益扩大,组织一般经历由集权到分权的过程;从组织成长的方式来看,内部发展倾向于集权,外部发展倾向于分权。(5)管理哲学,即管理者的个性和管理哲学。专制、独裁的管理者不能容忍别人触犯他们小心戒备的权力,往往采取集权式管理;反之,则会倾向于分权。(6)人才的数量和素质。与分权程度成正相关,人才的数量和素质不高会限制职权的分散;如果管理人员数量充足、经验丰富、训练有素、管理能力强,则可有较多的分权。(7)控制的可能性。高层主管对控制有信心就愿意分权。(8)职能领域。组织的分权程度也因职能领域而异,有些职能领域需要更大的分权程度,有些则相反。在组织的经营职能中,生产和销售业务的分权程度往往很高。但财务职能中的某些业务活动需要较高的集权,只有集权,最高层主管才能保持其对整个组织财务的控制。

5. 组织权力运行约束与监督如何展开?

答:(1)从根本来说,组织权力运行约束与监督要从所有权强化以及公司治理结构的完善入手。最有效的监督不是用一个人去监督另一个人,而是要通过适当的制度安排来引导个人行为,使它们的自利行为产生与组织目标相符的结果。产权制度是一种最重要的约束与监督机制。通过控制权力与剩余索取权的对称安排,就使得权力执行的风险与收益完全由权力拥有者承担,从而就形成对权力持有人的自我约束和激励。因而,明晰产权、完善公司治理结构是我国目前许多权力运行缺乏约束与监督的企业首先要做的重要事情。(2)要在组织内部建立决策、执行、咨询和评价、监督的分工以及独立自主的分权分责机制。建立咨询系统,使决策过程的"谋"与"断"分离,使监督系统完全独立于决策与执行系统。要有相应的反馈机构,将发现的偏差与问题及时反馈给决策和执行部门,从而建立一个信息流动的封闭回路系统。

6. 组织整合的方式和手段包括哪些内容?

答:一般而言,组织协调的手段包括如下五种:(1)通过组织等级链的直接监督。组织中脑力劳动与体力劳动分离后就出现了管理者,专门负责统一指挥和监督他人的活动。组织规模扩大后,在最高管理者与作业人员之间往往又产生若干层次的中层管理者,形成了组织监督管理的等级链。(2)通过程序规则的工作过程标准化。主要是把所要进行工作的内容、过程制定成详细的程序和规则,即通过规定标准的工作方法来达到各方面行动的协调配合。(3)通过计划安排的工作成果标准化。如果某项工作的过程不易分解,无法规定标准化的工作内容和程序,这就可以要求产出的成果达到既定的标准要求,保证前后工序的顺序衔接。(4)通过教育培训的职工技能标准化。如果工作过程和产出的成果都无法预先规定出妥当的标准,就可对从事某一工作所必须具备的知识、能力、经验等"投入"作出标准化的规定,并在招收、聘用人员时遵照执行,保证工作活动达到统一的要求。(5)通过直接接触的相互调整。通过下级工作人员之间直接的接触和沟通而主动调整各自的行动,以取得彼此的协调配合。在许多情况下,横向的调整和协调可以对纵向的监督、控制和协调起到一定的补充甚至替代作用。

组织整合的手段和协调的方式是由简单到复杂不断演化和发展的。随着组织的发展,标准化协调方式因为缺乏灵活性,所以难以应付可能出现的复杂多变的局面。因此,组织又发展出了联络职位、任务小组、项目小组乃至矩阵组织这些横向协调机制。这些机制的特点是在相互联系的部门中选出用于沟通的人员,组成一个团队完成一项任务,在这个团队中就能代表各自的部门沟通,工作效率高。

7. 现代企业的组织运行机制包括哪些方面的内容?

答:完善组织运行机制是公司组织在激烈的市场竞争中立于不败之地的一个主要原因,现代公司的运行机制有动力机制、决策机制、信息机制、竞争机制、约束机制和社会责任。公司的动力机制,是指公司从事经济活动具有内在推动力的基本动机、目标或目标系统。公司以利润最大化为主要经营目标或基本动机,是公司动力机制的基本表现。公司的决策机制是指公司自主地作出为实现自身的主要目标或为目标系统服务的政策性决定的可能性的体系。公司的决策机制实际上是公司在其生产经营活动中应具有的自主权,或应具有的各项权能的自主(自决)程度。公司信息机制是指公司对与其决策有关的各种信息的收集、传导、处理、储存、取出和分析的机制与渠道。市场机制的作用,在很大程度上是通过竞争得以实现的。竞争是企业(包括公司)作为独立的商品生产者和经营者的正常行为。一般来说,公司将受到来自各个方面的竞争压力,包括产业竞争对手、潜在的进入者和替代品生产者以及买方与供方的竞争等。公司的自我约束机制包含利益约束机制、预算约束机制、财务约束机制等。此外,公司运行机制也包括了其履行一定的社会责任的行为,满足了公司长期发展的需要。

本章案例参考解答

1. 通用公司碰到的一系列问题是由于什么原因造成的？

答：通用所遇到的难题与它一直未能建立有效的权力运行机制有关。在斯隆进行组织革命以前，公司在集权与分权的关系上处理不当，先是杜兰特时代的极度分权，这样固然能充分发挥各部门的积极性和灵活性，但整个公司却难以形成有机的整体，组织成为一盘散沙。后来，公司又建立了一个高度集权的管理体制，也建立了一系列的协调机制，有着指挥灵活和决策迅速的优点，但却扼制了各部门的管理积极性，而且不能对市场机会作出正确的反应。斯隆建立了"集中政策、分散管理"的事业部制，通过将决策权与执行权分离，将决策权集中于总部，执行权分散到各事业部，解决了集权与分权的矛盾问题，也大大提高了组织工作效率。因而是一次管理体制的伟大变革。

但是通用汽车公司的权力运行机制仍不完善。斯隆组织革命只是将决策权与执行权两权分离，监督权并未独立出来。因此，仍不能对权力进行有效的约束与制衡，还不足以使决策科学化和执行专门化。

2. 你认为通用公司应采用什么方法解决这些问题？

答：斯隆"集中政策、分散管理"的事业部制用于解决集权与分权的矛盾问题是非常成功的。这一方式至今仍被绝大部分大型公司所沿用。对于斯隆未解决的问题——缺少独立的监督权、未建立自我调节与反馈机制，通用应采取措施完善公司治理结构，加强监事会、外部董事的监督与建议权，使组织一切活动尽量透明化，以接受社会广泛的监督。

3. 试构造大公司的一种有效的组织结构。

答：现代大公司日益发展成为业务横跨多个领域、覆盖多个国家的"巨人"。如何保持集权与分权的平衡，既强调整体的战略一致性，又不至于失去各部门的灵活性和创造性，是这些大公司的组织结构需要解决的问题。斯隆创建的事业部制仍是当今诸多大公司组织结构的基础。

根据权变的组织设计理论，世界上不存在一种适用于一切环境的组织结构。所以，大公司的组织结构也需要根据公司的特征找到最合适的组织结构。

当公司有机会在世界上所有的市场上生产和销售标准化产品，并由此实现规模经济，达到生产、营销和广告标准化时，全球产品事业部制结构效果较好。产品事业部负责其产品范围内的全球业务。有的公司还在此基础上设立国家调节员，协调不同国家或区域之间的竞争与合作问题。

当不同国家营销或销售活动的需求不同时，全球区域性事业部制结构较优。每个地区的总部报告工作，在其地理范围内完全控制各种产品的各种职能活动。这种结构可以抓住机会以获得在该区域或当地的竞争优势。

当存在决策压力以平衡产品标准化和地理区域化之间的利益关系，并且进行协调合作以共享资源非常重要时，矩阵制结构最有效，它能够实现地方灵活性和反应性的全球经济规模的要求，如第6章所附案例提到的 ABB 公司。

在各个国家拥有下属机构的多国化大型公司往往使用跨国模式组织结构，以便同时获得全球和地方优势。它能够处理两个以上的竞争问题，而不只是像矩阵结构只能处理两方面问题。它具有以下特征使之区别并超越矩阵结构:(1)跨国模式细分为许多不同类型的中心。矩阵结构只有一个总部,每个国家只有一个控制中心,每个产品线只有一个中心。跨国模式的运作遵循一种"弹性集中"的原则。跨国模式在某国集中一些职能,在另一国集中一些职能,而在其诸多按地区分布的业务上分散别的一些职能。(2)下属机构管理者从事的战略和创新也成为整个公司的战略。各种中心和分支机构将自上而下地影响公司。已经没有了单一总部的概念,也不存在明确的由上而下的公司层级责任关系。(3)通过公司文化、共同愿景与价值观以及管理风格来实现协调与合作,而不是通过纵向的层级制。(4)与公司其他部分或其他公司创建联盟,来整合资源的职能。

本章测试题

1. 完善现代公司治理结构要明确划分三者之间的制衡关系,但不包括: （　　）
   A. 股东　　　　　　B. 董事会　　　　　　C. 债权人　　　　　　D. 经理人员

2. 下列关于集权的说法正确的是: （　　）
   A. 有利于统一指挥　　　　　　　　　B. 有利于信息交流
   C. 行动统一、反应敏捷　　　　　　　D. 所有权力都集中在管理的最高层

3. 下列哪一个职能部门需要较大的集权? （　　）
   A. 销售　　　　　　B. 客服　　　　　　C. 生产　　　　　　D. 财务

4. 下列关于授权与分权的说法中错误的一项是: （　　）
   A. 都是将职权下授,没有太大的区别
   B. 分出去的职权不能收回,授出去的职权可由授权者收回
   C. 分权是授权的基础,授权以分权为前提
   D. 分权一般是组织最高管理层的职责,而授权是各个层次的管理者都应掌握的一门职能

5. 下列对授权论断正确的是: （　　）
   A. 授权的同时要授责　　　　　　　B. 书面授权才具有效力
   C. 授权必须通过职位进行　　　　　D. 授权是授权者的一种个人行为

6. 在汽车装配流水线上,工人按照事先确定的统一节拍完成工作,这是通过什么方式来进行协调的? （　　）
   A. 工作过程标准化　　　　　　　　B. 工作成果标准化
   C. 工作技能标准化　　　　　　　　D. 相互调整的协调方式

7. 组织整合的手段经历了哪几个阶段的顺序发展? （　　）
   A. 直接监督→相互调整→标准化协调　　B. 标准化协调→相互调整→直接监督
   C. 标准化协调→直接监督→相互调整　　D. 直接监督→标准化协调→相互调整

[本章概述]

本章重点介绍组织管理的最后一个职能——组织变革与发展。通过本章的学习,读者应理解科层制组织的问题、组织变革的必要性以及组织变革目标与组织发展趋势,了解组织变革的动因及阻力,掌握组织变革的方式、变革的程序和组织发展的具体形式。

9.1 科层制组织的问题

9.1-1 科层制的特点

这种结构的特点主要有:分工和专业化,把每个人的工作分成简单的例行常规工作;明确规定职权、等级制度;有明确的规章制度保护各个层次及各个成员的协调活动;不受个人感情的影响,只根据制度办事;人员的任用完全根据职能上的要求,公开考选,合格后方可任用,务使每一职位的人员都能称职;明文规定升迁和俸给制度,必须以人员的服务年限或工作成绩为标准,由上级主管来决定。至今为止,绝大部分组织不论是采用直线制、直线参谋制,还是事业部制,实质上采用的都是科层结构。

9.1-2 科层制的弊端

主要存在的问题是:分工过细;无人负责整个经营过程,缺乏全心全意为顾客服务的意识;组织机构臃肿,助长官僚作风;员工技能单一,适应性差。这些问题严重阻碍了组织的生存与发展。

9.1-3 组织变革的必要性

知识社会不断地发展变化,组织要努力比竞争者学得更快一点,而传统的等级制度做不到这一点。为了能用一切可能的方式学习,并把所学的知识迅速地运用到经营管理中去,组织必须重新设计。比如采用以顾客为中心的价值流小组这种组织结构,克服了以职能导向的科层制因信息传递失真、不必要的政治活动带来的内耗等弊端,将精力倾注于顾客价值的提升之上。

9.2 组织变革与发展方向

9.2-1 组织变革与组织发展

组织变革是指组织管理人员主动对组织的原有状态进行改变,以适应外部环境变化,更好地实现组织目标的活动。这种变革包括组织的各个方面,如组织行为、组织结构、组织制度、组织成员和组织文化等。通过组织变革,组织的目标更加明确,组织成员的认可和满意度提高,组织更加符合发展的要求;组织的任务以及完成任务的方法更加明确;组织机构的管理效率得到有效提高,组织作出的决策更加合理,更加准确;组织更具稳定性和适应性;组织的信息沟通渠道畅通无阻,信息传递更加准确;组织的自我更新能力也会进一步得到增强。

组织发展要通过组织变革来变现,变革是手段,发展是目的。组织发展是指以变革的方式改进组织行为、提高组织效率的过程。改变人的因素、发展人的潜能和特性是组织发展的本质。组织发展是一个连续不断的动态过程,组织领导者不能期望运用某种方法能在一定时间内解决所有问题,而是需要经历一切从实际出发的由低级到高级的较长的动态过程;它从整个时间系统出发,需要综合运用多学科知识;组织发展主要是调整领导与员工之间、员工与员工之间、部门与部门之间的关系,力图创造信任、协作、理解的工作氛围;它一般采用有计划的再教育手段实现自己的目的,通过有目的地改变人的态度,影响人的行为,不断创新规范,推动组织的发展。

9.2-2　组织变革的目标

实行变革应努力实现的目标有:(1)提高组织适应环境的能力;(2)提高组织的工作绩效;(3)承担更多的社会责任。

9.2-3　组织发展的趋势

未来组织面临的关键课题有不确定性、人们工作方式的彻底转变、技术上的爆发性转变、对人性的新关注、极快的变化频率和不断地学习等。

未来组织具有高速度、组织结构扁平化、组织运行柔性化、组织协作团队化、组织管理人本化和学习型组织等特征。

9.3　组织变革的动因及阻力

9.3-1　组织变革的动因

引起组织变革的原因无非组织外部环境的变化和组织内部条件的变化。外部环境变化的因素包括社会、经济、政治、文化、科技和法律法规等方面。组织内部条件的变化包括:管理技术条件的改变;管理人员调整与管理水平的提高;组织运行政策与目标的改变;组织规模的扩张与业务的迅速发展;组织内部运行机制的优化;组织成员对工作的期望与个人价值观念的变化等。以上这一切都会影响到组织目标、结构及权力系统等的调整和修正,从而引起组织变革。此外,管理学家霍尔顿认为,组织成员的期望与实际情况的差异也会引起组织变革。

9.3-2　组织变革的阻力

变革的阻力一般来自个人方面、经济方面、工作方面和社会方面。

对变革的抵制或者说变革阻力并不完全是一件坏事。组织变革是大势所趋,不以人的意志为转移,所以管理者要注意组织变革中的艺术性,积极地创造条件,采取措施,消除阻力,保证组织变革进行。有几种方法可供参考:保持公开性,增加透明度;相互尊敬,增进信任;加强培训,提高适应性;起用人才,排除阻力;注意策略,相机而动。

美国管理学家华尔顿提出减少变革的阻力的 12 种方式,如成员广泛参与方案制定、高层支持、增进交流、信息反馈、相互信任等。

9.4 组织发展方式

9.4-1 组织变革的方式

组织变革可采用改良式变革、革命式变革的方式,也可以采用计划式变革的方式。运用什么样的方式进行变革,这取决于每个组织的具体特点。最主要的变革方式有三种。

1. 四因素依赖

李维特认为,在组织的运行过程中,任务、技术、结构、人员四个因素最重要。这四个因素相互依赖,相互作用,从而使得组织成为一个动态系统。因此,进行组织变革必须充分考虑它们之间的相关性,针对不同的因素采取不同的方式。

2. 权力分配

权力分配方式认为,依赖强制性权力能够进行成功的变革。其代表人物格雷纳认为,在组织变革中运用权力,可分为单方面权力、权力分享和权力授予三种类型。在三种权力分配方式中,权力授予体现了权力实施和工作自主之间的平衡,是较优的变革方式。

3. 态度、行为改造

其倡导者勒温强调组织变革最终要以改变人的知识和技能,特别是改变组织成员的工作态度和行为为基础,只有态度和行为发生改变,组织成员才会支持和积极参与变革。同时他提出了改变组织成员态度与行为的三个步骤:解冻—变革—再冻结。

9.4-2 组织变革的程序

变革是充满矛盾、冲突的过程。一般认为,组织变革须经过八个步骤,分别为确定变革的问题、组织诊断、提出方案、选择方案、制定计划、实施计划、评价效果和反馈。美国行为学家戴尔顿总结了变革过程的四阶段模型,即制定目标、改变人际关系、树立职工的自我发展意识和变革动机内在化。

9.4-3 组织发展的具体形式

常见的组织发展形式有敏感性训练、调查反馈、过程咨询、团队建设、组织协调和管理方格法等几种。敏感性训练是通过非结构化的群体互助来改变人的行为的一种方法,对迅速改善沟通技能,提高认知的准确性和个人参与意愿有促进作用。调查反馈是对组织成员的态度进行评价,确定其态度认识上存在的差距,并使用从反馈小组中得到的调查信息帮助消除其差距的一种方法。过程咨询是指依靠外部咨询者帮助管理者对其必须处理的过程事件形成认识、理解和行动的能力。这些过程事件可能包括工作流程、单位成员间的非正式关系,以及正式的沟通渠道等。团队建设使工作团队的成员在互助中了解其分阶段是怎么做的。组织协调试图改变不同工作小组成员之间的相互看法、认识和成见,从而使组织内外关系得到一种全新的、有效的协调,进而推动组织的发展。管理方格法由美国著名管理学家布莱克和穆顿发明,核心在于:认为管理行为有两个核心要素,即人们对生产的关心和管理人员对下级个人的关心。管理方格法由六个阶段组成,依次为:高层方格研讨会,小组发展,组间发展,建立组织的理想发展模型,实施理想发展模型,利用客观数据、内部人士和外部专家进行评价。

本章思考题参考解答

1. 你认为科层制组织已过时了吗?

答:传统企业的科层体系是低效率的,其原因就在于:组织机构的信息没有共享、雇主和雇员的信息不对称、组织行为中存在大量损害组织效率的行为。但是,并不等于说科层制组织已过时了。时至今日,包括 IBM、微软、Intel 等等产业巨头,哪一个真正否定了科层制度?置于信息化基础之上的新企业组织,如扁平化和学习型组织,未必就能够完美地解决这些问题,从而极大地提高企业的整体效率。事实上,"扁平化"与"科层"都不是解决任何失灵(市场与政府管制)的"一揽子方案"。"扁平化"与"科层"都有其存在的合理性,并都有其存在的弊端。

科层组织在自由资本主义时代早期并没有占上风,只是在大规模工厂、大规模流水线和分工制度出现之后,才作为一种解决市场失灵的方法,逐渐受到工厂主、企业家和管理学家的重视。所以科层式企业的创立原因,是市场效率的失灵。科层组织在自由资本主义成熟的年月,扮演了提升效率、抵抗失灵的解药的角色。当利己行为和讨价还价都导致低效率时,科层反而是解决问题的一种有效机制。科层式的专制,可能在需要决策的统一性和一致性上给出企业所需要的某种秩序。此外,对于例行公事或单纯的业务,科层制度能够发挥极高的效率。迄今为止,绝大部分组织不论是采用直线制、直线参谋制,还是事业部制,实质上采用的都是科层结构。

2. 何谓组织变革与组织发展? 两者之间是什么关系?

答:组织变革与组织发展是两个有一定区别但又密切相关的概念,变革是手段,发展是目的。组织变革是指组织管理人员主动对组织的原有状态进行改变,以适应外部环境变化,更好地实现组织目标的活动。这种变革包括组织的各个方面,如组织行为、组织结构、组织制度、组织成员和组织文化等。通过组织变革,组织的目标更加明确,组织成员的认可和满意度提高,组织更加符合发展的要求;组织的任务以及完成任务的方法更加明确;组织机构的管理效率得到有效提高,组织作出的决策更加合理,更加准确;组织更具稳定性和适应性;组织的信息沟通渠道畅通无阻,信息传递更加准确;组织的自我更新能力也会进一步得到增强。

组织发展是指以变革的方式改进组织行为、提高组织效率的过程。改变人的因素、发展人的潜能和特性是组织发展的本质。组织发展是一个连续不断的动态过程,组织领导者不能期望运用某种方法能在一定时间内解决所有问题,而是需要经历一切从实际出发的由低级到高级的较长的动态过程;它从整个时间系统出发,需要综合运用多科知识,组织发展主要是调整领导与员工之间、员工与员工之间、部门与部门之间的关系,力图创造信任、协作、理解的工作氛围;它一般采用有计划的再教育手段实现自己的目的,通过有目的地改变人的态度,影响人的行为,不断创新规范,推动组织的发展。

3. 未来组织有哪些特征?

答:未来新型组织有高速度、扁平化、柔性化、组织协作团队化、以人为本和学习的特性。

随着信息化和网络经济的发展,规模经济时代正在向"速度经济"时代转变,"高速度公司"能从不断变化的顾客机会中和难以预测的市场环境中迅速调整、果断决策、赢得竞争,其最大特征表现为市场、技术、创新、决策和人才的快速反应机制。随着电子计算机联网在组织生产经营中的应用,企业的信息收集、整理、传递和经营控制的现代化,金字塔式的传统层级结构正向层次少、扁平式的组织结构转变。在知识经济时代,外部环境以大大高于工业经济时代的变化数量的速度变化,企业战略和组织结构的调整必须及时。企业柔性组织结构具有可调整性,对环境变化、战略调整的适应能力强。在知识企业中,团体是备受赞誉的结构。团体组织与传统的部门不一样,它是自觉形成的,是为完成共同的任务,建立在自觉的信息共享、横向协调基础上。在团队中,没有拥有制度化权力的管理者,只有组织者;在团队中,人员不是专业化的,而是多面手,具有多重技能,分工的界线不像传统的分工那么明确,相互协作是最重要的特征。有了一定的团队精神,团队组织才可能有效地运行。要使组织获得高效率,组织内的每个成员都应该相互信任,对组织目标持有相同的看法和态度。在实现目标的过程中,组织内各成员的创造性和参与性应得到尊重,从而使其在成就感的驱动下,对企业组织的各项工作显示足够的主动性、积极性和创造性,谋求实现人的全面、自由发展。最大化每个人的价值就是最大化组织的价值。知识时代的组织必须不断地学习,组织要运用能在所有层次上促进学习和实验的知识基础来支持。组织以极快的速度学习着做竞争对手所做的事情。组织保持领先的唯一办法就是比对手更快、更好地学习。

4. 组织变革的动因有哪些?

答:组织变革的原因有组织外部环境的变化和组织内部条件的变化两个方面的影响因素,内在因素是变革的根本动因,外部环境的变化是变革的条件。外部环境变化的因素包括社会、经济、政治、文化、科技和法律法规等方面。组织内部条件的变化包括:管理技术条件的改变;管理人员调整与管理水平的提高;组织运行政策与目标的改变;组织规模的扩张与业务的迅速发展;组织内部运行机制的优化;组织成员对工作的期望与个人价值观念的变化等。以上这一切都会影响到组织目标、结构及权力系统等的调整和修正,从而引起组织变革。此外,管理学家 R.E.沃尔顿认为,组织成员的期望与实际情况的差异也会引起组织变革。

5. 组织变革的阻力有哪些?克服这些阻力的方法有哪些?

答:变革的阻力来自个人方面、经济方面、工作方面和社会方面。组织成员出于各种个人原因,可能抵制或反对变革。个人的能力、态度、性格和期望都会导致他们反对变革。人们一般有一种安于现状的特性。一旦人们熟悉了某种工作方式和人际关系后,就倾向于保持它,任何改变都会使他们感到是对原有安全的威胁,因而丧失原有的平衡。在经济方面,被涉及的人会感觉到自己在经济上可能会受到损失,因而反对组织变革。如果组织变革涉及工作的性质、技术方面,例如调整工作内容,使用新机器或技术,也会遭到员工的抵制。因为某个职工在熟悉了某项工作后,当组织要求他转到另一工作岗位或使用新方法时,他们宁愿不变革,也不愿适应新的工作。这与人们安于现状的心理是一致的。由于各种社会关系方面的原因,有的员工也会反对组织的变革。这些原因包括:一是组织变革会破坏人们在工作中形成的非正式人际关系,在长期工作中培养起来的友谊、相互谅解和协调关系将不复存在。二是小群体的力量抵制变革。三是组织中的科层结构本身。科层结构一般不考虑偶然的、特殊的情况,也不会因人因时而任意改变。组织变革往往首先与现行体制发生冲突。四是组织变革触动了某些人的原有利益时,他们就有可能成为变革的反对者。

组织变革是大势所趋,不以人的意志为转移,所以管理者要注意组织变革中的艺术性,积极地创造条件,采取措施,消除阻力,保证组织变革进行。有几种方法可供参考:保持公开性,增加透明度;相互尊敬,增进信任;加强培训,提高适应性;起用人才,排除阻力;注意策略,相机而动。

美国管理学家古德温·沃尔顿提出减少变革的阻力的 12 种方式,如成员广泛参与方案制定、高层支持、增进交流、信息反馈、相互信任等。

6. 你认为组织变革有哪些步骤?

答:一般认为,组织变革需经过八个步骤,分别为确定变革的问题、组织诊断、提出方案、选择方案、制定计划、实施计划、评价效果和反馈。

组织有必要对出现的问题进行认真的分析,找出引发问题的主要原因,以确定变革的方向。问题主要集中在:组织决策效率低或经常作出错误的决策;组织内部沟通渠道阻塞,信息传递不灵或失真;组织机能失效;组织缺乏创新。组织诊断可分两步进行:首先,采取行之有效的方式将组织现状调查清楚;其次,对所掌握的材料进行科学的分析,找出期望与现状的差距,进一步确定要解决的问题和所要达到的目标。变革方案必须要有几个,以便进行反对。在方案中必须明确问题的性质和特点,解决问题需要的条件,变革的途径,方案实施可能造成的后果等内容。在提出的方案中选出一个较优的方案,对选出的方案,既要考虑一下它的可行性、针对性,也要考虑到方案实施后能带来的综合效益。在选定方案的基础上,必须制定出一个较为具体、全面实施的计划,包括时间的安排、人员的培训、人员的调动、财力和物力筹备等内容。计划实施后评价效果就是检查是否达到了变革的目的,是否解决组织中存在的问题,是否提高了组织的效能。反馈是组织变革过程中关键的一环,也是一项经常性的工作。反馈的信息揭示的问题较为严重时,需根据上述步骤,再次循环,直到取得满意的结果为止。

7. 组织发展的具体形式有哪些?

答:常见的组织发展形式有敏感性训练、调查反馈、过程咨询、团队建议、组织协调和管理方格训练法等几种。敏感性训练是通过非结构化的群体互助来改变人的行为的一种方法,对迅速改善沟通技能,提高认知的准确性和个人参与意愿有促进作用。调查反馈是对组织成员的态度进行评价,确定其态度认识存在的差距,并使用从反馈小组中得到的调查信息帮助消除其差距的一种方法。过程咨询是指依靠外部咨询者帮助管理者对其必须处理的过程事件形成认识、理解和行动的能力。这些过程事件可能包括工作流程、单位成员间的非正式关系,以及正式的沟通渠道等。团队建议使工作团队的成员在互助中了解其分阶段是怎么做的。组织协调试图改变不同工作小组成员之间的相互看法、认识和成见,从而使组织内外关系得到一种全新的、有效的协调,进而推动组织的发展。管理方格训练法由美国著名管理学家布莱克和穆顿发明,认为管理行为有两个核心要素,即人们对生产的关心和管理人员对下级个人的关心。管理方格法由六个阶段组成,依次为:高层方格研讨会,小组发展,组间发展,建立组织的理想发展模型,实施理想发展模型,利用客观数据、内部人士和外部专家进行评价。

本章案例参考解答

案例1

1. 你认为20世纪90年代"明星"企业之所以成为"明星",主要是什么原因?

答:进入20世纪90年代以来,企业生存与发展的外部环境发生了巨大的变化。权力从厂商向消费者转移,竞争空前激烈,技术进步迅猛,产品更新换代加快。传统稳定性市场上的"制造与销售"战略正在被更快的、实时的"感测与响应"模式所取代。竞争制胜的关键是及时甚至超前感测到消费者的需求,并开发新的能力,以最快的速度作出响应,满足消费者需求。那些成功的"明星"企业就是以精干、快速、灵活的组织为依托,能够迅速采取行动来响应消费者需求的企业。它们一般:

(1)管理层次少,信息传递及反馈及时、准确。当今市场变幻莫测,机会稍纵即逝。传统的高耸型组织信息传递慢且易失真,难免在激烈的竞争中被淘汰。畅通的信息渠道有利于组织建立快速反应的能力。

(2)以顾客为中心组织流程。传统组织以职能进行部门化是遵循亚当·斯密的分工理论,将原本一体的业务分割开来,并形成层级的科层体制。而那些成功的企业反其道而行之,以"合工"为指导思想,将分离开来的业务流程重新整合,交给某个人或团队负责。他们处于为顾客服务的第一线上。

(3)规模与灵活性相协调。"明星"企业并不会因为其规模庞大而失去灵活性。他们的做法是将组织划分为若干个较小的灵活的单位,各单位拥有较大的自主权,总部施以必要的集权与控制,协调各单位之间的配合与协作,保证达到战略一致性。这样既发挥了大公司的规模经济、范围经济优势,又避免了大型公司体制僵化、行动缓慢的弊端。

(4)学习型组织。20世纪90年代最成功的公司,是那些基于学习型组织的公司。"唯一持久的竞争优势,或许是具备比你的竞争对手学习得更快的能力。"

2. 你认为现在的公司应该进行怎样的组织变革才能成为"明星"企业?

答:(1)推动组织结构的扁平化。促进上下级双向的沟通及横向和斜向的沟通,增强组织快速获得和处理信息的能力,调动员工积极性,提高组织结构环境变化的适应性。(2)以顾客为中心进行流程再造。要从根本上对原有的基本信念和业务流程进行重新思考和重新设计,将与顾客打交道的第一线员工放在主导地位,企业其他人员为他们提供支持性服务,从而加快对市场的反应速度。(3)以团队为核心建立过程化管理组织模式。(4)简政放权与严格管理相结合。(5)充分利用现代信息技术,尤其是 Internet 和 Intranet,不断调整组织边界,整合优化组织内部系统。

案例2

1. 20世纪80年代后,银行业遇到了什么问题?

答:从外部环境来看,政府放松了对银行业的管制,行业内竞争加剧导致利润率下降。从企业自身条件来看,大多数银行仍在沿袭传统的职能制组织结构,机构繁杂而臃肿,体制僵化,反应缓慢。所以,企业的组织结构已不能适应外部环境的变化,企业不能满足顾客日益多样化和个性化的需求,势必在经营中陷入困境。

2. 你认为银行业应该进行怎样的组织变革以适应新的形势？

答：银行业的变革可以从以下方面着手：(1)技术变革。组织系统中的技术因素包括工作方法、新技术、新的管理技术控制手段或信息处理系统。银行业处理着大量的数据和信息，因此需要通过互联网和内部网变革银行数据处理和信息传递的技术，并在此基础上再造流程。(2)以顾客为中心再造流程，重构组织。20世纪80年代的银行业普遍以职能划分组织部门，导致各部门配合协调任务重，处理客户问题效率低下。所以银行业应当打破传统旧观念和旧结构，着眼于满足客户需要，再造流程，构造团队模式的组织结构。一个团队对某一客户问题行使全部责任。(3)精简机构，推行组织扁平化。为加快企业对市场变化、顾客需求的反应速度，企业应当打破等级众多的机械性组织结构，保持信息传递与反馈渠道的畅通。(4)人员与文化变革。传统银行给人的印象是保守、呆板。在强调有机的灵活的组织的同时，也需要对传统银行的这种文化进行变革，要任用一批有创新精神、热情积极的员工，倡导一种创新、开放、自由的组织文化。

3. 银行业的组织变革会有哪些阻力？如何消除？

答：文化是银行业组织变革的主要阻力之一。传统银行业的文化是循规蹈矩、严谨与矜持。银行人员过着舒服、稳定的生活。他们喜欢秩序，不喜欢变革；喜欢重复，不喜欢创新。这种文化在银行业发展已久。

其次，是历史的惯性和惰性。银行业人士对原来的那一套管理制度、作业方式和行为规范已经习惯了，变革会给他们带来不适应。他们中的一些人的知识、技能结构已不能适应新的组织方式，而且懒于再学习，所以就反对变革。

有些人反对变革是害怕威胁到现有的地位和利益。比如说变革后会导致他的权力缩小、工作调换等他个人不愿意的事，他们会不愿变革。

但银行业的组织变革势在必行，所以必须采取以下措施减轻和消除这些阻力：(1)让尽可能多的人员共同参加变革的计划与执行。对各种问题公开讨论，而不是由最高层制定变革方案后强制实施。包括决策与执行过程的公开性。(2)通过教育和培训，使员工认识到组织变革的必要性与急迫性。在组织内部创造一种创新、变革的文化氛围。(3)保证变革过程中信息流通的畅通。使各层下级能够准确领会变革的意图、手段以及意义，他们的疑虑、抱怨应该及时反映到变革者那里，双方最好有面对面的交流机会，相互信任、相互了解对消除阻力是很重要的。(4)进行相应的人事调整。要起用一批拥护变革，具有创新精神和管理才能的新人到领导岗位，以推动变革的进展，并给组织内其他人以榜样或警示。

总之，组织变革是一项复杂的系统工程，变革必须注意策略，把握好分寸，循序渐进，配套进行，并采取措施化阻力为动力，变革才能取得积极效果。

本章测试题

1. 科层制组织的缺点不包括： （　　）

　　A. 无人负责整个经营过程　　　　　　　B. 无分工

　　C. 员工技能单一适应性差　　　　　　　D. 组织机构臃肿助长官僚作风

2. 下列关于未来组织发展的趋势说法正确的是：　　　　　　　　　（　　）

    A. 组织结构科层制　　　　　　　　　B. 组织运行柔性化

    C. 组织协作团队化　　　　　　　　　D. 组织管理人本化

3. 下列哪个方法不利于消除变革阻力？　　　　　　　　　　　　（　　）

    A. 封锁消息以免引起振荡和恐慌　　B. 加强培训教育提高适应性

    C. 让有关人员参与变革方案制定　　D. 起用富有开拓创新精神的新人

4. 关于"四因素依赖"的变革方式不包括在四因素之内的是：　　　　（　　）

    A. 任务　　　　　　B. 技术　　　　　　C. 结构　　　　　　D. 资金

5. 认为依赖强制性权力能够进行成功变革的代表人物是：　　　　　（　　）

    A. 李维特　　　　　B. 勒温　　　　　　C. 格雷纳　　　　　D. 古德温·沃尔顿

6. 关于"敏感性训练"说法不正确的是：　　　　　　　　　　　　（　　）

    A. 通过非结构化的群体互助来改变人的行为

    B. 该群体由一位职业行为学者和若干参与者共同组成

    C. 该群体由一位职业行为学者充当领导角色

    D. 对迅速改善沟通技能,提高认知的准确性有促进作用

7. 在管理方格法的方格图上处于哪个位置是最理想的管理者？　　　（　　）

    A. "5·5"型　　　　B. "1·9"型　　　　C. "1·1"型　　　　D. "9·9"型

管理学：现代的观点　学生用书

第 3 篇

管理的过程

第 **10** 章 决　策

[本章概述]

决策是管理的核心,也是管理过程中最为重要的环节。本章主要介绍决策的本质、决策责任与流程、集体决策与个人决策,以及决策的方法。

10.1　决策的本质

10.1-1　决策的本质

关于决策的本质,不同的学者看法不同。我们认为,所谓决策,就是为了实现一定的目标,提出解决问题和实现目标的各种可行方案,依据评定准则和标准,在多种备选方案中,选择一个方案进行分析、判断并付诸实施的管理过程。即决策就是针对问题和目标,分析问题、解决问题。决策的含义实际上包含了以下内容:(1)决策针对明确的目标;(2)决策有多个可行方案;(3)决策是对方案的分析、判断;(4)决策是一个整体性过程。

10.1-2　决策的类型

依据各种不同的划分标准,决策可以分成许多类型。

1. 战略决策、管理决策和业务决策

按决策的层次分,决策可以分为战略决策、管理决策和业务决策。战略决策是对涉及组织目标、战略规划的重大事项进行的决策活动,是对有关组织全局性的、长期性的、关系到组织生存和发展的根本问题进行的决策,具有全局性、长期性和战略性的特点。管理决策是指对组织的人力、资金、物资等资源进行合理配置,以及经营组织机构加以改变的一种决策,具有局部性、中期性与战术性的特点。业务决策是涉及组织中的一般管理和处理日常业务的具体决策活动,具有琐细性、短期性与日常性的特点。以上不同的决策任务通常由企业中不同层次的管理者来承担。基层管理者主要从事业务决策,中层管理者主要从事管理决策,高层管理者主要从事战略决策。

2. 程序化决策和非程序化决策

从决策所涉及的问题看,可把决策分为程序化决策和非程序化决策。程序化决策是指能够运用常规的方法解决重复性的问题以达到目标的决策。程序化决策使管理工作趋于简化和便利,可降低管理成本,简化决策过程,缩短决策时间,也使方案的执行较为容易。对于组织来说,应尽可能运用程序化决策方法解决重复性问题,并有意地把繁琐的管理事项交给下一管理层处理,以提高管理效率。非程序化决策是指为解决偶然出现的、一次性或很少重复发生的问题作出的决策。当然,在现实社会中,极少的管理决策是完全程序化的或完全非程序化的,这仅是两个极端,而绝大多数决策介于两者之间。程序化的决策程序有助于找出那些日常重复性、琐碎问题的解决方案,非程序化决策则能帮助决策者找到独特的突发性问题的解决方案。

3. 确定型决策、风险型决策和不确定型决策

从环境因素的可控程度看,可把决策分为确定型决策、风险型决策和不确定型决策。确定型决策是指各种决策方案未来的各种情况都非常明确,决策者确知需要解决的问题、环境条件、决策过程及未来的结果,在决策过程中只要直接比较各种备择方案的可知的执行后果,就能作出精确估计的决策。风险型决策是指决策者不能预先确知环境条件,各种决策方案未来的若干种状态是随机的;但面临明确的问题,解决问题的方法是可行的,可供选择的若干个可行方案已知,各种状态的发生可以从统计得到一个客观概率。在每种不同的状态下,每个备择方案会有不同的执行后果,所以,不管哪个备择方案都有一定的风险。不确定型决策是指决策者不能预先确知环境条件,可能有哪几种状态和各种状态的概率无从估计,解决问题的方法大致可行,供选择的若干个可行方案的可靠程度较低,决策过程模糊,方案实施的结果未知,决策者对各个备择方案的执行后果难以确切估计,决策过程充满了不确定性。不确定型决策也可采用数学模型来帮助决策。

4. 经验决策和科学决策

根据不同的决策依据,决策还可以分为经验决策和科学决策。经验决策是依靠过去的经验和对未来的直觉进行决策。这时,决策者的主观判断与个人价值观起重大作用。而科学决策是指决策者按科学的程序,依据科学的理论,用科学的方法进行决策。

10.1-3 决策的假设

不同的决策理论,对决策的假设都有不同的阐述。目前,主要有完全理性决策与有限理性决策两种基本观点。

1. 完全理性决策

"经济人"假说认为,人类从事经济活动的目的是追求利润最大化,它忽视了人所具有的情感态度及价值观。在"经济人"假说的基础上,形成了完全理性决策理论。

2. 有限理性决策

有限理性模型又称西蒙模型或西蒙"满意"模型。它是一个比较现实的模型,它认为人的理性是处于完全理性和完全非理性之间的一种有限理性。它的主要观点如下:

(1) 手段—目标链的内涵有一定矛盾,简单的手段—目标链分析会导致不准确的结论。

(2) 决策者追求理性,但又不是最大限度地追求理性,他只要求有限理性。

(3) 决策者在决策中追求"满意"标准,而非最优标准。

10.1-4 决策的创新性

创新性在决策的过程中起着极为重要的作用。没有创新性就不可能进行有效的决策。所谓创新性,就是在事物原来的基础上,进行思维联想,解决问题不墨守成规。决策过程的创新性基本分为四个步骤。

1. 准备阶段

在决策的过程中,决策者也同样要先作好准备——观察分析形势,收集与问题有关的一切信息情报。收集和观察的信息情报越多、越全面,就越能全面地找出问题的实质,也就越有可能寻找到具有创新性地解决问题的方案。

2. 酝酿阶段

这是准备阶段后的休息时期。获得了所需的信息情报以后,就需要时间使其具体化、系统化,需要好好地去琢磨待解决的问题及其解决的方法。

3. 启示阶段

酝酿时期,把注意力放在其他事情或从事自己喜欢做的事情时,决策者可能从某一事件中突然找到解决问题的方案,也就是从某一事情中得到了启示。

4. 检验阶段

这是进行创新性决策的最后一步。只有通过验证,才能总结经验教训,才能尽量使行动方案获得最大的成功。因此,在决策执行过程中,验证具有极为重要的意义。

10.2　决策责任与流程

10.2-1　有效的决策

决策的有效性是指整个决策过程的有效。首先,决策结果必须有效,这要求在整个决策过程中,目标明确,问题清楚,信息情报搜集完整、充分,有合理的决策评判准则。其次,决策过程必须有效,在拟定和分析方案、确定和实施方案,以及贯穿于整个决策过程中的追踪和反馈时,都需要保证落实,这涉及决策的成本和经济性。

10.2-2　决策责任

决策是为决策者提供较好、较合理的决策方案以解决现有问题的过程,其责任重大。决策的责任体现在它完成组织任务、解决问题的有效性上。

10.2-3　决策流程

管理者为提高决策水平,避免冒险性的决策,必须了解决策的流程,按照科学化、合理化的要求进行有效的决策。决策流程可分为七个步骤:(1)确定问题和目标;(2)搜集信息;(3)确定决策标准;(4)拟订可行方案;(5)分析方案;(6)确定和实施方案;(7)评价决策效果。

10.3　集体决策与个人决策

在多种决策方式中,集体决策与个人决策各有利弊,在不同的条件下应选用不同的方式。无论是个人决策还是集体决策,都应依据集体共同的目标去选择。

10.3-1　集体决策

如果决策的整个过程由两个人以上的群体完成,这种决策就称为集体决策。

10.3-2 个人决策

如果决策的整个过程由一个人来完成,这种决策就称为个人决策。

10.3-3 集体决策与个人决策的比较与选择

1. 比较和选择

集体决策与个人决策各有利弊,在不同场合发挥着各自无法替代的作用。我们可以从八个方面对它们进行比较,见表10.1。

表 10.1 集体决策与个人决策的特性比较

特　　性	集体决策	个人决策
时效性	较差	较强
质量性	较强	较差
稳定性	较强	较差
责任性	较差	较强
可执行性	较强	较差
民主性	较强	较差
效益性	较差	较强
冒险性	较强	较差

2. 集体决策的常用方法

(1)德尔菲法。德尔菲法的基本程序如下:成立一个由专家组成的小组,成员之间互相不能沟通讨论;把要解决的问题让每个成员进行不记名预测,然后进行统计分析;再把统计分析的结果反馈给每个成员,要求他们再次预测,接着再一次进行统计分析。上述程序反复进行,直到每个专家的意见基本固定,统计分析的结果与前一次统计分析的结果已经没有大的区别。

(2)名义群体法。名义群体这一决策法是指在决策制定过程中限制群体讨论,故称为名义群体法。

(3)头脑风暴法。头脑风暴法可以克服阻碍创造性方案产生的压力,是一种相对简单的方法。

(4)电子会议。电子会议是最新的集体决策方法,即将名义群体法与尖端的计算机技术相结合的电子会议。

10.4 决策的方法

现代决策技术发展了大量的决策方法,对于不同的情况有不同的决策方法。下面是比较常用的决策方法。

10.4-1 决策树法

决策树法是决策问题的树形表达,是以决策收益为依据,通过计算作出选择的一种决策方法。

10.4-2 矩阵汇总法

利用矩阵汇总法,可把决策中所必须考虑的各种因素汇总起来,通过给各种因素一个重要性权数,以方便决策者作出最佳选择。

10.4-3 博弈法

博弈问题是具有策略依存性(即不同博弈方的策略之间相互影响和相互作用)的决策问题,博弈论就是研究决策主题的行为及其相互决策和这种决策的均衡问题的理论。

10.4-4 不确定决策法

不确定决策法主要包括等概率决策法、悲观原则决策法、乐观原则决策法及后悔原则决策法。这些决策法都是针对同一情况:各备择方案在不同状况下有不同的决策结果,自然概率无从确定,充满了不确定性。

10.4-5 高速变化环境下的决策方法

最近的研究探索了成功的企业如何在高速变化的环境中决策,这项研究有助于人们理解现实中企业决策的做法。以下一些指导原则对企业在高速变化的环境中进行决策很有裨益,即:(1)成功的决策者实时跟踪信息,以增进对所处行业的深入、直觉性把握。(2)在重要的决策中,成功的企业一开始就迅速规划多个备择方案。(3)快速、成功的决策者从所有人那里寻求建议并倚重一到两个有专业声望、值得信任的同事作为高参。(4)快速决策的企业在决策中能够涵纳每一个决策相关者,努力在他们之间建立共识;但如果达不成一致,高层管理者就做选择并带头实行。(5)成功决策的企业能够将快速、成功的选择同其他的决策、企业整体战略方向相整合。

本章思考题参考解答

1. 决策的本质何在? 如何分类?

答:决策的本质包含了以下四方面的内容:第一,决策针对明确的目标;第二,决策有多个可行方案;第三,决策是对方案的分析、判断;第四,决策是一个整体性过程。

决策依据不同的划分标准,可以有以下几种分类,具体内容如下:

(1)按决策的层次分,决策可以分为战略决策、管理决策和业务决策。战略决策是对涉及组织目标、战略规划的重大事项进行的决策活动,是对有关组织全局性的、长期性的、关系到组织生存和发展的根本问题进行的决策,具有全局性、长期性和战略性的特点。管理决策是指对组织的人力、资金、物资等资源进行合理配置,以及经营组织机构加以改变的一种决策,具有局部性、中期性与战术性的特点。业务决策是涉及组织中的一般管理和处理日常业务的具体决策活动,具有琐细性、短期性与日常性的特点。以上不同的决策任务通常由企业中不同层次的管理者来承担。基层管理者主要从事业务决策,中层管理者主要从事管理决策,高层管理者主要从事战略决策。

(2)从决策所涉及的问题看,可把决策分为程序化决策和非程序化决策。程序化决策是指能够运用常规的方法解决重复性的问题以达到目标的决策。非程序化决策是指为解决偶然出现的、一次性或很少重复发生的问题作出的决策。

（3）从环境因素的可控程度看,可把决策分为确定型决策、风险型决策和不确定型决策。确定型决策是指各种决策方案未来的各种情况都非常明确,决策者确知需要解决的问题、环境条件、决策过程及未来的结果,在决策过程中只要直接比较各种备择方案的可知的执行后果,就能作出精确估计的决策。风险型决策是指决策者不能预先确知环境条件,各种决策方案未来的若干种状态是随机的;但面临明确的问题,解决问题的方法是可行的,可供选择的若干个可行方案已知,各种状态的发生可以从统计得到一个客观概率。在每种不同的状态下,每个备择方案会有不同的执行后果,所以,不管哪个备择方案都有一定的风险。不确定型决策是指决策者不能预先确知环境条件,可能有哪几种状态和各种状态的概率无从估计,解决问题的方法大致可行,供选择的若干个可行方案的可靠程度较低,决策过程模糊,方案实施的结果未知,决策者对各个备择方案的执行后果难以确切估计,决策过程充满了不确定性。

（4）根据不同的决策依据,决策还可以分为经验决策和科学决策。经验决策是依靠过去的经验和对未来的直觉进行决策。科学决策是指决策者按科学的程序,依据科学的理论,用科学的方法进行决策。

2. 决策的有效性如何体现? 决策的责任何在?

答:决策的有效性是指整个决策过程的有效。它体现在两个方面:首先,决策结果必须有效,这要求在整个决策过程中,目标明确,问题清楚,信息情报搜集完整、充分,有合理的决策评判准则。其次,决策过程必须有效,在拟定和分析方案、确定和实施方案,以及在贯穿于整个决策过程中的追踪和反馈,都需要保证落实,这涉及决策的成本和经济性。

决策是为决策者提供较好、较合理的决策方案以解决现有问题的过程,其责任重大。决策的责任体现在它完成组织任务、解决问题的有效性上。

3. 集体决策与个人决策的异同是什么?

答:集体决策与个人决策属于不同的决策方式,各有利弊,在不同的条件下应选用不同的方式,在不同场合也发挥着各自无法替代的作用。无论哪一种决策,都应依据集体共同的目标去选择。集体决策由于有很多人参与,往往具有较强的质量性、稳定性、可执行性、民主性和冒险性;在时效性、责任性和效益性方面较差。

而个人决策由于决策过程主要由一人承担,所以具有较强的时效性、责任性和效益性;在质量性、稳定性、可执行性、民主性和冒险性等方面较差。

4. 集体决策有哪些常用方法?

答:集体决策的常用方法有以下四种:(1)德尔菲法。德尔菲法的基本程序如下:成立一个由专家组成的小组,成员之间互相不能沟通讨论;把要解决的问题让每个成员进行不记名预测,然后进行统计分析;再把统计分析的结果反馈给每个成员,要求他们再次预测,接着再一次进行统计分析。上述程序反复进行,直到每个专家的意见基本固定,统计分析的结果与前一次统计分析的结果已经没有大的区别。(2)名义群体法。名义群体这一决策法是指在决策制定过程中限制群体讨论,故称为名义群体法。(3)头脑风暴法。头脑风暴法可以克服阻碍创造性方案产生的压力,是一种相对简单的方法。(4)电子会议。电子会议是最新的集体决策方法,即将名义群体法与尖端的计算机技术相结合的会议。

5.决策流程分几个步骤？具体内容是什么？

答：决策流程分七个步骤,具体内容如下：(1)确定问题和目标。这是决策的第一步,同时还应分清主次问题,是战略决策还是一般业务决策,由哪些决策者承担任务等。(2)搜集信息。确定了问题和目标后,必须着手调查研究,搜集信息,并加以整理和分析。(3)确定决策标准。确定决策标准,即运用一套合适的标准分析和评价每一个方案。(4)拟订可行方案。确定了问题的目标,并且搜集和分析信息的过程已顺利完成,就应开始拟订可行方案。(5)分析方案。决策者必须认真地对待每一方案,仔细地加以分析和评价。(6)确定和实施方案。确定方案时,在各种可供选择的方案中权衡利弊,然后选取其一,或综合成一,是决策者的重要工作。(7)评价决策效果。方案的评价必须是全方位的,在方案实施过程中要不断进行追踪。

6.现代决策方法有哪些？

答：现代决策技术发展了大量的决策方法,对于不同的情况有不同的决策方法。比较常用的决策方法有：(1)决策树法。决策树法是决策问题的树形表达,是以决策收益为依据,通过计算作出选择的一种决策方法。(2)矩阵汇总法。利用矩阵汇总法,可把决策中所必需考虑的各种因素汇总起来,通过给各种因素一个重要性权数,以方便决策者作出最佳选择。(3)博弈法。博弈问题是具有策略依存性(即不同博弈方的策略之间相互影响和相互作用)的决策问题,博弈论就是研究决策主题的行为及其相互决策和这种决策的均衡问题的理论。(4)不确定决策法。不确定决策法主要包括等概率决策法、悲观原则决策法、乐观原则决策法及后悔原则决策法。这些决策法都是针对同一情况：各备择方案在不同状况下有不同的决策结果,自然概率无从确定,充满了不确定性。

本章案例参考解答

1.你认为李宏伟董事长为公司制定的发展目标合理吗？为什么？你能否从本案例中概括出制定目标需注意哪些基本要求？

答：我认为李宏伟董事长为公司制定的发展目标不合理。这些目标华而不实,根本不适合公司的实际情况。理由如下：(1)第一项目标太容易了——这是本公司最强的业务,用不着花什么力气就可以使销售量增加20%。(2)第二项目标很不现实——在这领域的市场上,本公司就不如竞争对手,决不可能实现100%的增长。(3)第三项目标亦难以实现——由于要扩大生产,又要降低成本,这无疑会对工人施加更大的压力,从而也就迫使更多的工人离开公司,这样空缺的岗位就越来越多,在这种情况下,不可能降低补缺职工人数3%。(4)第四项目标倒有些意义,可改变本公司现有产品线都是以木材为主的经营格局。但未经市场调查和预测,不能确定五年内公司的年销售额达到500万美元。

从本案例中,我们认为制定目标应注意以下几点基本要求：(1)目标设定的难度。有证据表明,通过积极努力才能实现的、比较困难的目标通常会导致更高的工作绩效。而本案例中,第一项目标太容易,会滋生员工的惰性。第二项目标不现实,会打击工人的积极性。(2)目标设定的可执行性。个人由于主观经验、感觉偏差以及技术、专业知识有限,不能从多种角度来看待同一问题,决策有时会比较片面化。本案例中,李董事长未经市场调查和预测,就确定今后五年的销售目标,带有很大的盲目性和风险,不利于目标的执行。(3)目标设定的民主性。

李董个人作出决策,没有满足公司中、高层管理人员受尊重的需要,因此,大部分与会者对此反应冷漠,执行过程中积极性也不高。

2. 李宏伟董事长的目标制定体现了何种决策和领导方式? 其利弊如何?

答:在会议上,李董提出了公司今后五年的发展目标,会后,大部分与会者都带着反应冷淡的表情离开了会场。很明显,该决策属于个人决策,没有得到公司其他层管理人员的支持。个人决策的有利之处在于其省时省力,易于控制决策的质量与效率,在个人决策中,责任极其明确,避免了集体决策中责任不清、互相推诿的情况。其弊端在于:(1)在个人决策中,由于一个人的信息、知识、经验、创造性一般比不上集体,决策有时容易片面化。除非决策者有极其丰富的经验和敏锐的直觉,一般情况下个人决策的质量较低。(2)个人的目标取向是动态的,处在不断的改变中,个人决策常是一种下意识的自然的思维活动,不一定遵从科学的决策程度。因此,个人决策可能反复无常,前后矛盾。(3)个人决策后,向组织成员传达时会耗费时间与精力,组织成员有时还会产生误解,执行决策时也可能因为利益关系等种种原因而遇到阻力。(4)个人决策常受个人偏见所支配,也会因个人的主观经验、感觉而导致决策偏差;而且,个人的技术、专业知识毕竟有限,不能从多种角度来看待同一问题。因此,执行过程中积极性不高。

3. 假如你是马京,如果董事长在听取了你的意见后同意重新考虑公司目标的制定,并责成你提出更合理的公司发展目标,你将怎么做?

答:我将充分调动公司中、高层管理人员的积极性和创造性,奖罚分明,听取方方面面的意见,举行由公司主要决策人员参加的高强度会议,由集体决策制定目标。同时让各部门各司其职,分工协作,在进行深入细致的市场调研和预测后,重新制定公司的年销售额目标。初步目标拟定后,予以公示,让决策信息上下流通,听取员工的意见,最后再确定目标。

本章测试题

1. 所谓决策,就是为了实现一定的目标,提出解决问题和实现目标的各种可行方案,依据评定准则和标准,在多种备选方案中,选择一个方案进行的_____管理过程。
   A. 分析
   B. 归纳
   C. 分析、判断并付诸实施
   D. 演绎

2. 诺贝尔经济学奖获得者西蒙提出了满意标准和有限理性标准,用"社会人"取代"经济人",大大拓展了决策理论的研究领域,产生了新的理论——_____决策理论。
   A. 完全理性
   B. 完全非理性
   C. 有限理性
   D. 有限非理性

3. 决策过程的创新性基本分四个步骤,即_____、_____、_____和_____。
   A. 准备
   B. 酝酿
   C. 启示
   D. 检验

4. 决策过程必须有效,在拟定和分析方案、确定和实施方案,以及在贯穿于整个决策过程中的追踪和反馈,都需要保证落实,这涉及决策的_____和_____。
   A. 成本
   B. 有效性
   C. 经济性
   D. 合理性

5. 管理者为提高决策水平,避免冒险性的决策,必须了解决策的流程,按照_____、_____的要求进行有效的决策。

    A. 科学化   B. 人性化   C. 最大化   D. 合理化

6. 无论是个人决策还是集体决策,都应依据_____的目标去选择。

    A. 个人   B. 集体   C. 集体共同   D. 组织

7. 专家认为,_____个人的集体决策在一定程度上最有效。

    A. 1—3   B. 4—6   C. 5—7   D. 8—10

8. 决策树法是决策问题的树形表达,是以_____为依据,通过计算作出选择的一种决策方法。

    A. 风险决策   B. 决策收益   C. 决策目标   D. 决策行为

第**11**章 计 划

[本章概述]

　　凡事预则立,不预则废。计划是管理过程中的一个重要环节,也是管理的一项基本职能。计划工作的质量将对组织管理水平产生决定性的影响。本章主要介绍计划的特性与内容、计划的时间跨度与工作流程以及计划制定工作等理论与实务知识。

11.1　计划的特性与内容

11.1-1　什么是计划

　　计划是组织根据环境的需要和自身的特点,确定组织在一定时期内的目标,通过计划的编制、执行和监督来协调组织各类资源以顺利达到预期目标的过程。

11.1-2　计划的特点

　　行动计划主要有以下特点:

　　1. 面向未来

　　组织的愿景、战略目标等一些表述都意味着组织是为明天而存在,为未来而发展。

　　2. 风险与不确定性

　　计划的目的是为了减少不确定性,降低企业前进中的风险,但是计划本身也存在着不确定性的风险。

　　3. 预演未来情境

　　由于计划对未来行动普遍适用,所以在制定行动计划时就势必要对未来各种可能尽可能地设想,未来的种种变数要纳入计划的制定过程中,否则计划滞后于行动,会影响组织的效率。

　　4. 压缩时间

　　压缩时间会给组织整体及组织成员以目标激励。

　　5. 领先于管理的其他职能

　　由于计划、人事、组织、领导和控制等方面的管理活动都是支持实现企业的目标,因此,计划工作要放在所有其他管理职能的实施之前。

11.1-3　计划的主要内容

　　计划的内容包括:确定组织的目标;制定全局战略以实现这些目标;开发一个全面的分层

次的计划体系以综合和协调组织的各项活动。

1. 组织的目标

组织目标是组织根据其宗旨提出的、在一定时期内要达到的预期目标,是一个组织各项管理活动所指向的终点,也是计划的最高层次内容。

2. 组织的战略

战略是组织为了最大限度地实现目标,对其资源的使用方向作出的规划。战略是目标和具体计划之间的过渡。

3. 各层次的具体计划体系

计划体系由长期、中期与短期计划组成,行动计划通常是指中期与短期计划,计划是为实现目标而进行的各层次的具体活动安排。

11.1-4 计划的作用和地位

计划在管理工作中的重要作用有以下几点:(1)为组织成员指明方向,协调组织活动;(2)预测未来,减少变化的冲击;(3)减少重叠和浪费性的活动;(4)设立目标和标准以利于控制。

计划的独特地位主要体现在两方面:(1)计划工作的首要地位;(2)计划工作的普遍性。

11.1-5 计划的类型

按照不同的标准,可将计划划分为不同的类型。

1. 按照计划的期限划分

按期限计划可分为短期计划、中期计划和长期计划。一般来讲,1年以内的计划称为短期计划,2至5年的计划称为中期计划,5年以上的计划称为长期计划。

2. 按照计划的广度划分

计划的广度即指计划的内容牵涉到组织的面的程度,这样可分为战略计划、行动计划等。战略计划是指应用于整体组织,为组织设立总体目标和寻求组织在环境中的地位的计划。行动计划则指为了战略计划的实现,分阶段、分职能、分部门对组织的资源进行调配以更有效率地实施战略计划、实现战略目标的过程。

3. 按照计划的明确性程度划分

这样可分为指导性计划和具体计划(也称为指令性计划)。指导性计划只规定一般性的指导原则,不把管理限定在具体的目标或是特定的行动方案上。具体计划则具有明确规定的目标和一套可实行的操作方案。

4. 按照制定计划的组织层次划分

这样可分为高层管理计划、中层管理计划和基层管理计划。高层管理计划着眼于组织整体的、长远的安排,一般属于战略规划;中层管理计划一般着眼于组织中各部门的定位及相互关系的确定;基层管理计划着眼于每一个岗位、每一个员工以及每个工作时间单位的工作安排。

5. 按照组织的职能业务划分

可分成生产计划、营销计划、财务计划和人事计划等。

以上各种类型的计划只是将计划从不同的角度进行了划分。在实际工作中,这些类型的计划将会综合运用于组织的管理活动当中,它们互相结合、优势互补,形成了一个不可割裂的计划体系。

11.1-6　计划的权变因素与应变计划

计划的有效性是受多种权变因素影响的,不同类型的计划所适应的环境和组织自身的状况是不同的。

1. 计划的权变因素

(1) 组织的层次。在大多数情况下,基层管理者的计划活动主要是制定具体的、可操作的作业性计划。当管理者在组织中的等级上升时,他的计划角色就更具战略导向。高层管理者主要制定战略性、方向性的战略计划。中层管理者制定的计划内容介于高层与基层管理者的计划之间。

(2) 组织的发展阶段。在组织发展的不同阶段上,计划的类型应在计划的时间长度和明确性上作相应的调整。

(3) 环境的不确定性程度。环境的不确定性程度越大,计划就更应具有指导性,计划期限也应更短。

(4) 未来承诺期限。这里涉及承诺原则,即计划包含的期限应尽可能延长,以最大限度地预测未来,使得在该期限内能够实现当前的承诺。

2. 应变计划

管理者要为各种可能出现的偶发事件预先准备好应对方案,一旦出现特殊情况,就可以使用某一方案。应变计划的目的是有备无患,不至于在事件发生后才仓促地作出反应。

11.2　计划的时间跨度与工作流程

由于计划是对未来事件作出的决策,所以计划总是与时间概念紧密结合在一起。

11.2-1　计划的时机问题

时机是整个计划工作中需特别重视的一个因素。

1. 计划时机问题的三种状况

(1) 该行动不与其他活动在时间上有联系。

(2) 该行动与计划中的其他各项活动内容在时间上有联系,但联系不是很紧密。

(3) 该行动与其他活动在时间上紧密相联,是一系列活动中的一个必要步骤。在这种情况下,行动的时机将会强烈地受到为全部进程所制定的方案的影响。

2. 提高计划时机选择的方法

为了提高计划时机选择的质量,管理人员一方面不断改进预测,采取客观的观点并收集可用的资料;另一方面在制定计划的时候尽量留有一定的余地,保持一定的灵活性,避免可能出现的重大失误。为了保持这种灵活性,不到必要的时候,尽量避免作出承诺,同时保持两个或几个备选方案。

11.2-2　计划的跨度

在同一组织、同一时间,对各种事情都可能存在各种不同的计划期限。

1. 长期、中期和短期的计划

（1）长期计划。长期计划的时间跨度通常在5年以上，内容主要涉及组织的长远目标和发展方向。

（2）中期计划。中期计划的时间跨度通常在1—5年，根据组织的长期计划进行编制，主要起衔接长期计划和短期计划的作用。

（3）短期计划。短期计划的时间跨度通常在1年以内，主要说明计划期内必须达到的目标，以及具体的工作要求。

2. 长、中、短期计划的协调

长期计划为组织指明了方向，中期计划为组织指明了路径，而短期计划则为组织规定了前进的步伐。由此可见，组织的长、中、短期计划各有侧重，在日常管理实践中这三者要融会贯通，综合运用。短期计划假如与中、长期计划脱节，组织就危若脱缰之马，而中、长期计划没有短期计划的支持，组织就悬若空中楼阁。

11.2-3 计划的流程

虽然不同的计划在内容和形式上各有差异，但这些计划制定的程序却大致相同。普遍性的计划流程要遵循以下几个步骤：

1. 估量机会

估量机会就是根据环境和组织的现实情况对可能存在的机会作出现实的判断。

2. 确定目标

目标的确定可以使组织的计划工作做到有的放矢，提高效率。

3. 确定前提条件

确定前提条件是要确定整个计划活动所处的未来环境。

4. 确定备选方案

每一项活动一般均有不同的解决方式和方法，编制一个计划，需要寻求和检查可供选择的行动方案。管理者通常必须进行初步检查，以便发现最有成功希望的方案。

5. 评价备选方案

在找出了各种备择方案和检查了它们的优缺点后，下一步就是根据计划的目标和前提条件，权衡利弊，对各种备选方案进行评价。

6. 选择方案

这是采用计划的关键一步，也是制定决策的真正关键。

7. 制定派生计划

完成派生计划是实施总计划的基础，因为几乎所有的总计划都需要派生计划的支持和保证。

8. 编制预算

预算就是将计划压缩成一些数字以实现管理的条理化，它使管理人员清楚地看到哪些资源将由谁来使用，将在哪些地方使用，并由此涉及哪些费用计划、收入计划或实物计划，以及投入量和产出量计划。

11.2-4 现代计划方法

计划方法很大程度上影响计划制定的效率高低和质量好坏。常用的计划方法有以下几种：

1. 滚动计划法

这种计划方法的具体做法是：在计划制定时，同时制定未来若干期的计划，但计划内容采用近细远粗的方法，即把近期的详尽计划和远期的粗略计划结合在一起。在近期计划完成后，根据计划执行情况和环境变化情况，对原计划进行修订和细化。以后根据同样的原则逐期向前滚动。优点在于推迟了对远期计划的决策，增大了对未来估计的准确性，提高了计划的质量；同时，它使长、中、短期计划相互衔接，保证了组织能根据环境的变化及突发事件及时进行调节，使各期计划能基本保持一致，大大增强了计划的弹性，从而提高了组织的应变能力；缺点则主要是计划的工作量比较大。

2. 运筹学方法

这种方法的核心是运用数学模型，力求把相关因素用变量形式反映在模型中，然后用数学和统计学的方法在一定范围内解决问题。该方法的优点在于用定量的思路替代定性的传统思路，使计划更加客观。而其缺点在于它容易导致问题的简单化和绝对化，与计划工作较富弹性和复杂性的实际状况不尽相符。

3. 网络计划技术

网络计划技术包括以网络为基础制定计划的各种方法，如关键路线法（CPM）、计划评审技术（PERT）和组合网络法（NT）等。该计划方法的优点在于明确了项目活动的重点和可能的"瓶颈"因素，从而最有效地保证项目完成的进度。该计划方法的缺点在于没法有效地显示时间进度以外的计划要素。

11.3 计划制定工作

11.3-1 清楚表述组织目的

这是计划制定工作的第一步，也是保证行动计划与组织愿景紧密相衔接的关键。

1. 谁在组织使命中有利益

在组织中有利益的个人和集团称为利益相关者，不同的组织有不同的利益主体。企业组织有五个主要的利益相关集团：投资人、职工、顾客、供应商、政府和社区。

2. 组织使命陈述中的要素

阿什瑞奇·斯库认为组织使命陈述应该包括四个要素：

（1）目的。陈述组织为何存在，组织存在是为了做什么。

（2）战略。战略是对组织如何达到其目标的陈述。

（3）价值观。组织信仰的陈述。

（4）行为标准。这些陈述包括日常管理、措施步骤等组织为了实现其价值而采取的政策。

威克曼总结的企业组织使命陈述应包括五个要素：

（1）产品范围。这是对企业组织将向市场提供什么的陈述。

（2）市场范围。市场范围指市场、客户群或行业等接受企业产品的地方。

（3）如何竞争。管理者必须考虑如何竞争——企业应给出客户为何购买其产品的理由。

（4）组织的目标。一份好的使命陈述不仅写出组织当前在做什么，而且要写出将来渴望达到的目标。

（5）组织的价值观。即企业除了追求利润以外，不仅要处理好利益相关者的利益，还要遵循社会秩序。

3. 组织使命陈述如何发挥作用

组织使命陈述在组织工作中的作用有相辅相成的三种。

（1）作为自我分析的指南。

（2）作为统一行动的号角。

（3）作为与外界利益相关者沟通的纽带。

4. 使命、目标及具体目标

使命、目标及具体目标意思相似都表示组织希望达到的目标。使命是组织长期要达到的、广义的目标陈述；具体目标是有关组织需要达到什么的具体而明确的陈述。

11.3-2　人力资源分析

组织拥有的人力资源首先是指组织的所有成员，这些人的知识结构、业务技能、创新能力，他们的素质、文化修养、性格爱好等等都会影响组织的发展和组织的收益。组织在制定行动计划前对组织的人力资源进行分析的目的是为了使行动计划有人力资源的支持，使行动计划更加可靠。

11.3-3　经营资源分析

1. 经营资源的类型

经营资源指企业组织用于生产产品或提供服务的资源。企业组织建立的经营资源基础类型取决于多个因素，其中重要的因素有：

（1）生产设备。指企业生产产品或提供服务所使用的设备。

（2）建筑物。容纳员工和设施的建筑物或厂房。

（3）贮藏和分销设施。用来贮存原材料、在制品和成品的贮藏设施。

（4）研究和发展资产。企业支持研发以提高产品技术革新所需的实验室和技术仪器。

（5）车辆。企业需要机动车辆保障员工的出行和销售货物的运输。

（6）办公设备。办公设备用来维持企业的管理。

2. 投资与管理经营资源

（1）管理经营成本。企业组织经营会遇到两种成本：固定成本和可变成本。

（2）管理成本。管理成本是指与企业的总体管理有关的成本，包括管理者、其他非生产职工的工资及房屋费用（房租、水电费用等）、车辆保养费用等。

（3）采购的有效性。采购的有效性越高，就越可能降低成本。

（4）经营效率。经营效率指企业运用直接投入因素并将其转化为产品的方式。

（5）维持库存成本。无论是原材料、在制品还是制成品，库存都有成本。

（6）融资成本。融资成本指企业向提供资金的人支付的利息费用或为其租赁的资产支付的租金。

3. 经营资源与纵向一体化

企业的管理者必须决定企业组织如何在价值链上的定位以及在价值链上占据多大位置。该决定有两个方面：第一个方面，是买进一项技术或产品还是自己制造，这是"造或买"的决定。如果企业决定从买进转向自己制造,那么就必须收购一家供应商或购买供应商所需的经营资源。这是向后的纵向一体化(联合)。第二个方面,是卖出一个产品还是自己保留并增加价值。这意味着收购一家客户或购买客户所需的经营资源。该"卖或留"决定是向前的纵向一体化(联合)。

11.3-4 金融资源分析

金融资源是指那些具有货币价值的东西,有的是以货币形式出现的,有的虽不是货币却很容易转换成货币。

金融资源可以通过两个来源获得。第一个,也是最重要的来源,是顾客购买组织的产品或服务。第二是通过资本提供者,即投资人和放款人(银行或其他金融机构)。

金融资源的类型主要有以下几种:(1)现金。现金是最具流动性的资源。(2)短期投资。短期投资指随时可以卖出的投资,这种投资包括其他组织的股份、政府债券等。(3)债权。债权是指客户欠组织的钱。(4)成品。成品指已经制成的、随时可以卖出的产品。(5)在制品和原材料。指那些既可以当原材料直接卖掉,又可以加工成成品的项目。(6)有形经营资产。有形资产是指生产设备、建筑、办公设备、计算机及车辆等有形的经营资源。(7)无形资产。无形资产是指组织拥有的专利、版权、商标等没有有形体的资产。

11.3-5 行动计划方案的过滤器

此过滤器可以归纳为以下七个方面:(1)多个目标的一致性;(2)行动方案阶段成果及吸引力;(3)可接受性;(4)可行性;(5)可实现性;(6)有效性;(7)风险性。

11.3-6 组织内部活动与相关资源匹配分析

迈克尔·波特的价值链就是一种有效地分析组织内部活动及其重要性的方法。按照迈克尔·波特的理论,企业组织的任何活动,都出于为消费者创造或增加价值的目的。价值链是将组织的投入产出活动按照效率原则进行分工形成一条价值流程,其中每个活动相互衔接,每个活动完成后其价值都获得了增加。这些活动也可以叫做组织的价值活动。组织的价值活动分为基本活动和支持活动两大类。

1. 基本活动

企业组织的基本活动有五类:进货后勤、生产作业、发货后勤、营销、服务活动。

(1)进货后勤活动是与物料投入生产过程有关的一切活动。

(2)生产作业活动是将投入物转变为最终产品过程的各项活动。

(3)发货后勤活动包括:产成品的归集、储存、配销和发运等活动。

(4)营销活动是指向用户提供产品购买手段并吸收用户购买本企业产品的有关活动。

(5)服务活动是位于产品确定了用户和最终结束其使用寿命之间,为了提高或维持产品价格而提供的活动。

2. 支持活动

支持活动是为基本活动提供服务。支持活动包括采购、技术开发、人力资源管理和企业基础设施活动。

(1)采购活动是指投入物的购买活动。

（2）技术开发活动贯穿于企业产品设计及价值链形成过程的各种创造及改良活动之中。

（3）人力资源管理活动包括决定企业人员的录用政策、培训、提升、激励等活动。

（4）企业基础设施活动包括企业的一般管理活动，以及所有与其他基本活动和支持活动分离但又是贯穿整个价值链的活动。

本章思考题参考解答

1. 什么是计划？计划与组织目标、组织理念是什么关系？

答：计划是组织根据环境的需要和自身的特点，确定组织在一定时期内的目标，通过计划的编制、执行和监督来协调、组织各类资源以顺利达到预期目标的过程。

计划是在组织目标确定的前提下，制定系统的行动方案以实现组织目标。计划是一个体系，制定计划也就是开发一个全面的分层次的计划体系以综合和协调组织的各项活动。因此计划是根据目标（做什么）来定，主要涉及组织如何调动资源来实现目标的方法（怎么做）。

组织理念是指组织全体成员长期合作中共同形成的信念、价值观和精神的总称，为组织设立总体目标和寻求组织在环境中的地位，以及设计制定组织行动计划的引导或方针。

2. 试阐述计划工作与其他管理工作的关系。

答：计划与其他管理职能的关系如下：（1）计划工作具有首位性，先于其他管理职能；（2）计划工作是各项管理工作有效实施的前提；（3）计划服务于其他管理职能，是有效进行其他管理活动的必要工具。

3. 计划的表现形式有哪些？它们之间的相互关系如何？

答：计划的表现形式通常有如下九种：（1）组织的宗旨；（2）组织的使命；（3）组织的目标；（4）组织的战略；（5）组织的政策；（6）组织的程序；（7）组织的规章；（8）组织的规划；（9）组织的预算。

它们之间的相互关系大致有：（1）宗旨是组织存在的价值，也是其他八项的根本；（2）使命是组织为实现宗旨而选择从事的事业；（3）目标是对使命的具体化以及对使命实现结果的预期；（4）战略明确组织实现目标所需调配的资源情况；（5）政策制定和发布的出发点在于组织的目标和战略；（6）程序、规章、规划和预算分别是对组织的业务流程、行为规范、行动步骤和资金状况的细化规定，指导这些规定的正是组织的战略和政策。

可见，计划的这九种表现形式存在一个从宏观到微观、从高层到基层、从理念到行为的递进关系，它们互相联系、相辅相成，构成了一个组织的计划体系。

4. 计划编制过程有哪些步骤？遵循计划工作的流程为什么能提高计划工作的有效性和科学性？

答：计划编制过程主要分以下八个步骤：（1）估量机会；（2）确定目标；（3）确定前提条件；（4）确定备选方案；（5）评价备选方案；（6）选择方案；（7）制定派生计划；（8）编制预算。

遵循计划工作的流程能提高计划工作的有效性和科学性，原因如下：（1）遵循计划工作的流程使管理者从外部环境和内部条件两方面出发制定计划，增强了计划的现实性、针对性和可操作性，减少了随意性和盲目性；（2）遵循计划工作的流程使管理者确定多个备选方案，并通过比较分析选择其中较优的一个,这使计划工作的质量得到了很大提高,而组织因执行计划所带来的风险也相应减小;(3)遵循计划工作的流程使管理者有步骤地制定从高层到基层、从综合到具体、从理念到操作的一系列计划,这使计划工作呈现出很强的系统性;(4)遵循计划工作的流程使管理者掌握了预算这一有效的管理手段,这将帮助管理者对计划的实施进行有效的监控。

5.计划的流程是怎么样的?如何把握计划的流程以提高计划工作的效率?

答:同第4题,答案略。

本章案例参考解答

1. 为了保证宝钢集团战略目标的实现,宝钢集团在哪些方面制定了保证措施?

答:为了保证宝钢集团战略目标的实现,宝钢集团在以下五个方面制定了保证措施:(1)推出"观念与创新"系列研讨,作为企业文化融合与优化的有效载体,积极培育与钢铁精品基地相适应的有竞争力的宝钢企业文化。(2)公司始终以"持续优化满足用户需求的创新力实现效益最大化"为经营方针,贯彻"精诚、精简、精进、精品"。在国际化经营方面,坚持以"当地化+CS=国际化"的原则在全球资源公司配置,以实现全球化、市场化、效益最大化,优化资源产出量。针对涉足的产业提出了"以实业为基础,以贸易为先导,以金融为后盾"的多元化经营战略方针。(3)宝钢要求员工不仅要善于学习,而且要更善于创新。真正把学习型组织落到实处。(4)在产品质量方面积极推行用户满意战略。(5)在技术开发和科技创新方面,宝钢与国家自然科学基金委员会各出资600万元,成立了面向全国的"钢铁联合研究基金",用于钢铁及相关技术基础研究。公司还设立了5 000万元的科技发展专项经费,重点用于前瞻性、基础性等科技开发项目。

2. 联系前一章与本章的内容,阐述发展计划与愿景规划之间的联系。

答:发展计划与愿景规划是紧密衔接、相辅相成的关系。彼得·德鲁克曾言:"一个企业不是由它的名字、章程和公司条例来定义,而是由它的任务来定义的。企业只有具备了明确的任务和目的,才可能制定明确和现实的企业目标。"因此,发展计划的首要内容是愿景规划。愿景规划回答的是"我们想成为什么和我们的使命是什么"。共同的愿景规划可以使人们的精神从单调的日常操作中得到升华,使人们不停地受到激励。

3. 宝钢的共同愿景是什么?它是如何通过行动计划使之得到真正贯彻的?

答:宝钢的共同愿景是世界一流企业——世界500强中的优秀企业。为了真正贯彻这一愿景,公司在以下五方面做出了努力:(1)推出"观念与创新"系列研讨,作为企业文化融合与优化的有效载体,积极培育与钢铁精品基地相适应的有竞争力的宝钢企业文化。(2)公司始终以"持续优化满足用户需求的创新力实现效益最大化"为经营方针,贯彻"精诚、精简、精进、精品"。在国际化经营方面,坚持以"当地化+CS=国际化"的原则在全球进行资源配置,以实现全球化、市场化、效益最大化,优化资源产出量。针对涉足的产业提出了"以实业为基础,以贸易为先导,以金融为后盾"的多元化经营战略方针。(3)宝钢要求员工不仅要善于学习,而且要更善于创新。真正把学习型组织落到实处。(4)在产品质量方面积极推行用户满意战略。(5)在技术开发和科技创新方面,宝钢与国家自然科学基金委员会各出资600万元,成立了面向全国的"钢铁联合研究基金",用于钢铁及相关技术基础研究。公司还设立了5 000万元的科技发展专项经费,重点用于前瞻性、基础性等科技开发项目。

4. 你认为宝钢的发展计划与其资源基础是否相匹配?

答:宝钢的发展计划与其资源是相匹配的。理由如下:

宝钢的发展计划是世界一流企业——世界500强中的优秀企业,其资源优势主要表现在六个方面:(1)宝钢股份公司是中国最现代化的钢铁联合企业,其销售收入不仅在国内同行中是一流的,而且跻身于世界钢铁企业前列;宝钢股份公司与世界上任何一个钢铁企业相比,其吨钢成本消耗为最低,尤其是劳动力成本最低,1999年,股份公司人均年产钢达到765吨,近年内,有望达到人均年产钢1 000吨。(2)宝钢股份公司地处亚洲这个广阔的市场,钢铁产品需求潜力很大,宝钢以其自身长期以来形成的产品优势、质量优势、信誉优势、服务优势确立了稳固的市场地位,几乎没有竞争对手,其80%以上产品的实物质量均达到世界一流水平,汽车板、耐大气腐蚀钢、高强度高韧性系列管线钢等产品在国内市场占有率均超过50%以上。(3)管理者经验丰富,皆为国内钢铁业的精英,他们从事钢铁业的管理工作,平均从业年数达18年以上,半数以上高级管理人员具有硕士以上学历,并且有海外工作经历。(4)有一支一流的人才队伍:不仅从国内外广招各类高级人才,还把优秀员工送往国外著名学府或企业,培训、培养成复合型人才。目前,集结了400余名科技人员专业从事新技术、新工艺、新装备、新材料的研发;有170余名专业人员从事产品质量检验工作。(5)宝钢股份公司的整体装备水平在全球是最好的,引进了日本、德国、美国等世界发达国家钢铁工业的先进技术和装备,在此基础上,建起了高度自动化、连续化、大型化的世界一流钢铁联合企业,投产后不断加大科技投入,对设备进行更新改造,使整体装备继续保持为21世纪初的世界先进水平。(6)宝钢股份公司总部和生产设施所在的上海市是中国最富庶、最繁荣的城市,也是经济最发达的地方,举世瞩目的浦东开发就在这里,濒临江海的地理条件,使公司原材料的供应源源不断,快捷的水路、铁路、航空,以及四通八达的公路运输,把宝钢股份公司同世界联系在一起,使它的产品能以最快的速度运到四面八方。

本章测试题

1. 计划是组织根据环境的需要和自身的特点,确定组织在一定时期内的目标,通过计划的
   _____、_____和_____来协调、组织各类资源以顺利达到预期目标的过程。
   A. 编制　　　　　　B. 目标　　　　　　C. 执行　　　　　　D. 监督
   E. 控制

2. 按照计划的广度划分,计划可分为_____、_____等。
   A. 战略计划　　　　B. 短期计划　　　　C. 生产计划　　　　D. 行动计划

3. 长期计划为组织指明了_____,中期计划为组织指明了_____,而短期计划则为组织
   规定了前进的_____。
   A. 方向　　　　　　B. 路径　　　　　　C. 方法　　　　　　D. 步伐

4. 运筹学方法的核心是运用数学模型,力求把相关因素用变量形式反映在模型中,然后用_____和_____的方法在一定范围内解决问题。

    A. 经济学   B. 数学   C. 管理学   D. 统计学

5. 组织拥有的人力资源首先是指组织的所有成员,这些人的_____、_____、_____、素质、文化修养、性格爱好等等都会影响组织的发展、组织的收益。

    A. 知识结构   B. 道德   C. 业务技能   D. 创新能力

6. 经营资源指用于生产企业组织_____或提供_____的资源。

    A. 产品   B. 价值   C. 服务   D. 设备

7. 组织的价值活动分为_____和_____两大类。

    A. 日常活动   B. 基本活动   C. 支持活动   D. 管理活动

8. 企业组织的基本活动有五类:_____、_____、_____、_____、_____。

    A. 进货后勤   B. 生产作业   C. 发货后勤   D. 营销

    E. 售后服务   F. 投入管理   G. 服务活动

第12章 领 导

［本章概述］

领导是管理工作的一个重要组成部分,在任何社会,无论在正式组织中,还是在群体中,都离不开领导。本章主要介绍领导与权力、领导的内容、领导的风格以及领导特质。

12.1 领导与权力

12.1-1 领导的职能作用

巴纳德认为,对应于组织的各项要素,经理人员的职能可归结为以下三个方面:

(1)维持信息交流。建立和维持信息交流体系的问题始终是把经理人员和管理职位这两个方面结合起来。

(2)促成个人提供必要的努力。这项职能主要有两类工作:一是促使人们同组织建立协作关系;二是在人们同组织建立起协作关系以后,使之提供服务。

(3)提出和制定目标。

12.1-2 领导权力的类型

1. 职权与领导权力

在领导活动的全过程中,主要有五个构成要素:领导者、被领导者、职权、客观环境和领导的行为,其中起决定作用的是职权,领导是这些因素构成的综合体。

具体来讲,职权主要涉及合法权、奖赏权和惩罚权三种。

(1)合法权,就是组织中等级制度所规定的正式权力,被组织、法律、传统习惯甚至常识所认可。它通常与合法的职位紧密联系在一起。

(2)奖赏权,就是决定提供还是取消奖励、报酬的权力。奖赏权源于被影响者期望奖励的心理,即部属感到领导者能奖赏他,使他满足某些需要。

(3)惩罚权,就是通过精神、感情或物质上的威胁,强迫下属服从的一种权力。

2. 非职权与领导权力

领导的权威与其地位、才智、能力相称,领导者个人的德、能、智、资、绩与领导的职权有效地结合起来,就会有力地提高其权威。

相对于职位权力而言,非职权实质与组织的职位无关的权力,主要有专长权、个人魅力、背景权和感情权等。

（1）专长权。知识就是力量，从某种程度上讲，知识就是权力，谁掌握了知识，具有了专长，就是有了影响别人的专长权。

（2）个人魅力。这一权力与其他权力不同，是一种无形的很难用语言来描述或概括的权力。它是建立在超然感人的个人素质之上的，这种素质吸引了欣赏它、希望拥有它的追随者，从而激起人们的忠诚和极大的热忱。

（3）背景权。背景权是指个人由于以往的经历而获得的权力。这种权力源于被影响者对该经历的崇敬和共鸣。

（4）感情权。感情权是指个体由于和被影响者感情较融洽而获得的权力。这种权力源于被影响者心目中对这份感情的珍视和维护。

3. 领导与管理的区别

领导是管理的一个方面，属于管理活动的范畴，但是除了领导，管理还包括其他内容，如计划、组织、控制等。领导从根本上来讲是一种影响力，是一种追随关系。人们往往追随那些他们认为可以提供满足自身需要的人，正是人们愿意追随他，才使他成为领导者。因此，领导者既存在于组织中，也存在于一定的群体中；既存在于正式组织中，也存在于非正式组织中。管理者是组织中有一定的职位并负有责任的人，他存在于正式组织之中。

12.1-3　领导权力的获取

既然领导是以权力为基础的，那么领导者必须拥有相应的权力。不同的个体在获取权力的过程中即便都是正当行为，策略也各不相同。

1. 同有权势的人形成联盟

这种方法可以使自己更快更多地得到核心信息，得到更多表现自己的机会。

2. 施惠

追求权力者应该尽量给更多的人以帮助，这样可以使对方给予相应的回报。

3. 不激怒别人

这样可以慢慢获得他人的信任与合作，自己的地位也会越来越巩固，不断地扩大权力。

4. 从危机中获益

在原有权力框架被打破的前提下，谁敢出面带领组织走出危机，谁将在组织新的权力框架中占据重要地位。

5. 谨慎地寻求顾问

选择合适的顾问可以帮助提高办事能力，从而有助于务实权力基础。

6. 争取最关键的工作

能胜任组织中最关键的工作岗位，将使你个人在组织成员中脱颖而出。

7. 不断地提高自己

不断地通过学习、实践，提高自己的知识水准，增强自己的工作能力，从而来获取专长权。

结合以上特点可以大致了解到追求权力者必须具备以下一些素质：（1）充满信心和自信心强；（2）具有灵活性；（3）善于协商；（4）有雄心壮志；（5）善于协调关系；（6）不传播无谓的小道消息；（7）不参与非原则性的争论。

12.1-4 领导者必须正确对待权力

领导以权力为基础,这是建立在正确积极的权力之上,如果一个组织内部不正当追求权力的人增多,在位的领导者滥用权力,组织就不可能生存和发展。因此,领导者必须正确对待权力。

1. 追求和使用积极的权力

这主要是指权力的追求和使用要以组织或群体进步为导向,并努力使之产生积极的后果,从而促使组织飞速发展。

2. 不可滥用权力

领导者滥用权力只会给组织和个人带来重大的损失。为避免滥用权力,领导者应遵循如下使用权力的原则:(1)不炫耀自己的权力;(2)客观一致地使用权力;(3)牢记使用权力的目的是为了建立所期望的行为模式。

12.2 领导的内容

12.2-1 领导的一般内容

领导者为了促使人们最大限度地实现组织目标,其工作内容主要包含五个方面:先行、沟通、指导、浇灌和奖惩。

1. 先行

先行通常包含三方面内容:设计、决策和榜样。

2. 沟通

没有人与人之间的沟通就不可能实行领导,而要使双向沟通达到好的效果,领导者做到认真倾听和正确表达是至关重要的。

(1)认真倾听。认真倾听可以帮助领导更多、更全面地从被领导者那里获得信息与感受,如下原则具有很大的参考价值:①耐心地听对方的话,即使是你认为错误的或离题的。②设法摸清对方所表露的情绪与事情的前因后果。③简要而确切地复述对方的感受,引导和鼓励对方继续讲下去。④避免对事实的争辩。⑤努力听出弦外之音。⑥避免将自己的情绪卷入对话之中。

(2)正确表达。正确表达是指领导者通过恰当地表达自己的思想,使对方不仅真正领会而且还积极接受你的想法。如下建议很有用:①领导者必须了解和掌握下属的态度与兴趣,采用下属易于接受的方法表达自己的想法。②语义明确。③通过行为来传送意思。④注意反馈验证。

3. 指导

领导者对工作的指导对下属在实践中执行组织的决策具有重要的作用。在组织中,经常用的一种正式的指导方式是命令。

为了使领导工作有效,领导者下的命令应该符合三个基本条件:第一是完整,第二是清晰,第三是可执行。领导者在发出命令后,还必须为下属实施命令创造条件,还要进行后续跟踪检查,保证命令得到执行或更改不适合的命令。

4. 浇灌

领导者在日常工作当中要长期注重培育被领导者自动合作的情感反应,通过日常言行的熏陶和情感诱发机制的建立,不断强化被领导者与领导者进行合作的满意情感。这一过程称为浇灌。

浇灌要在很长的时期内贯彻始终才会有效,因为人的态度和感情的变化一般是缓慢的。为使浇灌有效,在浇灌的过程中应遵循如下一些原则:(1)注重友谊和信任;(2)力求公平与一贯;(3)强调积极面;(4)支持下属;(5)让下属参与决策;(6)及时与下属沟通信息。

5. 奖惩

奖赏权与惩罚权是职位权力的主要组成部分,组织中奖励和惩罚的任务是由领导者承担和实施的。通过奖惩,增强领导者的影响力,达到组织预定的目标。

(1)惩罚。惩罚的目的是为了改进人们未来的行为,无论是对被惩罚者,还是对组织中其他人。惩罚是为了避免同类问题的反复出现,因此,在采取惩罚行动时要注意以下几点:①及时惩罚;②要依据事先制定的规则对下属进行惩罚;③所有的惩罚必须前后一致,对所有的人一视同仁,不带个人感情。

(2)奖励。奖励是对组织秩序的一种维护,是调动下属积极性,以保证组织目标得以顺利实现的重要手段。

12.2-2 领导的具体内容

领导的具体内容涉及塑造组织文化;制定战略规划,推进组织长远发展;构造组织核心能力,保持竞争优势;进行管理创新,提高效率;促进组织学习,率领员工达成组织目标。

1. 塑造组织文化

组织文化蕴藏着巨大的能量,它有导向功能、约束功能、凝聚功能、激励功能和辐射功能。

(1)导向功能,是指组织文化能对组织整体和组织每个成员的价值取向及行为取向起引导作用,使之符合企业所确定的目标。

(2)约束功能,是指组织文化对每个组织员工的思想、心理和行为具有约束和规范的作用。

(3)凝聚功能,是指当一种价值观被该组织员工共同认可之后,它就会成为一种黏合剂,从各个方面把其成员团结起来,从而产生一种巨大的向心力和凝聚力。

(4)激励功能,是指组织文化具有使企业成员从内心产生一种高昂情绪和发奋进取的效应。

(5)辐射功能,是指组织文化一旦形成较为固定的模式,就不仅会在组织内发挥作用,对本组织员工产生影响,而且也会通过各种渠道对社会产生影响。

2. 制定战略规划,推进组织长远发展

企业组织竞争战略,主要是指企业产品和服务参与市场竞争的方向、目标、方针及其策略。企业竞争战略研究思潮大致划分为三个主要理论流派,即结构学派、能力学派和资源学派。

(1)结构学派。结构学派的创立者和代表人物,首推美国著名战略管理学家、哈佛大学商学院的迈克尔·波特教授。波特教授的创新在于:①波特将产业组织经济学与企业竞争战略兼容。波特提出了三种可供选择的竞争战略:总成本领先战略、差别化战略和目标集聚战略。②战略制定和战略实施是战略管理过程中两个不可分割的主要环节。以竞争优势为中心将两者有机地统一起来是波特企业竞争战略理论的又一创新。为了系统识别和分析企业竞争优势的来源,波特提出了"价值链"这一重要的理论概念。

（2）能力学派。所谓能力学派，是指一种强调以企业组织生产、经营行为和过程中的特有能力为出发点，制定和实施企业竞争战略的理论思想。

该学派有两种具有代表性的观点：一是以哈默和普拉哈拉德为代表的"核心能力观"。这里"核心能力"是指蕴含于一个企业生产、经营环境之中的具有明显优势的个别技术和生产技能的结合体，它注重企业价值链中的个别关键优势。另一种观点是以斯多克、伊万斯和舒尔曼为代表的"整体能力观"。"整体能力"主要表现为组织成员的集体技能和知识以及员工相互交往方式的组织程序，强调价值链中的整体优势。

能力学派的理论创新主要体现在三方面：①能力学派的理论创新体现在它对20世纪90年代以来企业竞争本质的重新认识上。②能力学派的创新表现在如何识别和培育企业核心能力上。③能力学派的创新表现在如何制定和实施企业竞争战略上。

（3）资源学派。资源学派目前已基本成为企业竞争战略研究领域中占主导地位的理论流派。他们不仅综合了结构学派和能力学派的有关理论思想，而且在分析技术工具上进行了富有成效的大胆创新，从而大大提高了企业竞争战略理论的实用价值。强调"资源"问题的重要性是资源学派的理论出发点和基础。资源学派导出了竞争战略理论体系和分析模式，创建了"顾客矩阵"。

结构学派、能力学派和资源学派为制定战略规划设定了不同的假设前提，并提供了不同的理论观点。领导的另一项具体内容就是要依据组织的实际情况以及与理论假设的吻合度，确立组织的定位、能力或者资源目标趋向，制定好战略规划，组织好长远发展。

3. 构造组织核心能力，保持竞争优势

组织的核心能力是企业重要的无形资源，是企业长期竞争优势的源泉，它在企业的成长与发展过程中发挥着关键作用。在市场竞争日趋激烈的今天，领导的又一项具体内容应涵盖企业核心能力的形成、运用、巩固与创新。

（1）核心能力的形成。企业核心能力是组织的集体学习，它强调在协调多样化产品的技巧与集成多种技术的同时，也强调工作的组织和价值的传递。

（2）核心能力的运用。组织核心能力是企业的重要资源，如果只是在某个部分应用，则意味着范围经济的未曾实现，会造成资源的极大浪费，为使核心竞争能力的作用得以发挥，就需要在企业内部乃至外部不断地运用核心竞争能力，确保事业部部门核心能力的溢出效应，从而获得最大收益。

（3）核心能力的巩固。企业组织经过长期努力所形成的核心竞争能力也会丧失，这需要领导者高度警惕，始终对其给以保护和加强。原因源于两方面：一是客观原因，随着时间的推移，竞争能力往往会演化成一般的能力，经过长期培育起来的企业核心能力也会丧失；二是主观方面的原因，如果企业领导缺乏对其核心能力的专门管理，部门之间沟通不畅或缺乏必要的资助，均会导致企业核心能力的丧失。

（4）核心能力的创新。组织核心能力本身具有动态性，因此，在发展企业核心能力的同时，要努力防止企业核心能力的刚性，即抗拒变化的惰性。

4. 进行管理创新，提高效率

管理创新是指创造一种新的更有效的资源整合范式，这种范式既可以是新的有效整合资源以达到组织目标和责任的全过程式管理，也可以是新的具体资源整合及目标制定等方面的细节管理。管理创新就是通过对有限资源的优化配置提高整体效率。

总的来说,领导者可以在以下五个方面推进管理创新:

(1)提出一种新的经营思想并加以有效实施。

(2)创设一个新的组织机构并使之有效运转。

(3)提出一个新的管理方式方法。一个新的管理方式方法能提高生产效率,或使人际关系协调,或能更好地激励员工等等,这些都将有助于组织资源的有效整合以达到组织既定目标和责任。

(4)设计一种新的管理模式。所谓管理模式是指组织综合性的管理范式,是指组织总体资源有效配置实施的范式。

(5)进行一项制度的创新。

5.促进组织学习,率领员工达成组织目标

团结协作、群体奋斗的精神是组织辉煌业绩的保证。现代科技越来越复杂,市场竞争如此激烈,靠个人奋斗,既不可能征服科技高峰,也不可能战胜竞争对手。所以,领导必须率领全体员工共同努力,以达成组织目标,其中创建学习型组织便是实施手段之一。世界已经进入学习型组织的时代,真正创建学习型组织的企业,才是最有活力的企业。

(1)创造不断学习的机会。要能进行知识的创新,持续学习是不可缺少的条件。

(2)促进探讨和对话。领导者要善于把个人学习和团队学习连接起来。

(3)鼓励共同学习和团队学习。

(4)建立学习及学习共享系统。

(5)促使成员迈向共同愿景。

(6)使组织和环境结合起来。

12.3 领导的风格

在影响人的过程中,领导者对权力的运用方式称作领导风格或领导方式。不同的领导者对权力的运用方式各不相同,从而形成了不同的领导风格。

12.3-1 领导连续统一体理论

这是美国学者坦嫩鲍姆和施密特提出的。他们指出,领导风格并不是只有独裁和民主这两种极端的方式,而是在这两种极端之间,以领导者为中心还是以部属为中心程度不同而存在着一系列领导方式。这些方式有相应的对部属的授权程度和决策方式。

12.3-2 领导方格论

这是布莱克和穆顿提出的,他们用一张 9×9 的方格图,每一个方格表示一种领导风格,纵坐标表示对人的关心程度,横坐标表示对生产的关心程度。这种管理方格图理论能够使领导者较为明确地认识到自己的领导风格,找到改进领导风格的努力方向,也可以用来有效地培训未来的领导者。

12.3-3 权变理论

为了领导成功而对领导现象进行研究,从而产生了权变理论。权变理论定义了领导的两个维度:任务行为和关系行为。以这两个维度为基础,权变理论推出了菲德勒模型、赫塞和布兰查德模型、情境领导模型、路径—目标模型和领导者参与模型。虽然这些模型对领导行为的具体类型划分有所不同,但关于领导风格的划分是一致的,都是将领导风格划分为关系取向型和任务取向型,但各种模型的侧重有所不同。

1. 菲德勒模型

菲德勒认为,对领导风格研究的注意力应该更多地放在环境变量上,虽然不存在一种普遍适用的最佳领导风格,但在每种情况下都可以找到一种与该特定环境相适应的有效领导风格。菲德勒还强调,领导风格是固定不变的,提高领导者的有效性只有两条途径:一是替换领导者以适应情境,二是改变情境以适应领导者。

2. 赫塞和布兰查德模型

赫塞和布兰查德将菲德勒模型向前推进了一步,他们更具体地将领导风格分为四种类型:(1)指示;(2)推销;(3)参与;(4)授权。

3. 情境领导模型

情境领导模型是一个依据下属的成熟度水平选择正确领导风格的权变理论。

4. 路径—目标模型

路径—目标模型已经成为当今最受人们关注的领导观点之一,它是罗伯特·豪泽开发的一种领导权变模型。该理论认为,领导的工作是帮助下属达到他们的目标,并提供必要的指导和支持以确保各自的目标与群体或组织的总体目标一致。

5. 领导者参与模型

领导者参与模型是 1973 年维克多·弗罗姆和菲利普·耶顿提出的,这种模型主要指出了领导者与决策参与者的关系。他们认为,领导者可以根据不同的情境调整他们的领导风格。

12.4　领导特质

领导者是领导行为的主体,所以研究领导行为,一定要研究领导者。领导特质理论是一个专门研究领导者的理论。

12.4-1　领导特质理论

（1）斯托格第通过调查,总结出领导者的品格包括五种身体特征,两种社会性特征,四种智力特征,十六种个性特征,六种与工作有关的特征及九种社交特征。

（2）美国普林斯顿大学的鲍莫尔提出了作为一个企业家应具备的十个条件。

（3）吉赛利研究了十三种特性在领导才能中的价值。

（4）皮奥特维斯基和罗克两位管理学家概括了成功经理的十大个性特征。

（5）诺斯科特·帕金森总结了成功的领导者具备的六个特性。

（6）美国管理学家德鲁克指出了五种有效领导者的特性,而这些特性是可以通过学习掌握的。

（7）伟人理论或称天才论。这种理论认为领导者是天生的,不是后天培养的,他们具有一种超凡的神授能力与魅力。

（8）美国管理学家彼特从另一个角度探析了领导者的特质,他概括了难以胜任领导的十二种品质。

12.4-2　对领导特质理论的评价

领导特质理论的发展,有助于领导者或有志于成为领导者的个人能较好地认识到自己的努力方向,从而提高领导水平。同时领导特质理论也存在较大的问题,主要是:领导特质理论无法指出哪些素质是领导者必需的,而且也无法对各种品质的相对重要程度作出评价。领导特质理论忽略了领导的环境因素,这种把领导者割裂和独立开来的做法使得这一理论出现了相互重叠甚至相互矛盾的地方。

12.4-3　提高领导工作的有效性

由于领导者的工作内容主要是处理好与人的关系、与事的关系以及与时间的关系,所以领导工作有效性的提高也主要从这三方面入手。

1. 培养对人的洞察力

领导者可以通过对一些因素有意识的注意,逐渐内化成习惯,养成一种正确有效的态度:神入、自知和客观。所谓神入是指能从别人的观点出发去考虑问题;自知主要是指领导者必须清楚地意识到自己的个性及影响力;客观地对待事物,这是有效的领导者必需的态度。

2. 坚持合理的工作次序

有效的领导者应该做到以下几个方面:(1)尽量摆脱过去,而着眼于未来;(2)按例外原则办事,充分授权;(3)不应以压力作为工作次序的标准。

3. 高效合理地利用时间

这是有效的领导者最重要的特点之一,有效地利用时间可以考虑:(1)第一步:记录时间;(2)第二步:分析时间;(3)第三步:合理安排时间。

本章思考题参考解答

1. 领导与职权的关系在不同的组织中是否不同？差异点是什么？

答:领导与职权的关系在不同的组织中不同。在领导活动的全过程中,主要有五个构成要素:领导者、被领导者、职权、客观环境和领导的行为,其中起决定作用的是职权,领导是这些因素构成的综合体。具体来讲,职权主要涉及合法权、奖赏权和惩罚权三种。领导的影响力的大小很大程度上取决于拥有职权的大小,彼此相衬,相辅相成,职权大影响大,反之亦然。

组织结构的基本类型有直线制组织结构、职能制组织结构、直线职能制组织结构、事业部制组织结构、矩阵制组织结构以及多维立体组织结构。领导和职权的关系在这些不同的组织中是不同的,差异点主要在于领导拥有的职权的大小。

2. 领导的主要内容是什么？

答:领导者为了促使人们最大限度地实现组织目标,其工作的一般内容主要包含五个方面:先行、沟通、指导、浇灌和奖惩。领导的具体内容涉及塑造组织文化;制定战略规划,推进组织长远发展;构造组织核心能力,保持竞争优势;进行管理创新,提高效率;促进组织学习,率领员工达成组织目标。

3. 领导风格对领导效果的影响程度如何?

答:领导风格直接影响领导效果。以下是五种典型的领导风格:(1)贫乏型管理。领导者对工作和对人都极不关心,多一事不如少一事,只维持自己职务所必需的最低限度的工作。(2)专权式管理。领导者对工作极为关心,但忽略对人的关心,强调有效地控制下属,努力完成各项工作。(3)乡村俱乐部型管理。领导者对人极为关心,重视同下属的关系,强调部属与自己的感情,而忽略工作的效果。(4)中庸之道型管理。领导者既对工作关心,也对人关心,但强调适可而止,缺乏强烈的进取心,乐意维持现状。(5)理想型管理。领导者对工作和对人都极为关心,既重视组织的各项工作,又能通过沟通与激励,使部下自觉自愿齐心协力。这是一种理想的领导风格。

显而易见,前四种领导效果不很理想,只有第五种领导效果理想。由此可见,领导风格对领导效果有决定性影响。

4. 如何成为成功的领导者?

答:由于领导者的工作内容主要是处理好与人的关系、与事的关系以及与时间的关系,所以要想成为成功的领导者主要从以下三方面入手:

(1)培养对人的洞察力。领导者可以通过对一些因素有意识的注意,逐渐内化成习惯,养成一种正确有效的态度:神入、自知和客观。所谓神入是指能从别人的观点出发去考虑问题;自知主要是领导者必须清楚地意识到自己的个性及影响力;客观地对待事物,这是有效的领导者必需的态度。

(2)坚持合理的工作次序。有效的领导者应该做到:尽量摆脱过去,而着眼于未来;按例外原则办事,充分授权;不应以压力作为工作次序的标准。

(3)高效合理地利用时间。这是有效的领导者最重要的特点之一,有效地利用时间可以考虑:第一步,记录时间;第二步,分析时间;第三步,合理安排时间。

5. 如何认识领导的特质性?

答:领导者是领导行为的主体,所以研究领导行为,一定要研究领导者。领导特质理论是一个专门研究领导者的理论,主要包括:(1)斯托格第通过调查,总结出领导者的品格包括五种身体特征,两种社会性特征,四种智力特征,十六种个性特征,六种与工作有关的特征及九种社交特征。(2)普林斯顿大学的鲍莫尔提出了作为一个企业家应具备的十个条件。(3)吉赛利研究了十三种特性在领导才能中的价值。(4)皮奥特维斯基和罗克两位管理学家概括了成功经理的十大个性特征。(5)诺斯科特·帕金森总结了成功的领导者具备的六个特性。(6)德鲁克指出了五种有效领导者的特性,它们是可以通过学习掌握的。(7)伟人理论或称天才论。这种理论认为领导者是天生的,不是后天培养的,他们具有一种超凡的神授能力与魅力。(8)彼特从另一个角度探析了领导者的特质,他概括了难以胜任领导的十二种品质。

领导特质理论的发展,有助于领导者或有志于成为领导者的个人较好地认识到自己的努力方向,从而提高领导水平。同时领导特质理论也存在较大的问题,主要是:(1)领导特质理论无法指出哪些素质是领导者必需的,而且也无法对各种品质的相对重要程度作出评价。(2)领导特质理论忽略了领导的环境因素,这种把领导者割裂和独立开来的做法使得这一理论出现了相互重叠甚至相互矛盾的地方。

本章案例参考解答

1. 你认为这三个部门经理各自采取的是什么领导方式？这些模式都是建立在怎样的假设基础上的？试预测这些模式将产生什么结果？

答：张经理采取中庸之道型管理，既对工作关心，也对人关心。他总是强调对生产过程、出产量控制的必要性，坚持下属人员必须很好地理解生产指令以得到迅速、完整、准确的反馈。当遇到小问题时，张经理会放手交给下级去处理，当问题很严重时，他则委派几个有能力的下属人员去解决问题。通常情况下，他只是大致规定下属人员的工作方针、完成怎样的报告及完成期限。该模式假设下属人员都有自知之明。由于该模式强调适可而止，缺乏强烈的进取心，乐意维持现状，长期发展下去不利于充分发挥下属人员的积极性和创造性，放弃很多做事的机会，从而在竞争中会处于劣势。

鲍经理采取乡村俱乐部型管理，他认为每个员工都有人权，他偏重于管理者有义务和责任去满足员工需要的学说，常为他的员工做一些小事。他每天都要到工厂去一趟，与至少25％的员工交谈，并不愿意为难别人。他的想法是以一个友好、粗线条的管理方式对待员工。该模式假设雇员有高度的忠诚与士气，并坚信他们会因领导的开明领导而努力工作。久而久之，不安于现状、有能力的员工会流失。因为有才能的下属员工不会满足于一点小恩小惠，他们会渴望更好的工作业绩，得到晋升、提拔的机会，从而实现个人的价值。

陈经理采取专权式管理。他认为纪律就是使每个员工不停地工作，预测各种问题的发生。他主张，一旦给一个员工分配了工作，就让他以自己的方式去做，取消工作检查。他相信大多数员工知道自己把工作做得怎么样。该模式假设若有效控制则可以提高业绩，但最终会使员工不服从领导，因为该模式忽视了员工的受尊重感、归属感。

2. 是否每一种领导方式在特定的环境下都有效？为什么？

答：每一种领导方式在特定的环境下都有效，因为西方学者对领导方式做了大量的研究后得出了这一结论。美国学者坦嫩鲍姆和施密特认为没有哪一种领导方式总是正确的或错误的，也没有哪一种是最好的或最坏的。在不同的领导者、下属和情境之中，有不同的最适合的领导风格。此外，组织环境和社会环境也会对领导风格产生影响。一个成功的领导者，不一定是专权的人，也不一定是放任自由的人，而是能够针对不同环境采取恰当措施的人。布莱克和穆顿提出，哪种领导风格最有效果要看实际工作，最有效的领导风格并非一成不变，而要依情况而定。菲德勒认为，对领导风格研究的注意力应该更多地放在环境变量上，虽然不存在一种普遍适用的最佳领导风格，但在每种情况下都可以找到一种与该特定环境相适应的有效领导风格。弗罗姆和耶顿认为，领导者可以根据不同的情境调整他们的领导风格。在本案例中，三位经理采取了不同的领导方式，短期内在各自的部门还是有效的。因此，每一种领导方式在特定的环境下都有效。

本章测试题

1. 在领导活动的全过程中，主要有五个构成要素：领导者、被领导者、职权、客观环境和领导的行为，其中起决定作用的是_____，领导是这些因素构成的综合体。

   A. 领导者　　　　　B. 被领导者　　　　C. 职权　　　　　D. 客观环境

2. 具体来讲,职权主要涉及_____、_____和_____三种。

   A. 合法权　　　　　B. 专长权　　　　　C. 奖赏权　　　　　D. 感情权

   E. 惩罚权

3. 领导者为了促使人们最大限度地实现组织目标,其工作的一般内容除了先行、沟通、指导和浇灌,还包含_____。

   A. 激励　　　　　　B. 惩罚　　　　　　C. 鼓励　　　　　　D. 奖惩

4. 要使双向沟通达到应有的效果,领导者做到认真倾听和_____是至关重要的。

   A. 全神贯注　　　　B. 善于理解　　　　C. 正确表达　　　　D. 立即行动

5. 为了使领导工作有效,领导者下的命令应该符合三个基本条件:第一是_____,第二是_____,第三是_____。

   A. 完整　　　　　　B. 清晰　　　　　　C. 不可执行　　　　D. 可执行

   E. 完备

6. _____和_____是战略管理过程中两个不可分割的主要环节。

   A. 战略规划　　　　B. 战略制定　　　　C. 战略实施　　　　D. 战略目标

7. 要能进行知识的创新,_____是不可缺少的条件。

   A. 学习　　　　　　B. 持续学习　　　　C. 共同学习　　　　D. 团队学习

8. 菲德勒认为,对领导风格研究的注意力应该更多地放在_____上,虽然不存在一种普遍适用的最佳领导风格,但在每种情况下都可以找到一种与该特定环境相适应的有效领导风格。

   A. 环境变量　　　　B. 行为变量　　　　C. 人的因素　　　　D. 未来变量

9. 赫塞和布兰查德将菲德勒模型向前推进了一步,他们更具体地将领导风格分为四种类型:_____;_____;_____;_____。

   A. 指示　　　　　　B. 推销　　　　　　C. 参与　　　　　　D. 命令

   E. 授权

10. 高效合理地利用时间的第一步是_____。

   A. 分析时间　　　　B. 计划时间　　　　C. 安排时间　　　　D. 记录时间

第 **13** 章 激　　励

　　激励在管理活动中发挥着重要的作用。因为任何组织都是由人创建,由人来管理的,因此人是决定组织成败的关键因素。组织中人的积极性的高低直接影响着工作绩效的优劣。本章主要介绍激励的本质与目的、激励的理论以及薪酬设计与激励。

13.1　激励的本质与目的

13.1-1　什么是激励

　　激励简要地说就是激发鼓励。大多数管理学者认为,激励就是主体通过运用某些手段或方式让激励客体在心理上处于兴奋和紧张状态,积极行动起来,付出更多的时间和精力,以实现激励主体所期望的目标。激励的目的是为了调动组织成员工作的积极性,激发他们工作的主动性和创造性,以提高组织的效率。

13.1-2　管理中激励的本质

　　1. 激励的基本出发点:对管理中人性的理解和把握

　　激励的对象是组织中活生生的"人",只有对人有深入的了解才可能使激励更富有成效。现代管理的核心思想就是"以人为本",其基本的人性假设的内涵和管理学意义是:(1)人们是他们自身利益和行为合理性的最知情者和最佳判断者,他们各自有不同的目标追求,其需要是复杂多样的;(2)人不仅是复杂的,而且是随时间、环境的不同而高度可变的;(3)人能够对各种不同的管理手段、策略和挑战作出自己的反应;(4)人是管理的目的而非手段,任何组织目标的达成都必须通过满足组织成员的需要和利益才能够真正实现。

　　人性,即人的本性或本质,是人通过自己的社会性的生命活动形成或获得的全部属性的综合。个性意识倾向是人们行为的心理动力因素,制约着人的全部心理活动和行为的方向,以及社会价值。

　　管理的核心问题在于人的积极性的调动以及员工潜力和能力的最大程度发挥。从管理中人性的复杂性角度看,激励实质上就是管理者认识人性、理解人性以及不断地影响和塑造人性的过程。成功激励的最本质特征就在于它可以通过创造一种良好的组织氛围,在这种组织氛围中组织成员复杂多变的人性得到不断的完善、发展和升华,激励使组织成员的行为受到一种强大的精神力量的支配,只有如此个体的努力才是发自内心的、自觉的,从而才能使个体的潜力和能力得到最大限度的发挥,并且在追求组织目标的过程中实现自己的需要。

2. 激励的过程

激励实质上就是动机的激发过程。激励就是要把内驱力、需要、目标三个相互影响、相互依存的要素衔接起来,构成动机激发的整个过程,从而最终影响人们的行为。从这一过程看,激励由下列五个要素组成:(1)激励主体,指施加激励的组织或个人;(2)激励客体,指激励的对象;(3)目标,指激励主体期望激励客体的行为所实现的成果;(4)激励因素,又称激励手段,或激励诱导物,指那些能导致激励客体去进行工作的东西,可以是物质的,也可以是精神的,激励因素反映人的各种欲望;(5)激励环境,指激励过程所处的环境因素,它会影响激励的效果。

激励的实质就是通过设计一定的机制,对组织成员的需要和动机施加影响,从而强化、引导或改变人的行为,使个人与组织目标最大限度地一致起来。激励可以看作是这样一种过程:即从满足人的多层次、多元化"需要"出发,针对不同个体设定绩效标准和奖酬值,以最大限度地激发组织成员的工作"动机"和热情,调动个人的精神动力,使他们按照组织所要求的"行为"方式去积极、能动和创造性地运用其人力资源,从而最大化地实现组织的预期目标。

13.1-3　激励的目的

(1) 实现个人需要与组织需要的协调统一。

激励工作的目的就在于:一方面要强化那些有利于组织目标实现的个体需要;另一方面,激励工作的目的则是在一个更高的层面上实现个体需要与组织需要、个人目标与组织目标的协调统一。

(2) 影响和引导组织成员的动机。

激励的目的还在于通过各种合理有效的机制和途径影响和塑造组织成员的"优势动机",杜绝其不良动机,使其最终所产生的行为符合组织目标的发展方向。

(3) 为组织成员提供行动条件。

要鼓励人们行动就应该为他们的行动提供条件,帮助他们实现目标。

13.2　激励的理论

从理论研究的侧重点看,可以划分为几种不同类型:(1)内容型激励理论,着重探讨决定激励效果的各种基本要素,研究人的需要的复杂性及其构成,包括需求层次理论、双因素理论等;(2)过程型激励理论,侧重于研究激励实现的基本过程和机制,包括期望理论、公平理论等;(3)结果反馈型理论,主要研究对一个人行为评价所产生的激励作用,有强化理论等。

13.2-1　内容型激励理论

1. 需要层次理论

马斯洛提出了需要层次理论。他提出,人的需要是人类工作的动机,所以满足员工的需要是激励他们工作的因素。他将人的需要由低到高划分为五个层次:

(1) 生理的需要,包括人体生理上的主要需要,即衣食住行等生存方面的基本需要。

(2) 安全的需要,指对人身和财产安全、工作和生活环境安全等的追求以及规避各种社会性、经济性损害的倾向。

（3）归属的需要，包括对社会交往、友谊、情感以及归属感等方面的需要。

（4）尊重的需要，包括两个方面：一是内在的尊重要求，如自尊、自律、自主等；二是外在的尊重要求，如社会地位、社会认可、受他人尊敬等的需要。

（5）自我实现的需要，指努力促使自我成长，尽力发挥自己的潜能，作出力所能及的最大成就的需要，这是最高层次的需要。

马斯洛需求层次理论的基本观点主要包括如下几点：

（1）人的需要是分等分层的，呈阶梯式逐级上升。

（2）需要的存在是促使人产生某种行为的基础，人的行为是由其当时的主导需要决定的。

（3）当某种需要得到满足以后，这种需要也就失去了对其行为的激励作用。

对马斯洛的理论尽管还有不少争议，但由于他对人的需要进行了系统的研究，为以后各种激励理论的提出奠定了基础，需要层次论自身也就成为最著名、最经典的激励理论。

2. 奥尔德弗的 ERG 理论

奥尔德弗对马斯洛的需要层次进行了重新构造，提出人的核心需要可分为存在、关系和成长这三类。

（1）存在需要，指关系到人的机体存在或生存的基本物质性要求，包括衣食住行及组织提供的相应手段等。

（2）关系需要，指人保持和发展人际关系的需要。

（3）成长需要，指个人固有的、内在的自我发展和自我完善的需要。

ERG 理论比需要层次理论能够更为准确地描述人的需要和激励之间的相互关系。

3. 显示性需要理论

默里的显示性需要理论，对人的需要和激励提出了一系列重要的观点。

（1）人的需要是多种多样的，可以通过不同的方面和强度显示出不同的特点。

（2）人的大部分需要都是社会性的，即通过后天学习或经验获得，而不是生来就有的，因此这些需要往往要通过个人所处环境因素的激发才能显示出来。

（3）人们的某一特定行为往往同时受到多种需要的共同驱使，而绝不仅仅是单一层次或单纯的阶梯式顺序。因此，多种需要可以同时作为激励因素。

4. 成就需要理论

麦克利兰在批判性地吸收马斯洛理论的基础上，进一步从管理的社会性特征角度提出自己的需要理论。

他将人的社会性需要归纳为三个层次，即成就需要、从属需要和权力需要。

（1）对成就的需要。极需成就的人一般喜欢表现自我，对成功有一种强烈的需求。

（2）对社交的需要。

（3）对权力的需要。

5. 激励—保健双因素理论

在调查的基础上，赫茨伯格提出了激励—保健双因素理论，其主要观点如下：

（1）赫茨伯格修正了传统的认为满意的对立面就是不满意的观点，认为满意与不满意是质的差别。他把影响人的工作动机的种种因素分为两类，能够使员工感到满意的因素称为激励因素,会使员工感到不满意的因素称为保健因素。

(2) 激励的确要以满足需要为前提,但并不是满足需要就一定能产生激励作用。

(3) 激励因素的满足,才能真正激发人的积极性。

激励—保健双因素理论告诉人们:满足各种需要所引起的激励强度和效果是不一样的,在工作中一些基本的需要满足是必要的,缺乏它们会导致员工"不满",但这些"保健因素"仅仅构成激励的基本前提。管理激励的核心问题在于如何最大程度上挖掘和发挥真正的"激励因素"的作用。

13.2-2　过程型激励理论

激励过程理论侧重从组织目标与个人目标相关联的角度,研究激励实现的基本过程和机制。主要有弗罗姆的期望理论与波特—劳勒的综合激励过程模型。

1. 期望理论

弗罗姆提出了激励的期望理论。该理论的基本观点是:

(1) 人是理性的,一个人决定采取何种行为与这种行为能够带来什么结果以及这种结果对他来说是否重要紧密相关。即人们的努力与其期待的最终奖酬有关。

(2) 激励效应取决于个人通过努力达成组织期望的工作绩效(组织目标)与由此而得到的满足个人需要的奖酬(个人目标)相一致、相关联的程度。一致程度或关联性大,则激励效应就大,否则就小。

(3) 激励是一个动态的过程,当一个人对期望值、效价的估计发生变化时,其积极性也将随之变化。

弗罗姆的激励—期望理论模型可表示为:

$$M = V \cdot E = V \cdot (E_1 \cdot E_2)$$

其中:M 为激励力量,即动机的强度,它表明一个人愿意为达到目标而努力的程度;V 为效价值,效价是指某人对目标价值的估计;E 为期望值,即个人对通过行动实现某一特定结果的可能性的判断;E_1 为第一级期望值,指个人对付出努力后能达到组织所期望工作绩效水平(组织目标)的主观概率;E_2 为第二级期望值,指个人达到组织期望绩效水平后能得到其所需要的结果(个人目标)的主观概率。

弗罗姆模型提供了一个关于激励过程的具有较大综合性和应用价值的理论框架。激励的期望理论告诉人们:

(1) 激励强度的大小取决于个人努力行为与组织工作绩效及吻合个人目标的奖酬三者之间的关系。

(2) 奖酬设置应因人而异,因为不同人的效价维度范围和权重取值是不同的,管理者应关注大多数成员认为效价最大的激励措施,设置激励目标时应尽可能加大其效价的综合值。

(3) 根据效价大小的不同,适当调整期望概率与实际概率的差距以及不同人实际所得不同效价的难易程度,拉开和加大组织的期望值与非期望行为的差异,这样会增强激励效应。

2. 公平理论

亚当斯提出了公平理论。公平理论的基本内容是:人是社会人,一个人的工作动机和劳动积极性不仅受其所得报酬绝对值的影响,更重要的是还受到相对报酬多少的影响。每个人都会把自己所得的报酬与付出的劳动之间的比率同其他人的比率进行社会比较,也会把自己现在的投入—所得比率同过去的投入—所得比率进行历史比较,并且将根据比较的结果决定今后的行为。

假如当事人 A 以 B 为参考进行比较,其过程如下:

第一种情形:

$$\left(\frac{Q}{I}\right)A < \left(\frac{Q}{I}\right)B \longrightarrow 不公平感 \longrightarrow 行为改变$$

第二种情形:

$$\left(\frac{Q}{I}\right)A = \left(\frac{Q}{I}\right)B \longrightarrow 公平感 \longrightarrow 不改变行为$$

第三种情形:

$$\left(\frac{Q}{I}\right)A > \left(\frac{Q}{I}\right)B \longrightarrow 不公平感 \longrightarrow 行为改变$$

其中,Q 是指产出数量,I 是指投入数量,A 是指当事人,B 是指比较对象。

公平理论指出,在管理激励的过程中,管理者必须对员工的贡献(投入)给予恰如其分的承认,否则员工就会产生不公平感。感受到"不公平感"的当事人就可能会产生逆向的或消极的行为,以消除由此而产生的紧张不安。逆向的或消极的行为有以下几种:

(1) 采取一定行动,改变自己所得报酬的预期或者改变自己未来的投入。

(2) 采取一定的行动,改变别人的投入或所得。

(3) 通过某种方式进行自我安慰。

(4) 在无法改变不公平现象时,可能采取发牢骚、制造人际关系矛盾等行为。

因此,公平理论说明,公平感是影响人们行为倾向和激励强度的一个极为重要的社会因素,在管理激励的过程中必须给予高度重视。

3. 波特—劳勒的综合激励过程模型

波特和劳勒在需要理论、期望理论和公平理论等的基础上,构造出一种更加全面的激励过程模型。

该理论认为,工作绩效是一个多维变量,它除了受个人努力程度决定外,还受如下四个因素影响:(1)个人能力与素质;(2)外在的工作条件与环境;(3)个人对组织期望目标的感知和理解;(4)对奖酬公平性的感知等。

在该激励过程模型中:

(1) 努力激励指个人所受到的激励强度和由此产生的对工作付出的努力程度。个人努力程度一方面取决于个人对报酬价值的主观评价,另一方面还决定于个人对可能获得报酬的期望概率。

(2) 工作绩效指工作表现和取得的实际成果。它不仅取决于个人的努力程度,还取决于其他因素和条件。

(3) 奖酬来自于工作成果(绩效),它包括内在奖酬和外在奖酬。前者指工作本身产生的报酬,即尊重、自我实现、成就感等需要的满足;后者指工作之外的如薪酬、工作条件、职业的保障等方面需要的满足。内在报酬与外在报酬同个人对报酬的公平感结合在一起,影响着个人的满足。其中,公平感又受个人对工作成果自我评价的影响。

（4）满意感是个人的一种内在的认知状态，表明个人在实现了预期的目标和报酬所得的满意感觉。

激励过程理论表明，激励是一种环环相扣的复杂管理过程，在进行人力资源管理时，"结果公平"，即个人对内在、外在奖酬价值的主观评价，固然对激励效果起着非常重要的作用；但产生结果公平的"过程公平"，对激励效果同样重要、甚至更重要。

13.2-3 结果反馈型激励理论

结果反馈型激励理论从另一个角度对激励行为作了一定的研究。这类研究的代表性理论有强化理论、归因理论和挫折理论等。

1. 斯金纳的强化理论

斯金纳提出了强化理论，它是以学习原则为基础，理解和修正人的行为的一种学说。所谓强化，从其最基本的形式来讲，指的是对一种行为的肯定或否定的后果（奖励或惩罚），它至少在一定程度上会决定这种行为在今后是否会重复发生。

强化理论认为，过去的经验对未来的行为具有重大影响，人们会通过对过去的行为和行为结果的学习来"趋利避害"，即当行为的结果对他有利时，他就会趋向于重复这种行为；当行为的结果对他不利时，这种行为就会趋向于减弱或消失。根据这一原则，就可以通过不同的强化途径，对人们的行为进行引导和激励。

（1）正强化。正强化是指对管理者所期望的、符合组织目标的行为及时加以肯定或奖励，从而导致行为的延续和加强。

（2）负强化。负强化是指通过人们为了避免出现不希望的结果，而使其行为得以强化。

（3）不强化。不强化是指对某种行为不采取任何措施，既不奖励也不惩罚。

（4）惩罚。惩罚就是对不良行为给予批评或处分。

强化理论是影响和引导员工行为的一种重要方法，通过表扬和奖励可以使动机得到加强，行为得到鼓励；通过批评、惩罚等可以否定某种行为，使不好的行为越来越少。

2. 归因理论

海德发展了归因理论。归因就是为某种行为的结果找出原因。该理论认为，人们的行为获得成功或遭到失败主要归因于四个方面的因素：努力、能力、任务难度和机遇。这四个因素可以按内外因、稳定性和可控制性三个维度来划分。如果把失败的原因归结为相对稳定的因素、可控的因素或者内部因素，就会容易使人动摇信心，而不再坚持努力行为；相反，如果把失败的原因归结为相对不稳定的因素、不可控因素或外部因素，则人们比较容易继续保持努力行为。因此，归因理论可以给管理者很好的启示，即当员工在工作中遭到失败时，如何帮助他寻找正确的原因，引导他保持信心，继续努力，以争取下一次行动的成功。

3. 挫折理论

心理学上将挫折解释为个人从事某项活动时遇到障碍或干扰，使其动机不能获得满足的情绪状态。挫折的结果有利也有弊，从有利的方面来讲，它引导个人的认识产生创造性的变迁，增长解决问题的能力。但挫折过大，则可能使人们心理痛苦，产生行为偏差。

为了避免挫折可能导致的严重后果，在管理工作中一方面应尽量消除引起挫折的环境，避免使员工受到不应有的挫折；另一方面，当员工受到挫折时，应尽量减低挫折所引起的不良影响，提高员工对挫折的容忍力，引导其行为向积极的方向发展。

13.3　薪酬设计与激励

薪酬是一个组织对其成员进行激励的最基本手段之一。合理有效的薪酬体系,对于组织成员会产生巨大的激励作用,直接影响其积极性的发挥。

13.3-1　薪酬设计的影响因素

薪酬体系设计是整个组织激励制度安排中至关重要的组成部分,明确的薪酬体系能够给组织内外部利益相关者提供有效的信息,薪酬的分配和发放可以有力地说明每一个组织成员的价值及其对公司的重要性,由此产生巨大的激励作用,并最终促成预期的经营绩效。另一方面,组织在进行薪酬体系设计时必须充分考虑多种因素,才能发挥薪酬的激励效应,使薪酬与绩效之间紧密关联。影响薪酬体系设计的因素主要包括外部环境、组织自身、工作性质和成员个体等四个方面。

1. 外部环境因素

外部环境因素主要指经济环境、社会环境、政治法律环境和科技环境。分析预测经济、政治、法律、技术及其他社会因素对组织影响力的大小,是薪酬设计的起点。

2. 组织自身因素

人们习惯将组织按照生命周期分为创业期、成长期、成熟期和衰退期等,薪酬设计应该配合组织生命周期的不同阶段而有所不同。

3. 工作性质因素

薪酬设计需要结合考虑不同工作性质的差异,才能发挥有效的激励效应。通过薪酬设计,使工作内容丰富化、具有挑战性及适度的弹性,用合理的薪酬制度明确责权利关系,以提高员工的工作动机和兴趣。

4. 成员个体因素

一般来讲,组织中的每个成员对组织绩效都有其独特的贡献价值,薪酬设计一定要能提供组织成员个体人力资源的发展方向,并赢得全体组织成员的共识,以使每个员工都有成就感,追求组织目标的实现。

13.3-2　薪酬设计的一般原则

为了做到科学合理,发挥应有的激励效果,组织的薪酬设计必须符合以下几个基本原则:

1. 内部一致性原则

所谓薪酬设计的内部一致性原则,是指薪酬的设计和实施应使组织成员确信,组织每一位成员所获得的报酬都体现了他们的"价值"。要使薪酬设计达到内部一致,组织必须首先通过系统化的工作评估确定每一项工作的总体重要性或价值,评估涉及完成该工作所需的技能和努力、工作的困难程度、工作人员所承担责任的多少等。

2. 外部竞争性原则

所谓外部竞争性原则,是指当某一特定组织成员与其他组织从事类似工作的人员所得报酬相比较时觉得公平,并获得满足感。薪酬设计要具有外部竞争性,该组织首先必须了解其他组织付给成员的报酬,然后决定它们想要达到何种程度的外部竞争性,再制定与这一决定相一致的薪酬制度安排。

3. 尺度统一原则

尺度统一原则是指薪酬分配所涉及的各项经济技术指标、劳动定额等的制定原则要一致。

4. 动态激励原则

动态激励原则体现在两个方面：一是指整个薪酬制度虽然应有一定的稳定性，但也不是一成不变，当生产(工作)中客观情况有变化，应该灵活掌握，不要僵化执行。二是指随着组织成员职业生涯的发展、追求目标或需要的改变，薪酬体系中的手段和方式也应随之变化，从而给组织成员以持久的、动态的激励。

5. 简单明了原则

薪酬制度的简单明了主要是指让员工人人清楚薪酬和劳动成果之间的联系。

13.3-3 薪酬设计的不同方式

一般来说，不论采取哪种薪酬制度安排，某一特定组织成员的薪酬构成一般包括基本薪酬、奖金、津贴和补贴等四个部分。不同组织对采取何种方式来设计薪酬体系存在许多差异，但基本可分为两大类，即固定部分和动态部分，两者共同构成了影响和激励员工的因素。在管理实践中，薪酬设计的具体方式多种多样。

1. 业绩薪酬制

业绩薪酬指薪酬的考核和分配不只考虑工作结果或产出，它还关注实际工作效果。要有效地实施业绩薪酬体系，组织需要具备若干条件：(1)为使业绩衡量成为一项有意义的活动，必须使个人之间的业绩有显著差异；(2)薪酬范围应该足够大，以便拉开成员间薪酬的差距；(3)评估人员应能够准确设定业绩标准，并能精确地进行绩效评价。

2. 激励薪酬制

激励薪酬，又称可变薪酬，是因组织成员部分或完全达到某一事先制定的工作目标而给予的奖励。有效的激励薪酬制度是建立在三个假设基础上的：(1)个人和工作团队对组织的贡献的差别不仅在于他们做的是什么，而且在于他们做得好不好；(2)组织经营的最终结果在很大程度上取决于组织内部个人和团队的工作表现；(3)为了吸引、保留和鼓励表现好的个人，并且公平对待所有成员，公司需要根据成员的相对工作表现来予以奖励。

激励薪酬主要分为三类：(1)个人奖励计划。这类计划奖励独立工作的员工。(2)团队奖励计划。这类计划鼓励员工之间的互相支持和协作。(3)全公司奖励计划。这类计划把员工的薪酬和公司短期内(通常是3个月)的业绩联系在一起。

3. 基于能力的薪酬制

以能力为基础的薪酬是奖励员工获得与工作相关的能力、知识或技术，而不是奖励他们成功的工作绩效。通常是指两种最基本的以人为本的薪酬方案：知识薪酬和技能薪酬。知识薪酬计划用于奖励成功学习了某些课程的管理、服务或专业人员。技能薪酬大多用于从事体力劳动的员工，在他们掌握了新技术以后，增加他们的薪酬。

4. 股权激励

股权(或其他相关方式)作为一种薪酬设计安排，主要用于对高层管理者、经理人或组织中的关键人才进行长期激励。按照基本权利义务关系的不同，股权激励方式可分为三种类型:(1)现股激励;(2)期股激励;(3)股票期权激励。

本章思考题参考解答

1. 如何理解管理工作中激励的本质和内涵?

答:激励的对象是组织中活生生的"人",只有对人有深入的了解才可能使激励更富有成效。现代管理的核心思想就是"以人为本",其基本的人性假设的内涵和管理学意义是:(1)人们是他们自身利益和行为合理性的最知情者和最佳判断者,他们各自有不同的目标追求,其需要是复杂多样的;(2)人不仅是复杂的,而且是随时间、环境的不同而高度可变的;(3)人能够对各种不同的管理手段、策略和挑战作出自己的反应。(4)人是管理的目的而非手段,任何组织目标的达成都必须通过满足组织成员的需要和利益才能够真正实现。

人性,即人的本性或本质,是人通过自己的社会性的生命活动,形成或获得的全部属性的综合。个性意识倾向是人们行为的心理动力因素,制约着人的全部心理活动和行为的方向与社会价值。

管理的核心问题在于人的积极性的调动以及员工潜力和能力的最大程度发挥。从管理中人性的复杂性角度看,激励实质上就是管理者认识人性、理解人性以及不断地影响和塑造人性的过程。成功激励的最本质特征就在于它可以通过创造一种良好的组织氛围,在这种组织氛围中组织成员复杂多变的人性得到不断的完善、发展和升华,激励使组织成员的行为受到一种强大的精神力量的支配,只有如此,个体的努力才是发自内心的、自觉的,从而才能使个体的潜力和能力得到最大限度的发挥,并且在追求组织目标的过程中实现自己的需要。

2. 结合实际谈一谈对各种激励理论的理解。

答:激励理论主要可以划分为几种不同类型:(1)内容型激励理论,着重探讨决定激励效果的各种基本要素,研究人的需要的复杂性及其构成,包括需求层次理论、双因素理论等;(2)过程型激励理论,侧重于研究激励实现的基本过程和机制,包括期望理论、公平理论等;(3)结果反馈型理论,主要研究对一个人行为评价所产生的激励作用,有强化理论等。理论来自实践又指导实践。上述激励理论从不同角度分析了激励,在实践中有很强的应用价值和参考价值。

(结合实际略。)

3. 根据身边的某一事例,描述一下激励的完整过程。

答:激励的实质就是通过影响人的需求或动机达到引导人的行为的目的,它实际上是一种对人的行为的强化过程。具体而言,激励的过程有如下步骤:第一,发现激励对象的需求并加以恰当的强化。对激励对象的需求要进行仔细的辨别,符合或促进组织目标的需求我们要予以正强化,使这一需求得以巩固;不符合甚至阻碍组织目标的需求我们要予以负强化,使之趋于减弱乃至消除。第二,正确引导激励对象心理需求的实现方式,使被激励者以正确的动机满足自身的需要,使被激励者满足需求的动机对组织目标的实现有利。第三,为激励对象的正确行为提供行动条件,使这一行为的发生具备良好的客观条件和外部环境,从而激励这种行为再次发生。反之,要限制那些不利行为发生的条件。第四,当被激励者的行为发生并产生结果时,激励者要及时进行评估,并通过物质手段和精神手段体现评估结果,向被激励者及时提供反馈。

以上就是激励的全过程。

（结合事例略。）

4. 薪酬设计对于激励工作有何意义？

答：薪酬是一个组织对其成员进行激励的最基本手段之一。合理有效的薪酬体系,对于组织成员会产生巨大的激励作用,直接影响其积极性的发挥,其意义主要有以下几点:(1)薪酬体系设计是整个组织激励制度安排中至关重要的组成部分,明确的薪酬体系能够给组织内外部利益相关者提供有效的信息,薪酬的分配和发放可以有力地说明每一个组织成员的价值及其对公司的重要性,由此产生巨大的激励作用,并最终促成预期的经营绩效。(2)通过薪酬设计,使工作内容丰富化、具有挑战性及适度的弹性,用合理的薪酬制度明确责权利关系会增强员工的工作动机和兴趣。(3)一般来讲,组织中的每个成员对组织绩效都有其独特的贡献价值,科学合理的薪酬设计能提供组织成员个体人力资源的发展方向,并赢得全体组织成员的共识,以使每个员工都有成就感,追求组织目标的实现。

本章案例参考解答

案例 1

1. 请剖析该煤矿的奖金发放,说明其为什么不能起激励作用的原因。

答：该煤矿的奖金发放不能起激励作用的原因主要有如下几点:(1)组织的薪酬设计应符合内部一致性原则。即组织所分配的薪酬应反映每个成员的工作对组织绩效所作出的总体贡献。在本案例中,奖金发放并不符合这一原则,完全是按照职位高低发放奖金,因此极大地打击了处在安全关键岗位的干部及工人的工作积极性,也使工人产生了"误工"及"让奖金拿得多的干部去干吧!"等逆向或消极的行为。于是也就出现安全事故接连不断的现象。(2)薪酬设计应符合外部竞争性原则。即指当某一特定组织成员与其他组织从事类似工作的人员所得报酬相比较时觉得公平,并获得满足感。本案例中,具体主管安全的干部及处于安全第一线的工人与其他干部、工人的奖金一致,没有拉开档次,也使得激励不起作用。(3)薪酬设计需要结合考虑不同工作性质的差异,才能发挥有效的激励效应。本案例中奖金发放没有考虑不同工作性质的差异,因而激励不起作用,反而导致矿区从前那种人人讲安全、个个守规程的景象不见了。

2. 你认为 15 万元的奖金应该如何发才是最合理、有效的。

答：对于煤矿来说,安全起着至关重要的作用,即安全第一,也正是原煤矿生产死亡率低,才受到了上级主管部门的奖金奖励。因此,为了做到合理、有效,15 万元奖金应该按照工作性质,按照每个员工对于矿区的贡献分配他们的奖金。对安全负主要责任的干部、工人的奖金应相对高一点;干部与工人的差距应拉开,但不能差距过大,差距范围应在 10:1 以内,而不是 80:1。奖金分配应充分体现以人为本思想。在发放奖金之前,应制定一个发放的标准,并公示全体员工,在无异议的情况下,发放本次奖金。同时,明确告诉全体员工,以后奖金发放也按此标准,让工人干部明白和了解奖金制度对自己劳动成果的利害关系。这样一来,奖金就能起到激励作用。

案例 2

1. 激励体系在华为公司的快速发展过程中起了什么样的作用?

答:激励体系在华为公司的快速发展过程中起着至关重要的作用。在初创时期的华为,企业的人格魅力比待遇更具吸引力。尽管在创业初期,华为工资不高,甚至发不了工资,但仍吸引了一群充满梦想、有才识的有志青年。华为的企业文化激励他们奋发有为,开拓创新,使个人目标与组织目标最大限度地一致起来。在创业中期的华为,一方面给人才提供了能够真正施展才华的机会,在自己的发展中形成了自己的用人路线和培养方法;另一方面,则通过干部能上能下、内部劳动力市场、淘汰 5% 的落后分子等机制,实现人才的合理配置、流动,使员工的潜能充分发挥。华为强调奉献,但奉献与回报是成正比的。以员工创造价值的高低来作为奉献的尺度,以创造价值的多少来作为回报的先决条件。此外,华为还利用股权的安排使越来越多的共同奋斗者利益得到体现,利用股权合理安排形成公司的中坚力量和保持企业家群体对公司的有效控制。因此,科学合理的激励体系促成了华为公司的快速发展。

2. 作为一家以高素质人才为主导的企业,你认为华为公司激励体系的最大特色是什么?

答:作为一家以高素质人才为主导的企业,华为公司激励体系的最大特色就是以人为本,尊重重视人才。在华为创业初期,华为给年轻人创造了一个坚实的发展平台,使个人目标与组织目标最大限度地一致起来。在创业中期的华为,华为不仅给人才提供了能够真正施展才华的机会,而且还实现人才的合理配置、流动,使员工的潜能充分发挥并利用股权的安排使越来越多的共同奋斗者利益得到体现。这也充分体现了现代管理思想——以人为本。

3. 随着公司的发展,你认为华为公司的激励体系还应该朝着什么样的方向改进和完善?

答:随着公司的发展,华为公司的激励体系还应该朝着如下方向改进和完善:(1)华为公司应分批派送骨干技术人员到国内外著名学府或企业培训,培养成复合型人才。世界已经进入学习型组织的时代,真正创建学习型组织的企业,才是最有活力的企业。(2)华为公司应拨出一定额度的资金用于鼓励员工的冒险行为和创新精神,对技术上取得突破的员工给予重奖。(3)定期组织员工到国内外旅游度假,让员工做到劳逸结合,从而更好地工作。公司里面可设立健身房,方便员工工作之余健身。

本章测试题

1. 激励就是要把_____、_____、_____三个相互影响、相互依存的要素衔接起来,构成动机激发的整个过程,从而最终影响人们的行为。

    A. 内驱力   B. 需要   C. 行为   D. 目标

2. 需要层次理论是由_____最先系统提出的。

    A. 赫茨伯格   B. 弗罗姆   C. 马斯洛   D. 亚当斯

3. 公平理论的基本内容是:人是社会人,一个人的工作动机和劳动积极性不仅受其所得报酬绝对值的影响,更重要的是还受到_____多少的影响。

    A. 绝对报酬   B. 相对报酬   C. 额外报酬   D. 报酬

4. 结果反馈型激励理论研究的代表性理论有_____、_____和_____等。

    A. 强化理论   B. 公平理论   C. 归因理论   D. 挫折理论

5. 归因理论认为,人们的行为获得成功或遭到失败主要归因于四个方面的因素:努力、能力、任务难度和_____。

    A. 意志   B. 恒心   C. 机遇   D. 智商

6. 影响薪酬体系设计的因素主要包括外部环境、组织自身、工作性质和_____等四个方面。

    A. 内部环境   B. 成员个体   C. 社会环境   D. 科技环境

7. _____薪酬方案都是用来奖励员工可以应用到工作中提高生产力的技术或知识的范围、深度和种类。

    A. 技能和知识   B. 股权激励   C. 业绩   D. 能力

8. 股权(或其他相关方式)作为一种薪酬设计安排,主要用于对高层管理者、经理人或组织中的关键人才进行_____激励。

    A. 临时   B. 短期   C. 有效   D. 长期

第**14**章 控　　制

[本章概述]
　　控制作为管理的一个重要职能,就是监督各项活动,以保证它们按计划进行并纠正各种重要偏差的过程。本章主要分析控制的模式、控制的方式以及控制的过程与要点。

14.1　控制的模式

14.1-1　控制的定义与原则

1. 控制的定义

　　控制至少包含三个方面的含义:(1)控制的目的是保证组织中的各项活动按既定的计划或标准进行,控制具有很强的目的性,控制与计划密不可分;(2)控制是通过"监督"和"纠偏"来实现的,这就要求控制系统具有良好的信息系统,一方面可以预警,一方面可以发现探查出"偏差"产生原因;(3)控制是一个过程。

2. 控制的基本原则

　　控制要发挥出有效的作用,必须在执行过程当中遵循一些基本的原则,具体包括:

　　(1) 反映计划的原则。控制是实现计划的保证,控制的任务是保证计划能够如预期的那样执行,所以一个控制系统不能在无计划的情况下去设计。

　　(2) 面向未来的原则。控制应该像计划一样,在观念上向前看。

　　(3) 控制权责匹配的原则。权力应该与责任相匹配。实行控制的首要责任,应该让与计划执行有关的管理者来承担。

　　(4) 行动的原则。控制只有在对已表明或发生的偏差采取措施,通过适当的计划、组织、人事和领导措施加以纠正的情况下,才能证明它是正确的。

　　(5) 例外原则。管理者越是集中精力对例外情况进行控制,那么他们的控制效果就会越好。

　　(6) 控制关键点原则。管理者应善于把握问题的关键,将注意力集中在计划执行中的一些主要影响因素上来。

14.1-2　控制的类型

　　按照控制对象或范围可把控制工作分为生产(作业)控制、质量控制、成本控制和资金控制等;按照控制对象的全面性,又可分为局部控制和全面控制;按照主管人员改进他们将来工作的方式则又可将控制工作分为间接控制和直接控制。按照控制过程中控制措施的作用环节不同,控制工作可以分为前馈控制、同期控制和反馈控制等三类。

1. 前馈控制——控制原因的控制

所谓前馈控制,就是观察那些作用于系统的各种可以测量的输入量和主要扰动量,分析它们对系统输出的影响关系,在这些可测量的输入量和主要扰动量的不利影响产生以前,通过及时采取纠正措施来消除它们的不利影响。前馈控制的控制作用发生在行动作用之前,其特点是将注意力放在行动的输入端上,使得一开始就能将问题的隐患消除。

前馈控制要求管理者:(1)必须对计划和控制系统作出透彻的、仔细的分析,确定重要的输入变量;(2)建立前馈控制系统的模式;(3)要注意保持该模式的动态特性,也就是说,应当经常检查模式以了解所确定的输入变量及其相互关系是否仍然反映实际情况;(4)必须定期地收集输入变量的数据,并把它们输入控制系统;(5)必须定期地估计实际输入的数据与计划输入的数据之间的偏差,并评价其对预期的最终成果的影响;(6)必须有措施保证。

2. 同期控制——控制过程的控制

同期控制,是指发生在活动进行当中的控制。它包括的内容有:(1)向下级指示恰当的工作方法和工作过程;(2)监督下级的工作以保证计划目标的实现;(3)发现不合标准的偏差时,立即采取纠正措施。同期控制的最大缺陷就是,实施同期控制往往会受到空间或管理人员的限制。

3. 反馈控制——控制结果的控制

反馈控制是管理控制工作的最传统也是主要的方式。反馈控制工作过程主要由几个基本步骤或环节构成:(1)对比预期工作标准与实际工作结果,找出偏差;(2)分析偏差产生的原因;(3)制定出纠偏计划并实施。反馈控制既可用来控制系统的最终成果,也可用来控制系统的中间结果。

反馈控制最大的缺点就是只能事后发挥作用,对组织已经形成的损失没法改变和挽回,无法对最新的情况作出应对。总的来说,每种控制类型各有利弊,实践当中不可能完全依赖某一种单一的控制手段,组织中的管理者应该善于根据实际情况,将它们有机搭配,嵌套融合,才能设计出有效的组织控制系统。

14.1-3 对控制者的控制——组织控制系统的重要构件

系统中最重要的组成构件是对组织高层领导者的控制机制,即对控制者的控制机制。原因在于:(1)控制者一旦失控,其导致的问题可能是组织能否生存的重大问题;(2)对控制者的控制往往由于控制者(组织领导者)的特殊作用被忽视。

是否建立了对控制者的控制机制也是一个组织成熟完善与否的最重要标志。现代企业中对控制者的控制机制主要由内部控制机制和外部控制机制构成。

事实上对控制者的控制不是单靠一两项措施就能解决的,而要靠建立健全组织的内、外部控制系统,运用多种方式的综合作用来加以实现。

14.2 控制的方式

14.2-1 控制的对象

控制的对象或者说控制的内容一般来说可以分为以下几类:对人员的控制;对财务的控

制;对作业的控制;对信息的控制;对组织绩效的控制。

1. 对人员的控制

对员工行为的具体控制手段有:(1)甄选;(2)目标;(3)职务设计;(4)直接监督;(5)培训与传授;(6)制度化;(7)绩效评估;(8)报酬系统;(9)组织文化。

2. 对财务的控制

主要包括控制会计记录信息的准确性、定期审核财务会计报告、保证财务目标的实现等几个方面的工作。

3. 对作业的控制

所谓作业,就是指从劳动力、原材料等原始资源到产成品或服务的转换过程。典型的作业控制包括:(1)生产控制,监督生产活动以保证其按计划进行;(2)采购(库存)控制,评价购买能力,以尽可能低的价格提供所需的质量和数量的原材料;(3)质量控制,监督组织所提供的产品或服务的质量,以满足预定的标准;(4)维护控制,对组织生产所使用的设备质量加以控制,保证生产的顺利进行。

4. 对信息的控制

对信息的控制就是要建立一整套运转有效的管理信息系统,解决组织内部对各类信息的获取、加工、传递和存储之要求。

5. 对组织绩效的控制

组织绩效是反映组织效能的一系列指标体系,合理的方法是通过一套较为完整的指标体系加以衡量。

14.2-2 控制的方式

针对控制对象的不同,控制的方式一般可以分为预算控制和非预算控制。

1. 预算控制

预算是以数字表述计划,并把这些计划分解成与组织相一致的各个部分,使预算与计划工作相联系,并授权于各部门而不致失去控制。按照其针对对象的不同,可以将预算分为:

(1) 收入预算。它是收入预测的一种特殊形式,是对组织未来收入的预测与规划,例如对于企业而言表现为销售收入预算,而对于政府则表现为各种税收预算。收入预算为组织从事各项活动提供了基本的框架。

(2) 费用预算。它将组织单位从事的各项活动列出,并将费用额度对应分配。对于一定数量和质量的产出,较低的费用意味着较高的效率。费用预算为组织活动的成本控制提供了依据。

(3) 利润预算。它将收入与费用预算合二为一,常常应用于整个组织或是大型组织的"利润中心",是考虑组织投入与产出的综合型的控制手段。

(4) 现金预算。它可用于预测组织还有多少库存现金,以及在不同时点上对现金支出的需要量。

(5) 投资预算。它是对企业的固定资产的购置、扩建、改造、更新等在可行性研究的基础上编制的预算。

预算控制的基本步骤包括:(1)编制预算。(2)执行预算。(3)衡量预算差异,并采取一些措施纠正偏差;(4)对预算控制结果进行分析总结,评价和考核预算控制的绩效。

预算作为一种控制手段,其最大的价值在于它对改进协调和控制的贡献。

2. 非预算控制

非预算控制是指并不利用预算进行控制的控制手段。较重要的一些非预算控制方法是:(1)程序控制;(2)专题报告和分析;(3)统计数据资料;(4)亲自观察。

14.2-3 控制的具体技术

随着组织规模的增大,组织中管理活动也日趋复杂,表现出两个显著的特点:一是时间成为做任何事都必须考虑的重要因素;二是协作关系十分复杂。

下面简要介绍两种管理实践中常用的控制技术。

1. 网络计划技术

网络计划技术最早源于美国,当时包括关键路线法(CPM)和计划评审法(PERT)两项技术。CPM法与PERT法两者虽名称不同,但它们的主要概念、基本原理都是相同的。

2. 零基预算

传统的预算方法实际上是一种增量预算方法,也就是说当一个新的预算期间开始时,都采用上一期的预算作为参照标准,以此作为新预算的制定依据。这种方法虽然方便,但由于忽视对预算项目的认真考察,往往导致低效和浪费。

零基预算,是指在编制年度预算时,每个部门的负责人对新的预算年度中想要做的所有事情都要进行审核,而不仅仅是修改上年预算,检验新增部分。这种预算方法的设想是,把企业的计划划分为由目标、业务活动以及所需资源等组成的几个"决策包",然后以零为基数开始计算每个决策包的资源分配比例。

一般而言,零基预算包括三个过程:(1)设定决策包。决策包是一个识别和描述特定活动的文件,通常由部门的管理者负责制定。(2)决策包排序。按照决策在预算期间给组织带来的直接效益和间接效益对决策包进行评价并排序。(3)按照优先次序将预算资源分配给各个决策包。

这种预算方法的主要优点在于迫使主管人员重新编制每一项新计划。

14.3 控制的过程

14.3-1 控制过程

控制过程一般可以分为四个步骤。

1. 确定控制标准

所谓标准,就是评定成效的尺度和准绳。无论什么样的标准都应该是客观的、可以核实的。

2. 衡量实际绩效

衡量实际绩效就是拿实际的工作效果与上个阶段制定的标准相比较,标准有了,那么这个阶段的重点工作就是要采集实际工作的数据,了解和掌握工作的实际情况,整理为信息,并传递到对某项工作负责而且有权采取纠正措施的主管人员手中。现实中,此阶段信息的载体主要有以下几种形式:(1)个人观察与讨论。即管理者通过现场观察控制对象或者与被控制人员进行面对面的接触与讨论。(2)统计报告。这种方法不仅要求管理者具有一定的统计知识,而且对于原始数据的精确性提出了很高的要求,大大提高了控制的成本。(3)口头汇报。其优点是信息直接、全面,缺点则是信息不易存储和保留,为日后的使用带来了一定的障碍。(4)书面报告。书面报告通常是经过较为仔细的信息加工整理并以正式的书面形式来提交的,因此信息更为精确和全面。其缺点是传递速度较慢,往往是造成控制时滞的主要原因。

3. 分析偏差原因

分析偏差的过程实际上是归纳法与演绎法的结合,即通过所谓双轨思考法则来实现对外部世界理性的认识。

4. 采取行动,纠正偏差

采取管理行动,纠正偏差是控制过程的最后一项工作。纠正偏差的方法可以从两方面入手:一是改进工作绩效;二是修订标准。

(1) 改进工作绩效。按照行动效果的不同,可以把改进工作的绩效的行为分成两种模式:立即纠偏模式和彻底纠偏模式。前者是指发现问题后,管理者立即采取行动,在最短的时间内纠正偏差,此模式讲求结果的时效性。后者则是指发现问题后,不是马上而是经过深思熟虑后,找出问题的本质,提出较为系统办法,彻底解决问题。

(2) 修订标准。控制活动是一条贯穿于整个管理活动始终的主线,只要有管理,就必然意味着控制,随着管理活动的发生,管理系统的运行,控制过程也不断地、周而复始地连续展开。

14.3-2 有效控制的要点

在管理实践中,要使控制工作发挥作用,取得预期的成效,管理者在设计控制制度或实行控制过程当中,除按照控制基本流程并采用一些控制技术之外,还要满足以下几方面的要求:(1)控制工作应确立客观标准;(2)控制工作应具有灵活性;(3)控制工作要具有全局观点;(4)控制工作应讲究经济效益;(5)控制的信息系统应该具有针对性;(6)控制工作要掌握人性;(7)控制过程中要强调组织学习。

本章思考题参考解答

1. 什么是控制? 结合你自身的经验谈谈你对控制的认识。

答:控制是监督各项活动以保证它们按计划进行并纠正各种重要偏差的过程。所以控制的目的是保证组织活动按计划进行。因为组织整体目标的实现有赖于各项分计划的执行情况,而由于组织内部与外部的环境条件可能变化,与制定计划时的假设不符,使计划常常不能顺利执行,如果不进行控制,计划就不能顺利进行,组织目标也就不能按期实现。所以控制是组织内的一项重要职能。

控制的内容包括对人员、财务、作业、信息与组织的总体绩效进行控制。对人员控制的重要性体现在人员是完成工作的主体,所以对人员有效控制也就是对工作有效控制。对财务控制的重要性在于资金是企业运作与发展壮大的重要资产,对现金流量进行有效管理,合理进行投资决策与筹资决策对实现组织的营利目标有重要作用。对作业的控制是从劳动力、原材料等资源转换为产品和服务的过程进行控制,其重要性体现在对该控制的有效性直接决定了组织能否高效率、高质量地产出服务或产品。对信息的控制也是很重要的,因为一条准确而有价值的信息对组织是很关键的,对信息有效控制意味着组织内信息流通畅,有助于提高组织运营效率。对组织总体绩效的控制就更重要了,因为组织总体绩效反映了组织目标达成与否,而且组织与组织内外的人员最关心的也是组织的总体绩效。因此,综上所述,控制工作的每项内容对组织经营均有重要作用,控制在组织中的重要性可见一斑。

2. 为什么说对控制者的控制机制是控制系统的重要构件? 试举例来加以说明。

答:对控制者的控制机制是控制系统的重要构件。原因在于:(1)控制者一旦失控,其导致的问题可能是组织能否生存的重大问题。如前不久发生的美国安然、世通等公司破产案,其中最主要的原因就在于对高层管理者的控制机制失灵。(2)对控制者的控制往往由于控制者(组织领导者)的特殊作用被忽视。例如很多国有企业的经理,重则以权谋私,侵吞国家财产;轻则无所作为,占其位,而不谋其事,使企业坐失良机,逐渐走向衰落。

3. 控制的基本过程是什么? 试举例来加以说明。

答:控制的基本过程一般可以分为如下四个步骤:确定控制标准;衡量实际绩效;分析偏差原因;采取行动,纠正偏差。

(1) 确定控制标准。所谓标准,就是评定成效的尺度和准绳。无论什么样的标准都应该是客观的、可以核实的。标准的制定要考虑组织的实际情况,不能定得过高,以防士气受挫;又要充分发挥组织的潜力,不能定得过低,以免过于保守,失去更多的发展机会。

(2) 衡量实际绩效。衡量实际绩效就是拿实际的工作效果与上个阶段制定的标准相比较,标准有了,那么这个阶段的重点工作就是要采集实际工作的数据,了解和掌握工作的实际情况,整理为信息,并传递到对某项工作负责而且有权采取纠正措施的主管人员手中。现实中,此阶段信息的载体主要有以下几种形式:①个人观察与讨论。即管理者通过现场观察控制对象或者与被控制人员进行面对面的接触与讨论。②统计报告。这种方法不仅要求管理者具有一定的统计知识,而且对于原始数据的精确性提出了很高的要求,大大提高了控制的成本。③口头汇报。其优点是信息直接、全面,缺点则是信息不易存储和保留,为日后的使用带来了一定的障碍。④书面报告。书面报告通常是经过较为仔细的信息加工整理并以正式的书面形式来提交的,因此,信息更为精确和全面。其缺点是传递速度较慢,往往是造成控制时滞的主要原因。

(3) 分析偏差原因。分析偏差的过程实际上是归纳法与演绎法的结合,即通过所谓双轨思考法则来实现对外部世界理性的认识。

(4) 采取行动,纠正偏差。采取管理行动,纠正偏差是控制过程的最后一项工作。纠正偏差的方法可以从两方面入手:一是改进工作绩效。按照行动效果的不同,可以把改进工作绩效的行为分成立即纠偏模式和彻底纠偏模式。前者是指发现问题后,管理者立即采取行动,在最短的时间内纠正偏差,此模式讲求结果的时效性;后者则是指发现问题后,不是马上而是经过深思熟虑找出问题的本质,提出较为系统的办法,彻底解决问题。二是修订标准。控制活动是一条贯穿于整个管理活动始终的主线,只要有管理,就必然意味着控制,随着管理活动的发生,管理系统的运行,控制过程也不断地、周而复始地连续展开。

4. 信息技术的普遍运用会对组织控制方法有哪些方面的影响? 为什么?

答:信息技术的普遍运用会在时效性、科学性等方面影响组织控制方法,原因如下:(1)借助于信息技术,如电信、远程会议等,管理人员可以迅速便捷地了解组织运行情况,更科学有效地对组织实行前馈控制,防患于未然。(2)不断更新组织控制方法。信息技术的普遍运用能提高管理人员判断、分析和解决问题的能力,可以帮助他们及时获得大量信息,选择适合本组织的控制方法。

本章案例参考解答

1. ××医院的内部控制系统完善吗? 其中的根本问题何在?

答:××医院的内部控制系统不完善。根本问题在于医院管理者对于医生医德、工资分配机制、内部激励、成本等没有进行有效控制,没有做到前馈控制,没有防患于未然。直到收入大幅下跌、医院管理中的问题暴露无遗,张院长才意识到问题的严重性,但有点为时已晚。

2. 解决上述控制系统中的问题的基本思路是什么? 谈谈你个人的看法。

答:要解决上述控制系统中的问题,应从以下几方面入手:(1)倡导救死扶伤、勇于奉献的高尚医德,树立先进医生形象,设立监督电话、监督信箱以监督医护人员索要红包的问题,严厉惩处索要红包的医护人员,从而重塑医院的形象,以良好的服务、高超的技术吸引病人。(2)制定合理的绩效考核、工资分配机制,调动工作人员的积极性。(3)医院领导应重视人才,对有能力、有经验的医生委以重任,适当下放一些权力,同时从外面引进一些人才。(4)更新财务系统,降低医疗成本,实现规模经济。(5)设立药材采购核批小组,院长任组长,药材采购价格透明化,通过竞标采购药材、器械,同时明确规定,一旦发现已进药材比同类药材价格高,马上更换价格。

本章测试题

1. 控制与计划的关系相当紧密,计划为控制提供依据,控制是计划实现的_____。

    A. 前提   B. 基础   C. 保证

2. 按照控制过程中控制措施的作用环节不同,控制工作可以分为_____、_____和_____等三类。

    A. 前馈控制   B. 后馈控制

    C. 同期控制   D. 反馈控制

3. 控制的内容包括人员、_____、_____、_____及组织的总体绩效这五项。

    A. 财务   B. 作业

    C. 信息   D. 资源

4. 控制过程一般可以分为_____、_____、_____和_____这四个步骤。

    A. 确定控制标准   B. 衡量实际绩效

    C. 分析偏差原因   D. 修改标准

    E. 采取行动,纠正偏差

管理学:现代的观点

学生用书

5. 分析偏差的过程实际上是归纳法与演绎法的结合,即通过所谓_____来实现对外部世界理性的认识。

   A. 双轨思考法则　　　B. 推理法　　　　　C. 经验估算法　　　D. 工程方法

6. 纠正偏差的方法可以从两方面入手:一是改进工作绩效,二是_____。

   A. 制定标准　　　　B. 修订标准　　　　C. 分析原因　　　　D. 行动

7. 建立健全经理人市场是对_____的有效监控。

   A. 股东　　　　　B. 董事长　　　　C. 总经理　　　　D. 监事

8. 对一批数量为 5 000 只的灯泡,应选用的衡量工作的方法为_____。

   A. 肉眼观察　　　B. 下属作口头报告　　C. 抽样检查

第 4 篇

管理的方式

第15章 塑造共同愿景

[本章概述]

组织存在的目的是为了实现组织目标,而组织又是由众多成员组成的,组织的资源配置过程是全体组织成员一起参与的过程。然而组织中的每个成员又有其个人的目标。组织目标与个人目标可能不相一致,甚至可能出现严重的矛盾与冲突。本章主要介绍解决组织目标与个人目标矛盾的一种有效方式,就是在组织内塑造共同愿景,以此来将全体成员凝聚成一个整体,最大限度地为组织目标的实现贡献力量。

15.1 何谓组织的共同愿景

15.1-1 共同愿景的概念

所谓共同愿景,即指大家共同分享的、共同希望达到的景象。组织的共同愿景即为组织所有成员共同拥有并希望达成的景象。

组织的共同愿景与组织的战略、组织精神或某种创新的想法是有区别的。组织的战略可能因为过于抽象或宏伟,缺乏现实性,难以成为共同愿景;组织精神是建立共同愿景的基础,但并不是共同愿景的全部,一定的组织价值取向与精神影响共同愿景的塑造。某种创新的想法尽管可能对企业非常重要,关系到企业的生存与发展,但它的提出与涵盖的内容范围可能只涉及局部组织,并非组织整体。

因而,可以看出共同愿景的内容应为组织未来发展成功的目标、任务、使命或事业,它不一定包含具体的行动方案,但它一定是比较具体的,通过努力是可以实现的。共同愿景的来源是全体成员发自内心的愿望,应由组织负责从不同的个人愿望中提炼出符合组织利益的一致点,并加以引导与协调,形成共同愿景。共同愿景形成并推广到组织中去后,其应起的作用是淡化成员之间的利益冲突,形成强大的组织凝聚力,为组织与成员个人未来的发展指明方向。

15.1-2 组织共同愿景的特征效用

成功的组织共同愿景应具备如下特征效用:

(1) 孕育无限的创造力。

良好的共同愿景使员工不仅把工作视为一项谋生手段,更是为了创造与追求更高的目标(如使全人类受益等)。

（2）激发强大的驱动力。

良好的共同愿景使员工把追求共同愿景的巨大勇气转化为行为动力,同时有助于员工在工作中舍弃琐碎之事,不断尝试、冒险以达成愿景描述的目标。

（3）创造未来的机会。

由于当前典型的组织战略是反应式与短期性的,失去了其应有的前瞻性,共同愿景作为描述未来的景象,为组织的发展确定了方向。

15.1-3　共同愿景的构成

一个完整的组织共同愿景包含四部分内容:景象、价值观、使命与目标。景象用于描述组织未来要达到的状态,它应有一定的气魄与鼓舞性,但也不能过于空洞。价值观是组织对社会及组织自身的总的看法。价值观决定了企业未来追求什么样的状态。使命是组织未来要完成的任务过程,使命代表了组织存在的根本理由。目标是实现总的愿望的阶段性具体目标。

共同愿景的这四个组成部分并不是独立的,而是互相影响、互相关联的。价值观与使命约束了景象的形成,而景象一旦形成,也就给定了组织使命,表达了组织的价值观。景象决定了阶段性目标的内容,但目标实现的途径与方式受价值观影响,目标的执行又受使命感强弱的影响。价值观与使命是互动关联的。总的来说,组织文化氛围是共同愿景产生的基础与背景。

构建组织共同愿景的基本方式有四种。第一种方式是从个人愿景到共同愿景。组织的共同愿景必须构筑在个人愿景之上,但同时又必须高于个人愿景。组织共同愿景的实现过程同时也是个人愿景实现的过程。有意建立共同愿景的组织,必须持续不断地鼓励成员发展自己的个人愿景。第二种方式是把握方向,塑造整体图像。尽管组织共同愿景建立在个人共同愿景的基础上,但这不意味着把个人愿景简单汇总,组织自身要有明确的目的性与方向感。要在方向明确的条件下,结合个人愿景来塑造整体图像,把个人愿景中反映组织方向和整体利益的闪光点保留,使个人愿景中不够清晰的图像在整体图像中清晰并完整起来。第三种方式是采用使命宣言,使命宣言是使命的表达方式,应具备这样一种功能,即当员工想起或读起这一宣言时,就能产生使命感,并努力工作、积极创造。第四种方式是发展核心价值观,这也是构建共同愿景的着手点之一。组织的价值观是一套体系,但在共同愿景中只反映这一价值体系的核心部分。CIS 中的 MI(组织理念)其实就是组织的核心价值观。

15.2　建立共同愿景的方式途径

构建共同愿景的基本途径由培养共同语言、开展团队学习、进行深度汇谈及实现自我超越等步骤构成。

共同愿景应用组织全体员工的共同语言来表示,这种共同语言是所有人一致使用的或特定使用的语言,反映员工的共同价值观、共同兴趣等。共同语言是可以培养的,包括归纳组织内小团体的共同语言与将组织制定的官方语言强制性灌输给员工等方法。

共同语言的形成与组织成员进行团队学习是分不开的。团队学习是一个群体沟通的过程,在此过程中更容易形成共同语言。为了达到良好的团队学习效果,应防止学习中出现的消极因素使团队智慧低于个人;还应在学习过程中反复练习;还应注意让不同团队的学习成果能够互相交流,互相补充。

进行深度汇谈是建立共同愿景的步骤之一。深度汇谈与讨论的区别在于：讨论的目的是使自己的看法胜过他人，但深度汇谈的目的是开掘每个谈话者的内心，是要超过任何个人的见解，而非赢得对话。组织开展深度汇谈就是为了把成员内心的想法都表达出来，从而有可能形成真正的共同语言。

实现自我超越对于组织构建共同愿景是非常重要的，只有组织的员工都有一种不断超越自我的欲望，产生于个人愿景之中的共同愿景才有激励动力。

15.3 构建共同愿景的基础及步骤

15.3-1 构建共同愿景的基础

组织文化是共同愿景构建的基础。组织文化具有导向功能、约束功能、凝聚功能、激励功能和辐射功能。这五大功能为组织共同愿景创造了良好的基础，所以构建组织共同愿景首先要创设良好的组织文化。

组织文化包括内文化和外文化。内文化是组织自身的价值观、制度、组织机构设置等精神性东西；外文化是组织文化的有形载体与具体反映。就共同愿景的构建需要来看，组织文化的创设重点应放在内文化上。内文化的创设主要包括组织价值观、组织精神和组织制度设计。

组织价值观是企业在追求经营成功的过程中所推崇的基本信念及奉行的行为准则。当代企业兴起的价值观是企业社会互利价值观，即在确定的利润水平上把职工、企业与社会利益统筹考虑，把社会责任看作企业价值体系中不可缺少的部分。

组织精神是组织员工群体在长期生产经营中形成的一种信念与追求，它是组织价值观的外化，用简洁明了的语言表达出组织在一切行为和一切观念中的主导意识，体现了群体的价值取向。组织精神应有组织的个性特征，同时也应有民族性与时代性。

15.3-2 构建共同愿景的具体步骤

组织内各项制度，包括领导体制、组织机构、管理方针与规范，都反映了企业价值观、企业精神的内涵。

当构建组织共同愿景的工作完成以后，接下来就是如何推行共同愿景的问题。共同愿景的推行包括告知、推销、测试、咨询与共同创造五个步骤。

1. 告知

告知即指共同愿景一旦形成，需要正式告知组织所有的员工。告知带有官方的使命式的色彩，带有传统且是权威式的方式鼓动变革，具有强迫性。有效的告知应符合以下几条原则：直接有效且一致地将愿景传递给每个成员；告知员工企业的真实处境；告知员工愿景的某些方面可改进，某些则须坚定不移地执行；愿景中应包括一些具体的马上可实现的内容，以使员工有兴趣努力。

2. 推销

推销是指组织领导人不仅要将愿景传达到每位成员，更要将愿景中包含的价值观、使命感内化到成员心中，使他们在行为中自觉体现愿景的要求。推销时的沟通渠道可以是正式的，也可以是非正式的。推销时切忌以组织的代表自居，以个人、朋友、同事的身份去沟通，效果可能更好。

3. 测试

测试是指让员工们敞开心扉说明组织共同愿景的哪些部分有吸引力，哪些部分没有吸引力。测试的目的是帮助改进或重新构建共同愿景。测试采用无记名的问卷调查或面谈的方式可能较好。

4. 咨询

咨询与测试有些类似,都是了解员工对共同愿景的看法,但不同之处在于,咨询希望获得更为深刻、全面的关于共同愿景的思考,而不仅是关于某方面的具体建议。咨询常用的方式是串联式咨询方式。

5. 共同创造

共同创造与前四个步骤的不同之处在于它是个自下而上的过程,而不是自上而下的过程。自下而上的共同愿景创造过程开始于每个员工为了自己建立的愿景工作,而不是仅为了讨好老板而工作。共同创造的基本单位是团队。共同创造过程应有一个个过渡的愿景,分阶段让大家去实施,这些过渡性的愿景最终可逼近组织的共同愿景。

本章思考题参考解答

1. 共同愿景的构建目的是什么?

答:构建共同愿景的目的是为组织未来的发展寻找机会,勾画蓝图;为组织的所有工作指明战略方向;协调组织目标与组织成员个人目标之间可能产生的矛盾与冲突;增强组织成员对组织的归属感与凝聚力;充分激励组织成员在工作中发挥主动性与创造力。

2. 共同愿景与目标、战略、规划有何区别与联系?

答:共同愿景其实也是组织未来发展要达到的一种状态描述,它与目标一样,指明了工作的方向。但共同愿景更为宏观、全面、长远。而目标可以是短时期的、分阶段或部门的。阶段性的具体目标是共同愿景内容中的一部分。共同愿景与战略一样都是为组织未来发展做的筹划。但共同愿景更侧重于具体的景象描述及达成这种景象的可能性,战略可能会显得更空泛一些,且实际中的组织战略常常是过于短期性与反应式的。共同愿景与规划的区别在于共同愿景强调"共同",是由组织内全体员工共同分享与追求的,而规划则侧重于自上而下的制定并贯彻,互动性与激励性不如共同愿景强。

3. 共同愿景构建成功的基本条件是什么?

答:要构建成功的共同愿景的基本条件应包括:(1)构建良好的组织文化(包括价值观等)。(2)组织要把握共同愿景的方向,同时结合个人愿景来塑造组织整体图像。(3)通过开展团队学习来培养共同语言。(4)鼓励员工创建个人愿景并培养自我超越的意识。(5)与员工充分沟通,改进并完善组织共同愿景。

4. 组织凝聚力的表现是什么?

答:组织凝聚力的表现为:所有员工都为了组织的共同目标努力工作,充分贡献自己的才智与创造力;当个人利益与组织利益冲突时,自觉服从组织利益,决不阻碍整体目标实现;无论是在团队中还是在整个组织中工作,员工之间应具有共同的价值观与一致的目标,能彼此协调一致地配合;当对外时,组织应以一个统一的整体形象出现,员工自觉维护组织形象,自觉在行为中体现组织的核心价值观。

5. 组织文化对于共同愿景有何重要性和实际的意义?

答:组织文化是构建共同愿景的基础。良好的组织文化影响共同愿景中的价值观与使命等内容。组织文化影响建立共同愿景的方式与途径,如在集权式的企业文化氛围中,领导人倾向于自上而下制定共同愿景,相应所做的咨询与沟通工作就减少,这将会对最终建立的共同愿景的效果产生影响。共同愿景制定出来后如何推行也受组织文化的影响,包括告知与推销方式、共同创造的方式等。如果仅有美好的愿景,而组织中实际文化氛围为懒懒散散,执行不力,那么再好的愿景也无法实现。

6. 设想为你所在的组织构建一个共同愿景。

答:略。

本章案例参考解答

1. 你认为何种意见对 X 公司目前状况最为重要?

答:对 X 公司来说,当前应属第三种意见最为重要。

原因是:尽管从行政体制上来说,16 家中小企业已完全归属 X 公司,名义上是一家公司,但其业务范围、销售网络上重复的资源浪费情况严重,并未确立一个合并后公司的主业、经营范围等,所以事实上还是各个独立的个体。为使改制后的公司资源配置更为优化,进行内部资产重组是必要的工作,但由于资产的重新分配组合不可避免地涉及原来公司各方的利益,会给重组造成一定障碍。只有首先抓好凝聚人心的工作,把公司未来的发展筹划即共同愿景,传达给下属这 16 家公司,让它们体会到现在置身于一个全新的公司中,凡事应以新公司整体利益为重,而不再是考虑原来各个公司自己的利益。思想上一旦理清,对资产重组工作必会起到极大的促进作用。同时,由于改制还使原来 16 家公司的员工有心神不定的迹象,因此,首先大力推广新公司的共同愿景有助于稳定人心,并让所有员工对新公司产生归属感,从而减少工作中的低效率。应在此基础上再进行资产重组等实质性工作。

2. 三种意见的优点与缺点各是什么?

答:第一种意见的优点是通过资产调整重组,提高资源配置效率,这是改制的实质目的。改制就是为了使资源配置更优化,取得更大收益。其缺点是资产剥离与重组较困难,涉及各个不同分(子)公司之间的利益分配。一开始就做这项工作可能会遇到人员在思想上的抵触。

第二种意见的优缺点与第一种较类似,因为销售网络本身也是企业的资源之一,整合销售网络也是重新配置资源的一种方式。其缺点也是可能会遇到员工思想上的障碍,较难推行。

第三种意见的优点是能迅速稳定人心,统一员工思想,建立新公司家庭式的氛围,使员工产生归属感。缺点是短期内不能见到实质性的效益,但就长期来说是必定有利的。

3. 第三种意见可否发展为构建共同愿景,即其核心思想与构建共同愿景是否一致?

答:第三种意见的核心思想与构建共同愿景是一致的,是为了防止原来的 16 家公司考虑自己个体的利益而与新公司整体目标冲突,不配合改组行为,并增强新公司凝聚力,稳定人心。可以将第三种思想发展为共同愿景。

4. 假如你是总裁,你会怎么做?

答:如果作为该公司总裁,可以这样做:在确定新公司未来发展方向的基础上,了解被合并的 16 家原公司员工的想法与对未来的期望,勾画出新公司未来蓝图即共同愿景,明确新公司的任务与阶段性具体目标,并有效地传递给员工。在听取他们的反馈后视情况改进此愿景。此制定并反馈的过程约需两周时间。之后,在协调一致的思想基础上进行资产重新配置与销售网络整合工作,达到改组提高效益的目的。

本章测试题

1. 构建共同愿景的目的是_____、_____、_____、_____。

    A. 增强公司凝聚力   B. 指明工作方向

    C. 协调个人与集体利益冲突   D. 激发员工创造力

    E. 明确公司战略

2. 共同愿景的内容包括_____、_____、_____。

    A. 企业文化   B. 企业核心价值观   C. 景象   D. 战略目标

3. 个人愿景与共同愿景的关系是_____、_____、_____。

    A. 共同愿景是所有员工个人愿景的总和   B. 共同愿景必须构建于个人愿景的基础上

    C. 个人愿景必须服从共同愿景   D. 共同愿景对建立个人愿景有指导作用

4. 推销共同愿景时,_____、_____。

    A. 应通过正式的沟通渠道   B. 只描述愿景是什么内容即可

    C. 可不强调领导者的权威,以朋友身份推销 D. 强调愿景的实现依赖于员工的努力

5. 从广义上说,构建组织共同愿景首先是构建组织自己的_____。

    A. 利益   B. 前景   C. 文化   D. 关系

6. 群体学习过程也是一个群体_____的过程。

    A. 协作   B. 沟通   C. 交往   D. 利益互动

7. 组织精神是组织价值观的_____。

    A. 体现   B. 外化   C. 内化   D. 目标

8. 有效的咨询工作依赖于良好的咨询方式,这一方式称之为_____式咨询方式。

    A. 并联   B. 一体化   C. 串联   D. 聚合

9. 判断共同愿景好坏的标准是_____。

    A. 建立于个人愿景基础上   B. 恰当地描述了公司未来发展战略

    C. 具有现实可操作性   D. 能激发员工对未来的憧憬

第 **16** 章 组织文化建设

[**本章概述**]

　　本章主要介绍了组织文化的定义、特征、分类、功能和构成要素,以及如何建设组织文化,从而理解组织文化是特定历史的产物,随着对其认识与实践不断深化的过程,组织文化由此经过循环往复达到更高的层次。

16.1　组织文化基本概念

16.1-1　组织文化的定义

　　组织文化是指组织在长期的实践活动中所形成的并且为组织成员普遍认可和遵循的具有本组织特色的价值观念、团体意识、行为规范和思维模式的总和。

16.1-2　组织文化的基本特征

　　组织文化本质上属于"软文化"管理的范畴,是组织的自我意识所构成的精神文化体系。组织文化是整个社会文化的重要组成部分,既具有社会文化和民族文化的共同属性,也具有自己的不同特点。它的基本特征包括以下四个方面:(1)组织文化的核心是组织价值观;(2)组织文化的中心是以人为主体的人本文化;(3)组织文化的管理方式是以软性管理为主;(4)组织文化的重要任务是增强群体凝聚力。

16.1-3　组织文化的分类

　　美国哈佛商学院著名教授约翰·科特把组织文化和经营业绩的研究作为组织文化研究的主要对象。他把组织文化分为强力型、策略合理型和灵活适应型。

　　强力型组织文化是指每一个经理都具有一系列基本一致的共同价值观念和经营方法。组织新成员也会很快接受这些观念和方法。策略合理型组织文化认为,组织中不存在抽象的好的组织文化,也不存在任何放之四海而皆准的、适应所有组织的"克敌制胜"的组织文化。灵活适应型组织文化认为,只有那些能够使组织适应市场经营环境变化,并在这一适应过程中领先于其他组织的文化才会较长时间与组织经营业绩相互联系。

　　尽管所有的组织都有组织文化,但不同的组织文化对员工行为的影响力不同。所以,按照组织文化对员工行为的影响力是强还是弱,我们可以把组织文化分为强力型组织文化和弱力型组织文化。具有强力型组织文化的组织有坚定的信念、明确的价值观、公认的行为方式,其文化对员工行为的影响力很强。具有弱力型组织文化的组织不清楚什么是重要的,什么是不重要的,没有信念、没有方向、没有核心的价值观,其员工行为不受强有力的文化因素的影响。当然,介于强力型组织文化和弱力型组织文化之间有很多一般组织文化,知道该朝哪个方向走,但受其组织文化因素的影响不是特别强。

16.1-4 组织文化的功能

组织文化不仅强化了传统管理的一些功能,而且还有很多传统管理不能完全替代的功能。

1. 凝聚功能

组织文化的凝聚功能表现在组织文化所体现的"群体意识",能把员工个人的追求和组织的追求紧紧联系在一起。

2. 导向功能

组织文化的导向功能主要表现在组织价值观念对组织主体行为,即组织领导人和广大员工行为的引导上。

3. 激励功能

组织文化的激励功能主要表现在组织文化所强调的信任、尊重、理解每一个人,能够最大限度地激发职工的积极性和首创精神。

4. 提高素质功能

组织文化的提高素质功能主要表现在组织文化能为组织营造一种追求卓越、成效和创新的氛围,这种氛围对提高人员素质极为有利。

5. 塑造形象功能

组织文化的塑造形象功能主要体现在优秀的组织文化通过组织与外界的接触,起到向社会大众展示本组织成功的管理风格、积极的精神风貌等方面的作用,从而为组织塑造良好的组织形象服务。

16.1-5 成功的组织文化的特点

成功的组织文化通常具备下列特点:(1)成功的组织文化促进员工的发展,鼓励员工最大限度地影响组织;(2)为能力出众的员工开辟施展才华并对组织产生重大影响的途径;(3)创造出使员工全身心投入工作、迎接挑战并积极工作的氛围;(4)通过薪酬和表彰机制奖励员工的出色绩效和对组织成功做出的贡献。

美国组织文化学者,企业问题专家托马斯·彼得斯和小罗伯特·沃特曼认为,超群出众的企业,必然有一套独特的文化品质,这种文化品质使它们脱颖而出。在《成功之路——美国最佳管理企业的经验》一书中,彼得斯和沃特曼提出了革新性文化的 8 种品质。这 8 种品质分别是:(1)贵在行动;(2)紧靠顾客;(3)鼓励革新、容忍失败;(4)以人促产;(5)深入现场,以价值观为动力;(6)不离本行;(7)精兵简政;(8)辩证地处理矛盾。

16.2 组织文化的构成要素

16.2-1 组织文化的精神层

组织文化的精神层又叫组织精神文化,相对于组织物质文化和行为文化来说,组织精神文化是一种更深层次的文化现象，在整个组织文化系统中，它处于核心的地位。组织精神文化，是指组织在生产经营过程中，受一定的社会文化背景、意识形态影响而长期形成一种精神成果和文化观念。它包括组织精神、企业经营哲学、组织道德、组织价值观、组织风貌等内容，是组织意识形态的总和。

1. 组织精神

组织精神是指组织在长期的发展中，由企业家积极倡导、全体员工自觉实践而形成的代表员工信念、激发组织活力、推动组织生产经营的规范化的群体意识。组织精神源于组织生产经营的实践之中。组织精神总是要反映组织的特点，它与生产经营不可分割。组织精神一旦形成群体心理定势，既可通过明确的意识支配行为，也可通过潜意识产生行为。

2. 组织价值观

组织价值观，是指组织在追求经营成功过程中评判事物和指导行为的基本信念、总体观点和选择方针。是组织全体或多数员工一致赞同的关于组织意义的终极判断。它的基本特征包括：调节性、评判性和驱动性。

在西方企业的发展过程中，组织价值观经历了多种形态的演变，其中最大利润价值观、经营管理价值观和企业社会互利价值观是比较典型的企业价值观，分别代表了三个不同历史时期西方企业的基本信念和价值取向。

当代组织价值观的一个最突出的特征就是以人为中心，以关心人、爱护人的人本主义思想为导向。当代企业的发展趋势已经开始把人的发展视为目的，而不单纯是手段，这是企业价值观的根本性变化。企业能否提供一个适合人的发展的良好环境，能否给人的发展创造一切可能的条件，这是衡量一个当代企业或优或劣、或先进或落后的根本标志。

组织价值观具有不同的层次和类型，而优秀的组织总会追求崇高的目标、高尚的社会责任和卓越创新的信念。

16.2-2　组织文化的行为层

组织文化的行为层又称组织行为规范。行为规范是对行为的非书面约束，或称"游戏规则"，它对人们的行为方式提供非正式指导。

从组织人员结构划分，组织行为又包括组织模范人物（英雄人物）的行为，组织员工群体的行为等。

1. 组织模范人物的行为

组织模范人物是组织的中坚力量，他们的行为在整个组织行为中占有重要的地位。组织模范个体的行为标准是，卓越地体现组织价值观和组织精神的某个方面和组织的理想追求相一致。在其卓越地体现组织精神等方面取得了比一般职工更多的实绩，具有先进性。一个组织中所有的模范人物的集合体构成组织模范群体，卓越的模范群体必须是完整的组织精神的化身，是组织价值观的综合体现。

组织模范人物可按不同的类型划分。美国的学者曾把组织模范人物划分为共生英雄（幻想英雄）和情势英雄两大类。而情势英雄又被划分为出格式英雄、引导式英雄、固执式英雄和圣牛式英雄四类。

2. 组织员工群体的行为

组织员工是企业的主体，组织员工的群体行为决定组织整体的精神风貌和组织文明的程度,因此,组织员工群体行为的塑造是组织文化建设的重要组成部分。

有人把组织员工群体行为的塑造简单理解为组织职工政治思想学习、组织规章制度学习、科学技术培训,开展文化、体育、读书以及各种文艺活动。诚然,这些活动都是必要的、不可或缺的,但组织员工群体行为的塑造不仅仅限于此,至少还得包括以下三方面的内容:(1)激励全体员工的智力、向心力和勇往直前的精神,为企业创新做出实际的贡献;(2)把员工个人的工作同自己的人生目标联系起来;(3)每个员工必须认识到:组织文化是自己最可宝贵的资产,它是个人和组织成长必不可少的精神财富,并将组织行为内化为个人的行为。

16.2-3　组织文化的物质层

组织文化的物质层也叫物质文化,它是由组织员工创造的产品和各种物质设施等构成的器物文化,是一种以物质形态为特征的表层组织文化。

1. 服务(产品)形象

对于组织来说,社会公众主要是通过产品和服务来了解组织的,又是在使用产品和享用服务的过程中不断形成对企业组织的感性化和形象的认识。

2. 组织环境和组织容貌

组织环境和组织容貌是组织物质文化的重要组成部分。组织环境主要是指与组织任务相关的各种物质设施、厂房建筑以及员工的生活娱乐设施。

组织容貌是组织文化的表征,是体现组织个性化的标志。它包括组织的名称、组织象征物和组织空间结构、布局等。

16.3　组织文化的建设

16.3-1　选择价值标准

由于组织价值观是整个组织文化的核心和灵魂,因此选择正确的组织价值观是塑造组织文化的首要战略问题。选择组织价值观有两个前提:(1)要立足于本组织的具体特点;(2)要把握住组织价值观与组织文化各要素之间的相互协调。

组织的差别首先来自组织不同的价值观,组织不同的价值观定位决定了组织不同的形象定位。从目前组织的现实状况看,可将组织价值观分为以下几类:(1)抽象目标型;(2)团结创新型;(3)产品质量、技术开发型;(4)市场经营型;(5)文明服务型。

大多数成功实现发展和变革的组织都牢固建立了组织价值观。运用组织价值观动员并鼓励全体员工为实现组织的目标而努力是一项重要的领导任务。为了达到这个目的,必须遵循以下指导原则:(1)员工共同参与制定组织价值观;(2)组织价值观应该激励人心;(3)确保使用简单易懂的语言表述组织价值观;(4)确保组织价值观的各要素能明白无误地转换成行为。

16.3-2　规范组织行为

在组织运营过程中,领导者的行为、组织模范人物的行为以及组织全体员工的行为都应有一定的规范。在规范制定和对规范的履行中,就会形成一定的组织行为文化。

为了使利润最大化而放弃自己的社会责任或损害社会公共利益都是违背组织行为规范

的,它只能导致组织失去公众的信任和支持。履行组织的社会责任,协调组织的社会责任与经济责任之间的关系,是组织行为的一条重要规范。

企业组织是为社会和广大消费者提供物质产品和服务的社会经济组织,保护消费者的利益是企业行业规范的重要内容。

组织员工的一举一动、一言一行都体现着组织的整体素质,组织内部没有良好的员工行为,就不可能有良好的组织形象。如果员工行为不端,纪律散漫,态度不好,将给组织形象带来严重的损害。

将组织的价值观贯彻在组织的日常运作中、员工行为中,最重要的就是确立和通过管理机制实施这些规范。从人际行为、语言规范到个人仪表、穿着,从上班时间到下班以后都严格按照这些规范行事。要做到这一点,很大程度上依赖于有效地培训和组织的无界限沟通。

16.3-3　强化员工认同

一旦选择和确立组织价值观和组织文化模式之后,就应把基本认可的方案通过一定的强化灌输方法使其深入人心。组织价值观的实施要经过企业全体员工的了解、领悟和实践。要使组织价值观内化为员工的信念和自觉行动,必须让员工了解企业的经营方针、发展目标、行为准则、组织口号,以便使组织价值观初步为员工所认识。领悟是认知的高级阶段。组织员工了解组织价值观及其具体内容,只是价值观识别实施过程的起点,要让员工从表层接触到心灵的契合,还要求员工对组织价值观的把握上升到领悟阶段。实践作为价值观识别的系统实施是至关重要的。仅仅了解和领悟组织价值观还不够,还应当将领悟到的精神运用到生产、经营和管理的实际行动中去。

强化员工认同组织价值观有种种方法,其目的是真正有效地将组织价值观转化员工的共同心态。可以采用的实施方法有反复法、翻译法、环境法、游戏法和英雄式领导法。

16.3-4　巩固落实、丰富发展

卓越的领导者在组织文化建设中起着创造者、培育者、倡导者、组织者、示范者、激励者的作用。领导者不仅凭自己作为组织领导者所拥有的法定权和强制权,而且主要地靠自身的人格魅力、知识专长、优良作风等的模范行为对组织文化身体力行,持久地影响和带领员工,对广大员工产生强大的示范效应。使员工看到这种新的价值观和行为方式能给组织带来发展,也能给个人带来更大的利益。

任何一种组织文化都是特定历史的产物,当组织的内外条件发生变化时,不失时机地调整、更新、丰富和发展组织文化的内容和形式总会经常地摆上议事日程。这既是一个不断淘汰旧文化性质和不断生成新文化特质的过程,也是一个认识与实践不断深化的过程,组织文化由此经过循环往复达到更高的层次。

本章思考题参考解答

1. 组织文化有不同定义的概念。你如何定义一个办公室或一个生产厂家的文化?

答:杰出而成功的企业都有强有力的企业文化,即为全体员工共同遵守,但往往是自然而然约定俗成而非书面的行为规范;并有各种各样用来宣传、强化这些价值观念的人工和习俗。正是企业文化——这一非技术、非经济的因素,导致了这些企业的成功。企业文化影响着企

业中的每一件事,大至企业决策的产生、企业中的人事任免,小至员工们的行为举止、衣着爱好、生活习惯。在两个其他条件都相差无几的企业中,由于其文化的强弱,对企业发展所产生的后果就完全不同。总体来说,组织文化是指组织在长期的实践活动中所形成的并且为组织成员普遍认可和遵循的具有本组织特色的价值观念、团体意识、行为规范和思维模式的总和。

2. 组织文化的基本特征有哪些?

答:组织文化本质上属于"软文化"管理的范畴,是组织的自我意识所构成的精神文化体系。组织文化是整个社会文化的重要组成部分,既具有社会文化和民族文化的共同属性,也具有自己的不同特点。它的基本特征包括以下四个方面:(1)组织文化的核心是组织价值观;(2)组织文化的中心是以人为主体的人本文化;(3)组织文化的管理方式是以软性管理为主;(4)组织文化的重要任务是增强群体凝聚力。

3. 成功的组织文化通常具备哪些特点?

答:成功的组织文化通常具备下列特点:(1)成功的组织文化促进员工的发展,鼓励员工最大限度地影响组织;(2)为能力出众的员工开辟施展才华并对组织产生重大影响的途径;(3)创造出使员工全身心投入工作、迎接挑战并积极工作的氛围;(4)通过薪酬和表彰机制奖励员工的出色绩效和对组织成功做出的贡献。

4. 组织文化由哪几部分组成? 它们各自又包括哪些具体内容?

答:从最能体现组织文化的内涵来看,组织文化的基本要素包括组织文化的精神层、行为层和物质层等内容。组织文化的精神层又叫组织精神文化,是指组织在生产经营过程中,受一定的社会文化背景、意识形态影响而长期形成的一种精神成果和文化观念。它包括组织精神、企业经营哲学、组织道德、组织价值观念、组织风貌等内容,是组织意识形态的总和。组织文化的行为层又称组织行为规范,行为规范是对行为的非书面约束,或称"游戏规则",它对人们的行为方式提供非正式指导。从组织人员结构划分,组织行为又包括组织模范人物(英雄人物)的行为、组织的员工行为等。组织文化的物质层也叫物质文化,它是由组织员工创造的产品和各种物质设施等构成的器物文化,是一种以物质形态为特征的表层组织文化,包括服务(产品)形象、组织环境和组织容貌。

5. 强化员工认同组织价值观有哪些方法?

答:强化员工认同组织价值观有种种方法,其目的是真正有效地将组织价值观转化为员工的共同心态。可以采用的实施方法有反复法、翻译法、环境法、游戏法和英雄式领导法。

6. 联系实际谈谈建设组织文化的方法?

答:组织文化的建设是一项长期的系统工程,主要应做好以下几方面的工作:(1)选择价值标准。选择组织价值观有两个前提,一要立足于本组织的具体特点,二要把握住组织价值观与组织文化各要素之间的相互协调。比如,日本电信电话的"着眼于未来的人间组织",劳斯公司的"为人类创造最佳环境",雷欧·伯纳特广告公司的"创造伟大的广告",等等。(2)规范组织行为。在组织运营过程中,领导者的行为、组织模范人物的行为以及组织全体员工的行为都应有一定的规范。(3)强化员工认同。组织价值观的实施要经过企业全体员工的了解、领悟和实践。强化员工认同可以采用的实施方法有反复法、翻译法、环境法、游戏法和英雄式领导法。例如,任何一个沃尔玛的员工都能告诉你一些山姆·沃尔顿的故事和他的行为。(4)巩固落实、丰富发展。建立某种奖优罚劣的规章制度来巩固落实组织文化。例如,海尔集团严格制定并实施了"赛马机制"、"动态转换"、"在位要受控"、"升迁靠竞争"等制度规范,才使海尔在组织文化的建设中取得了突出成就。

本章案例参考解答

1. 员工座右铭活动的实质是什么? 与以人为本的管理相关吗?

答:员工座右铭活动的开展可以说是企业文化建设工作的一环,也是一种以人为本的管理方式。每个员工亲手栽种一棵树,意味着"十年树木、百年树人",员工与企业一同成长,将员工与企业连为命运共同体,有助于增强员工对企业的忠诚度,有利于增加员工对企业的认同感,有助于企业文化的建设。员工座右铭的提出是自我管理的一种体现,是以人为本的管理的一种方式,但如果企业能够加以适当的引导,使之与企业的目标愿景相结合,则更能体现以人为本的管理思想的真谛。

2. 集思广益活动是否可能一直进行下去? 它与以人为本的管理又有什么关系?

答:集思广益活动有利于调动广大员工的积极性和主动性,增强企业内部的凝聚力,如果能够与一定的激励方式相结合,则能够取得更好的效果。集思广益活动实质上在一定程度上丰富了员工的工作内容,具有以人为本的管理的特性,但如果从长期来看,该活动有改进的必要。一方面,随着员工发言权的增大,如果没有一定的制度加以约束,很可能导致一些员工提出不合理的要求,破坏整个活动的宗旨;另一方面,如果没有配有相应的激励机制,则可能导致员工积极性的逐步丧失,使该活动难以持续下去。此外,由于没有一个企业共同认可的价值观体系的存在,很可能导致员工提议偏离企业发展的主题,从而丧失该项活动的意义。因此,L公司如果想继续该项活动,就有必要从以上三个方面加以修正。

3. 企业文化建设如何摆脱形式化,从而真正具有丰富多彩的个性化特点?

答:要想使企业文化建设摆脱形式化,最重要的是塑造企业的核心价值观,并使之为企业的广大员工所接受。然后再围绕该核心价值观逐步开展多种活动,使企业的核心价值观逐步固定化、丰满化,继而形成企业的一整套价值体系,用来指导和约束员工的行为,从而最大限度地发挥企业文化的管理功效。

4. 中外合资企业的文化冲突有哪些解决的思路与方法?

答:中外合资企业中存在文化差异是必不可免的,要想解决这一问题,大体思路如下:首先,寻找双方文化中的共同点,使之成为企业文化构建的基石。不同民族文化之间存在着差异,但也存在着一定的共融之处,如积极向上、奋发进取的精神等等,企业应该充分利用合资双方文化共融之处,来构建具有自身特色的企业文化。其次,应该取长补短,吸取各方文化中的长处,将之融入到本企业的文化建设中去。再次,应该避轻就重,在合资双方文化差异较大的地方加以重视,并提请双方的注意,使之明确存在差异的地方以及差异的具体体现,以便出现问题时,双方能够以合作的态度来正确处理。最后,应该营造一种"企在我在、企荣我荣"的氛围,提高企业员工的主人翁意识,从而确保员工从大处着眼,保证企业各项活动的顺利开展。

本章测试题

1. 下面关于组织文化的理解不正确的有: （　）
   A. 组织文化是整个社会文化的重要组成部分
   B. 既具有社会文化和民族文化的共同属性,也具有自己的不同特点
   C. 组织文化是组织在短期实践活动中所形成的
   D. 以无形的软约束力量构成组织有效的驱动力

2. 组织文化的核心是: （　）
   A. 组织价值观　　　　　　　　　　　B. 以人为主体的人本文化
   C. 软性管理　　　　　　　　　　　　D. 增强群体凝聚力

3. 以下哪项不属于美国哈佛商学院教授约翰·科特对组织文化的分类? （　）
   A. 强力型　　　　B. 一般型　　　　C. 策略合理性型　　　　D. 灵活适应型

4. 以下哪项关于组织文化功能的描述不正确: （　）
   A. 凝聚功能　　　　B. 导向功能　　　　C. 惩罚功能　　　　D. 激励功能
   E. 提高素质功能　　F. 塑造形象功能

5. 哪项不属于成功的组织文化应具备的特点: （　）
   A. 促进员工发展　　　　　　　　　　B. 创造积极工作氛围
   C. 奖励员工出色绩效　　　　　　　　D. 不能容忍失败

6. 在整个组织文化系统中,处于核心地位的是: （　）
   A. 精神层　　　　B. 行为层　　　　C. 物质层　　　　D. 管理层

7. 关于组织精神的说法哪项不正确: （　）
   A. 由企业家积极倡导　　　　　　　　B. 代表员工信念
   C. 增强组织活力　　　　　　　　　　D. 推动组织生产经营规范化的个体意识

8. 组织文化的建设主要应做好哪些工作: （　）
   A. 选择价值标准　　　　　　　　　　B. 规范组织行为
   C. 强化员工认同　　　　　　　　　　D. 巩固落实,丰富发展

第17章 实施目标管理

[本章概述]

本章在分析了目标的本质及其功效的基础上,系统地论述了目标管理的基本知识。其中主要包括目标管理的概念、目标管理的本质、目标管理的运行过程、目标管理的实施中应该注意的问题、目标管理的优缺点等相关内容。

17.1 目标与目标管理

17.1-1 目标的功效

目标具有对组织和个人行为引导和激励的作用。要想发挥这一功效,在目标的设定过程中应注意以下几点:目标具有可实现性;目标的表述应清楚明确;目标具有可考核性;目标符合组织的共同愿景;组织内各部门及成员的目标是相互协调一致的;目标实现后有相应的报酬配合。

17.1-2 目标的层次性和多样性

目标的层次性与组织的层次性相对应,组织目标可以自上而下逐步分解,形成组织目标体系。在组织目标体系中,越是上层的目标越抽象,越是下层的目标越具体。

目标的多样性是指总目标的不同侧面的反映,或者总目标可以用不同的指标来全面反映。目标的多样性实际上使总目标在许多方面得以具体化,但值得注意的是目标的多样性中,各方面不应有矛盾,而应是彼此相互配合,共同反映总目标的方方面面。

17.1-3 目标管理的概念

目标管理是一种综合的以工作为中心和以人为中心的系统管理方式。它是指由一个组织中上级管理人员同下级管理人员,以及员工一起共同来制定组织目标,并把其具体化展开至组织每个部门、每个层次、每个成员,从而使之与组织内每个单位、部门、层次和成员的责任和成果密切联系,进而明确地规定每个单位、部门、层次和成员的职责范围,并用这些措施来进行管理、评价和决定对每个单位、部门、层次和成员的贡献和奖励报酬等一整套系统化的管理方式。

目标管理的中心思想是,通过具体化的展开,使组织目标成为组织内每个单位、部门、层次及成员的努力方向,并以此来作为评价组织各单位、部门、层次及成员工作绩效的标准,从而产生激励作用,保证组织的有效运作。

17.2　目标管理的方式

17.2-1　目标管理的全过程

目标管理的过程主要可以分为三个阶段。第一阶段是组织总目标的设定过程。这一阶段要求组织能够综合考虑自身的资源条件及外部环境条件,制定出既符合共同愿景方向又切实可行的组织总体目标。第二阶段是组织总目标的层次展开过程。这是沿组织体系逐步展开分解总目标的过程,需要不断地进行协调与修订。第三阶段是目标完成检查和业绩考评的过程。目标完成检查在目标实现过程中可多次进行,以期通过检查给予有关部门及个人以适当的帮助与支持,协助他们实现目标。业绩考评是目标管理的最后一个环节,在这一环节既可以采取自我考评的方法,也可以采取上级部门对下级部门进行考评的方法。

17.2-2　目标管理的优点与不足

目标管理作为一种管理方式,同其他管理方式一样也具有优点和不足。

1.目标管理的优点

(1)形成激励。当目标成为组织的每个层次、每个部门和每个成员自己未来时期内欲达到的一种结果,且实现的可能性相当大时,目标就成为组织成员们的内在激励。特别是当这种结果实现,组织还给予相应的报酬时,目标的激励效用就更大。

(2)有效管理。目标管理方式的实施可以切切实实地提高组织管理的效率。目标管理方式比计划管理方式在推进组织工作进展、保证组织最终目标完成方面更胜一筹。因为目标管理是一种结果式管理,不仅仅是一种计划的活动式工作。

(3)明确任务。目标管理可以使组织各级主管及成员都明确组织的总目标、组织的结构体系、组织的分工与合作及各自的任务。同时,许多实施目标管理的公司或其他组织,通常在目标管理实施的过程中会发现组织体系存在的缺陷,从而帮助组织对自己的体系进行改造。

(4)自我管理。在实施目标管理的过程中,组织成员不再只是做工作、执行指示、等待指导和决策,组织成员此时已成为有明确规定目标的单位或个人。一方面,组织成员们已参与了目标的制定,并取得了组织的认可;另一方面,组织成员在努力实现自己的目标过程中,除目标已定以外,如何实现目标则是他们自己决定的事。

(5)控制有效。目标管理方式本身也是一种控制方式,即通过目标分解后的实现最终保证组织总目标实现的过程,就是一种结果控制的方式。

2.目标管理的不足

(1)强调短期目标。大多数目标管理中的目标通常是一些短期目标,这主要是因为短期目标比较具体易于分解,而长期目标比较抽象难以分解;另一方面短期目标易迅速见效,长期目标则不然。这样一种概念如果深入组织的各个方面,将对组织的发展有很大的阻碍作用。

(2)目标设置困难。真正可用于考核的目标很难设定,尤其是组织实际上是一个产出联合体,它的产出是一种联合的不易分解出谁的贡献大小的产出,即目标实现是大家共同合作的成功。因此,一个组织的目标有时只能定性地描述,实际上的定量是很困难的。

(3)无法权变。目标管理执行过程中目标的改变是不可以的,因为这样做可能会导致组织的混乱。但随着外部环境的变化,目标的难以改变会使组织运转缺乏弹性,无法通过权变来适应变化多端的外部环境。

17.3　目标管理的实施

17.3-1　目标管理实施的前提

目标管理实施的前提有三个:一是组织成员自我管理能力较强。目标管理方式是建立在Y理论基础上的,即组织成员能够自觉地工作,积极而且努力。当他们有失误时只需点拨一二即可。二是充分考虑组织的价值理念。组织的价值理念渗透到组织的方方面面,因此在实施目标管理之前必须反思组织的价值理念,反思组织存在的目的与追求。三是组织高层领导应给予重视。这就要求组织的领导必须对目标管理有深刻的认识,考虑并制定出有效目标,在公司内公布于众并执行。

17.3-2　目标的有效设定

1. 目标设定的准则

目标管理中目标设定的准则有以下三条:定性目标向定量方面转化;长期目标的短期化;目标实施的资源配合。

2. 目标设定过程中的具体问题

目标的层次性及多样性决定了在目标的具体设定过程中必须注意一些问题,如目标本身的覆盖范围是否适当;目标分解后上下前后是否协调,有无相互矛盾的目标函数;目标评判的标准是否已经确定,有无问题;分解的目标有无相应的责任与授权等等。

3. 绘制目标分解图

目标分解图就是目标体系图,它是组织目标分解为组织各单位、部门、层次及成员的目标后的图示。绘制目标分解图示对目标管理的有效实施很有帮助作用:首先,可以从图上勘测组织目标完成的逻辑关系,促使组织成员同心同德,团结一致;其次,每个岗位上的员工都可以明确自己的位置、自己的重要性,知道自己应该与哪些方面进行配合、协调;再次,一目了然的目标体系图,有利于在目标调整过程中全面考虑问题。

本章思考题参考解答

1. 试举例说明组织目标的多样性。多样性的目标中有无核心目标?

答:目标的多样性是指总目标在不同侧面上的多种反映,或者总目标可以用不同的指标来全面反映。例如,一家企业组织的总目标是在某一产品市场上占有绝对优势,则这一总目标可以从不同侧面表示:(1)获得一定的利润率和利润;(2)占有一定的市场份额;(3)重点研究和开发适当的产品;(4)资金筹措及偿债能力强;(5)成本低具有价格竞争力;(6)在行业中处于优势地位;(7)打开国际市场;(8)企业内部凝聚力强;等等。

多样性目标中是有核心目标的,核心目标就是总目标。目标的多样性实际上使总目标在许多方面得以具体化。目标的多样性中,各方面不应有矛盾,而应是彼此相互配合,共同反映总目标的方方面面。

2. 目标管理过程中目标可否用一系列指标来反映,如果可以,能否完整地反映目标实质?

答:组织目标是指组织未来欲达到的一种状态、一种结果。这种状态和结果通常可以用一系列量化指标来刻画,因此,目标管理过程中的目标是可以用一系列指标来反映的。但组织目标中往往有一些重要的目标是定性的,不可以完全量化,这就导致用一系列指标来反映目标,往往并不能够完整地反映目标的实质。

3. 目标管理方式的自我管理特性是何意?

答:目标管理实际上也是一种自我管理方式,或者说是一种引导组织成员实施自我管理的方式。在实施目标管理的过程中,组织成员不再只是做工作、执行指示、等待指导和决策,组织成员此时已成为有明确规定目标的单位或个人。一方面组织成员们已参与了目标的制定,并取得了组织的认可;另一方面,组织成员在努力实现自己的目标过程中,除目标已定以外,如何实现目标则是他们自己决定的事。从这个意义上看,目标管理至少可以算作是自我管理方式,是向人本管理过渡的一种管理方式。

4. 对目标管理成功实施的影响因素有哪些?

答:目标管理能否成功实施,取决于以下几个因素:(1)目标的设定是否有效。在关系到目标管理方式成效的因素中,最重要的是具体目标的设定。目标管理中目标设定的准则有以下三条:定性目标向定量方面转化;长期目标的短期化;目标实施的资源配合。(2)组织成员的自我管理能力。目标管理方式是建立在Y理论基础上的,即组织成员能够自觉地工作,积极努力。当他们有失误时只需点拨一二即可。(3)组织的价值理念。组织的价值理念渗透到组织的方方面面,因此在实施目标管理之前必须反思组织的价值理念,反思组织存在的目的与追求。(4)组织高层领导应给予重视。组织的高层领导必须对目标管理有深刻的认识,考虑并制定出有效目标,在公司内公布于众并执行。(5)对目标管理实施的控制。目标管理在组织中运用的过程,需要有一定的推行机构,加以引导控制,使之能够有效地运行。

5. 举一例子说明目标管理的优点与不足。

答:目标管理作为一种管理方式,同其他管理方式一样也具有优点和不足(例子略)。具体来讲,目标管理的优点有:(1)形成激励。当目标成为组织的每个层次、每个部门和每个成员自己未来时期内欲达到的一种结果,且实现的可能性相当大时,目标就成为组织成员们的内在激励。特别是当这种结果实现,组织还给予相应的报酬时,目标的激励效用就更大。(2)有效管理。目标管理方式的实施可以切切实实地提高组织管理的效率。目标管理方式比计划管理方式在推进组织工作进展、保证组织最终目标完成方面更胜一筹。因为目标管理是一种结果式管理,不仅仅是一种计划的活动式工作。(3)明确任务。目标管理可以使组织各级主管及成员都明确组织的总目标、组织的结构体系、组织的分工与合作及各自的任务。同时,许多实施目标管理的公司或其他组织,通常在目标管理实施的过程中会发现组织体系存在的缺陷,从而帮助组织对自己的体系进行改造。(4)自我管理。在实施目标管理的过程中,组织成员不再只是做工作、执行指示、等待指导和决策,组织成员此时已成为有明确规定目标的单位或个人。一方面,组织成员们已参与了目标的制定,并取得了组织的认可;另一方面,组织成员在努力实现自己目标的过程中,除目标已定以外,如何实现目标则是他们自己决定的事。(5)控制有效。目标管理方式本身也是一种控制方式,即通过目标分解后的实现最终保证组织总目标实现的过程就是一种结果控制的方式。

　　尽管目标管理有很多优点,但也有许多不足之处。目标管理的不足之处主要体现在:
(1)过于强调短期目标。大多数目标管理中的目标通常是一些短期目标,这主要是因为短期
目标比较具体易于分解,而长期目标比较抽象难以分解;另一方面短期目标易迅速见效,长期
目标则不然。这样一种概念如果深入组织的各个方面,将对组织的发展有很大的阻碍作用。
(2)目标设置困难。真正可用于考核的目标很难设定,尤其是组织实际上是一个产出联合体,它
的产出是一种联合的不易分解出谁的贡献大小的产出,即目标实现是大家共同合作的成功。因
此,一个组织的目标有时只能定性地描述,实际上的定量是很困难的。(3)无法权变。目标管理
执行过程中目标的改变是不可以的,因为这样做可能会导致组织的混乱。但随着外部环境的变
化,目标的难以改变会使组织运转缺乏弹性,无法通过权变来适应变化多端的外部环境。

本章案例参考解答

　　1. 增加和减少员工奖金的发放额是实行奖惩的最佳方法吗? 除此之外,你认为还有什么
激励和约束措施?

　　答:增加或减少员工奖金发放额是一种有效的实行奖惩的方法,但是并不能称之为最佳
的激励与约束措施。这主要是因为激励与约束的有效性是与人的需要相关的,即我们通常所
说的激励相容性。不同岗位上员工的需要是不一致的,举个简单的例子来讲,可能对处于最
基层的生产员工来讲,发放一笔数目可观的奖金对他们的激励程度可以达到最大,但对于处
在科室的青年员工来讲,他们更需要的是在工作上被委以重任,或者扩大他们的工作范围,或
者给他们以职位的提升,或者赋予他们有挑战性的工作等等。因此,只有激励与人的需要相
结合,才有可能产生最佳的效果。具体来讲,激励还存在以下几种方式:精神奖励、思想工作、
适当的工作安排、培训与民主管理。

　　2. 你认为实行目标管理时培养完整严肃的管理环境和制定自我管理的组织机制哪个更重要?

　　答:在实施目标管理时培养完整严肃的管理环境与制定自我管理的组织机制都很重要,
但从某种意义上讲,制定自我管理的组织机制更为重要。这主要因为:首先,目标管理的实施
绩效与组织的价值理念密切相关。组织的价值理念渗透到组织的方方面面,影响着组织员工
的行为,将自我管理的理念以机制化的方式融入到组织的整个价值体系,有助于保障目标管
理的顺利实施。其次,目标管理从本质上讲,可以将其归为自我管理的一种。在实施目标管
理的过程中,组织成员不再只是做工作、执行指示、等待指导和决策,组织成员此时已成为有
明确规定目标的单位或个人。将自我管理定为组织的一个根本机制,有利于培养员工的自我
管理能力,从而保证目标管理的顺利实施。再次,将目标管理机制化,有利于提升组织更高部
门的重视程度,有助于目标管理顺利开展。

　　3. 在这个实行目标管理的案例中,你认为现今环境下还应该做哪些修正?

　　答:总体来讲,该机床厂的目标管理是较为成功的,但在以下三方面还有改进的可能:首
先,在分目标的制定过程中,采取了一种上行下达的方式,其制定的依据是厂总目标与有关部
门负责拟订,经厂部批准下达的计划任务。如果在这个过程中,让企业员工参与进来,根据自
身的实际情况,提出一些自己的意见,则整个目标的设定会更具有可行性。其次,分目标的设
定没有经过一个反复斟酌协商的过程,很可能使设定的目标带有某种武断性与不可行性,或

者设定的目标没有切中要害，这是一个值得改进的地方。最后，就是前面所提到的激励问题。

本章测试题

1. 目标在组织中所发挥的功效有_____、_____。
   A. 引导组织发展方向　　　　　　　　　B. 激励组织员工奋发努力
   C. 约束员工的行为　　　　　　　　　　D. 起到示范带头作用

2. 目标具有以下特征：_____、_____。
   A. 层次性　　　　B. 复杂性　　　　C. 多样性　　　　D. 单一性

3. 目标的设定有以下要求：_____、_____。
   A. 目标必须是可以通过努力实现的
   B. 目标可以不受组织的共同愿景的约束
   C. 目标的表述应是清楚明确的
   D. 目标的实现不应与报酬相关联，以免落入俗套

4. 目标管理的优点有_____、_____、_____。
   A. 形成激励　　　　B. 责权明晰　　　　C. 易于权变　　　　D. 自我管理

5. 目标管理实施的前提有_____、_____、_____。
   A. 组织高层领导的重视　　　　　　　　B. 与组织价值理念相符
   C. 员工的自我管理能力强　　　　　　　D. 组织内管理宽度大

6. 目标管理具有以下特性：_____、_____、_____。
   A. 自我管理　　　　B. 以工作为中心　　　　C. 以人为中心　　　　D. 分权管理

7. 目标管理过程中的重要环节有_____、_____、_____。
   A. 组织共同愿景的设立　　　　　　　　B. 组织总目标的设定
   C. 组织目标的层层分解　　　　　　　　D. 目标完成与反馈

8. 目标管理实施中应注意如下问题：_____、_____、_____。
   A. 目标设定的有效性　　　　　　　　　B. 员工培训
   C. 绩效考核　　　　　　　　　　　　　D. 企业文化

9. 目标管理的缺点有_____、_____、_____。
   A. 难以权变　　　　　　　　　　　　　B. 目标具有短期性
   C. 过于分权，难以控制　　　　　　　　D. 目标设定困难

10. 如何正确理解目标的多样性？　　　　　　　　　　　　　　　（　　）
    A. 组织可以有多个目标　　　　　　　　B. 多样性的目标中有一个中心目标
    C. 多个目标之间没有必然的联系　　　　D. 多个目标之间不应有矛盾

第**18**章 人际沟通改进

[本章概述]

　　本章在明确人际沟通的概念、基本过程模式及有效的人际沟通所应该遵循的基本原则的基础上，论述了两种人际沟通方式——正式沟通与非正式沟通的产生原因与基本特点，并进一步提出了人际沟通改进的方法。全章内容全面、覆盖面广，并具有很强的实践特点。

18.1　人际沟通的过程模式

18.1-1　人际沟通的定义

　　人际沟通是把信息按可以理解的方式从一方传递给另一方，把一个组织中的成员联系在一起，以实现共同目标之方式。人际沟通必须具备以下三个条件：(1)沟通必须涉及两个人以上；(2)沟通必须有一定的沟通客体，即沟通情报等；(3)沟通必须有传递信息情报的一定方法。

18.1-2　人际沟通的目的

　　组织内人际沟通的目的，从根本上说是在组织内通过成员间的相互沟通，增进互相了解，有效判断自己现时的行为活动状况，从而进行行为协调，形成巨大合力，有效实现组织既定的目标。除这一根本目的外人际沟通还起到不少效用。

　　1. 创造一个和谐的氛围

　　所谓和谐的人际氛围就是指人际关系和谐，即组织成员间友好相处，彼此和平敬重，彼此相知，即便产生了一些矛盾，一定也是各方妥善地当面处理，而不是剑拔弩张，或背后搞小动作。有效的沟通可以使成员互相了解，进而不断调整自己的行为。

　　2. 使行为协调

　　在组织目标的实现过程中时刻保持组织成员的行为协调是非常必要的，行为协调的前提就是有效的人际沟通。人际沟通可以使组织成员明白自己之所做和他人之所在，明白与目标的差异，从而调整各自的行为，进行大家的合作。

　　3. 上行下达使管理有效率

　　管理是一种以行政机制配置资源的方法，它对资源整合的效率取决于：(1)组织规模导致的管理层次的多寡；(2)信息沟通渠道的设置与运作的有效性。

　　组织需要信息沟通来：(1)设置并传播一个企业的目标；(2)制定实现目标的计划；(3)以最有效果和效率的方式组织人力资源及其他资源；(4)选拔、培养、评价组织中心成员；(5)领导、指导和激励人们,并营造一个人人想要作出贡献的环境;(6)控制目标的实现。

18.1-3 人际沟通的模式

人际沟通过程是指一个信息的传送者通过选定的渠道把信息传递给接受者的过程。人际沟通实际上就是互相之间的信息沟通。信息沟通过程开始于需要沟通的主动者,即信息的发送者。具体过程参见图18.1。

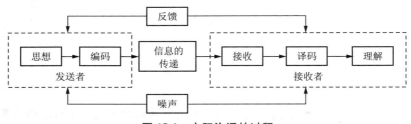

图 18.1 人际沟通的过程

信息发送者把自己的某种思想或想法转换为信息发送者自己与接受者双方都能理解的共同"语言"或"信号",这一过程就叫做编码。编码后的信息通过一定的信息传递渠道传递到接受者那儿(信息传递渠道有许多,如书面的备忘录、计算机、电话等等),信息接受者先接收到传递而来的共同"语言"或"信号",然后按照相应的办法将此还原为自己的语言即"译码",这样就可以理解了。信息传送之后信息接受者需要通过反馈来检验信息沟通效果并迅速将检查结果传递给信息发送者,从而有利于信息发送者迅速修正自己的信息发送,以便达到最好的沟通效果。

此外,人们之间的信息沟通还经常受到"噪声"的干扰。噪声就是指妨碍信息沟通的任何因素。同时,环境和组织本身的因素左右着信息沟通的过程。例如,不同信仰、不同文化背景会使沟通难以进行。双方地理上的距离、时间分配等也会影响沟通渠道、沟通方式的选择。文化氛围、管理方式、组织结构安排等均会影响组织成员的沟通。

多人参与的沟通形成了信息沟通的网络,而且群体的规模,即参与沟通的人数的多寡,决定了群体内可能有的沟通网络数目的多少,从原则上说,当参与沟通的人数以算术级数增长时,网络数目将以几何级数增长。

18.1-4 有效沟通的 7 个 "C"

有效的人际沟通取决于 7 个"C",它是人际沟通良好的基本准则。

1. 可依赖性(credibility)

沟通应该在彼此信任的气氛中开始。被沟通者应该相信沟通者传递的信息并相信沟通者在解决他们共同关心的问题上有足够的能力。

2. 一致性(context)

沟通计划必须与组织的环境要求相一致,必须建立在对环境充分调查研究的基础上。

3. 内容(content)

信息的内容必须对接受者具有意义,必须与接受者原有价值观念具有同质性,必须与接受者所处的环境相关。

4. 明确性(clarity)

信息必须用简明的语言表述,所用词汇对沟通者与被沟通者来说都代表同一含义。

5. 持续性与连贯性（continuity and consistency）

沟通是一个没有终点的过程，要达到沟通的目的必须对信息进行重复，但又必须在重复中不断补充新的内容，这一过程应该持续地坚持下去。

6. 渠道（channels）

信息传播过程中，不同的渠道在不同阶段具有不同的影响。所以，应该有针对性地选用不同渠道，以达到向目标公众传播信息的作用。

7. 被沟通者的接受能力（capability of audience）

沟通必须考虑被沟通者的接受能力。

18.2　正式的人际沟通

正式的人际沟通是指通过组织和组织与组织之间正式安排的信息沟通渠道进行的人际沟通。正式的人际沟通包括组织内的正式沟通和组织外即组织与外部各方面的正式沟通两个方面。

18.2-1　组织内的正式沟通

组织内的正式沟通与组织体系的内部结构有关。组织体系的安排是出于管理成本和管理效率的考虑，但这样实际上也基本上设定了组织内成员正式沟通的渠道框架。组织内的正式沟通有三种。

1. 下行沟通

下行沟通是指在组织的管理层次中，信息从高层成员向低层成员的流动。这种沟通的主要目的是向下属传递信息和指示，给下属提供有关资料、阐明组织目标、告知组织动态等等。

2. 上行沟通

上行沟通是指自下而上的信息沟通，即从下属成员到上司，同时按照组织职权层次持续向上的信息流动。上行沟通是上级及时调整组织行为、组织激励等的信息支持，是决策的基础。但是，这种上行沟通通常会受到上行渠道中诸多中间环节上的信息传递角色即主管人员的阻碍，而不把所有的信息真实地传递上去。表 18.1 表明了上行信息可能失真的过程。

表 18.1　自下而上的沟通

管理者	接　收　到　的　消　息
董事长 ↑	管理和工资结构是非常出色的，福利和工作条件是好的，而且会更好
副董事长 ↑	我们非常喜欢这种工资结构，希望新的福利计划和工作条件将会改善，我们非常喜欢这里的管理工作
总经理 ↑	工资是好的，福利和工作条件还可以，明年还会进一步改善
主管人 ↑	工资是好的，福利和工作条件勉强可以接受，我们认为应该更好一些
工　人	我们感到工作条件不好，工作任务不明确，保险计划很糟糕，然而我们确实喜欢竞争性工资结构，我们认为公司有潜力解决这些问题

自下而上的信息沟通主要是启发式的,它通常存在于参与式管理和民主的组织环境之中。

3. 交叉沟通

交叉沟通包括两个方面:横向沟通与斜向沟通。横向沟通是指与其他部门同等地位的人之间的沟通,斜向沟通是指与其他部门中不同地位即职权等级不同成员之间的沟通。这些沟通方式主要用来加速信息流动,促进理解,并为实现组织的目标而协调各方面的努力和行为。

18.2-2　组织外部沟通

组织外部沟通是组织同外界的各方面发生的人际沟通。良好的外部沟通有利于使组织获得关系资源,所谓组织的关系资源实际是指组织在与外部诸方面有良好的沟通关系之后产生的对组织发展有利的外部支持力、外部可供借用的资源等等。外部沟通的前提是组织形象,即组织在外部公众心目中的印象;外部沟通方式主要是公共关系。

18.3　非正式的人际沟通

所谓非正式的人际沟通是指组织另一方面的人际沟通不是通过组织内正式的沟通渠道、组织与外界的正式沟通渠道进行,而是一种非官方的、私下的沟通。这样的非正式的人际沟通包括两个方面:一是通过非正式组织进行;一是通过私人进行。

18.3-1　非正式人际沟通的原因

非正式沟通的产生大约主要有五个原因:

(1) 如果人们缺少有关某一态势的信息时,他们就会千方百计地通过非正式渠道来填补这一空缺。

(2) 当人们感到在某一态势中不安全时,他们也会积极参与小道传播。

(3) 如果人们同某件事有个人利害关系的话,就会导致小道传播。

(4) 当人们得到的是最新信息,而不是旧闻陈迹时,他们就更加热心于小道传播。

(5) 有时当一些正式信息不便于在正式渠道中沟通传递时,组织的领导或其他成员就有可能利用非正式渠道来传递这些信息,使之起到正式渠道起不到的作用。

18.3-2　通过非正式组织进行的沟通

通过非正式组织的沟通实际上是指通过非正式组织的沟通渠道起到正式组织沟通渠道不能起到的沟通效用。非正式组织内的沟通渠道主要有单向传递、闲谈传递、几率传递和群体传递渠道四种类型。

(1) 单向传递。这类渠道传递的信息最容易失真,但最适宜传递那种不宜公开的信息或机密的信息。

(2) 闲谈传递。非正式组织常常有非正式的聚会,在聚会中往往通过闲谈来沟通。渠道中有一个信息发送者 A,多个信息接受者。

(3) 几率传递。非正式组织中最常用的一种沟通方式,也是传递非正式信息最常用的一种渠道。

(4) 群体传递。群体传递是一种速度极快的非正式组织沟通渠道。

18.3-3 通过私人进行沟通

通过私人进行私下沟通所起到的作用有时甚至远远超过组织内外正式沟通渠道所能起的效用。通过私人进行沟通大致有两种方式。

1. 私人直接沟通

私人直接沟通是指沟通双方或诸方直接进行非正式的接触与沟通,私人沟通又可成为开拓关系资源的重要手段。

2. 私人间接沟通

私人间接沟通是指通过第三者进行私下的双方或诸方的沟通。通过第三者的私下沟通有着私人直接沟通不具备的优点,这就是私下沟通双方不便说的、不便表达的信息可通过第三者代为传递,而双方沟通中产生的误解、发生的矛盾则可以通过第三者来进行解释和调解,最终和好如初。

18.4 人际信息沟通的改进

18.4-1 沟通中的障碍

沟通中的障碍可能存在于信息发送者方面,或存在于传递过程中,或在接受者方面,或在信息反馈方面。要完全消除信息沟通的障碍是不大可能的,但是可以尽量地克服障碍,改进信息的沟通。

18.4-2 信息沟通的改进

一般而言,信息沟通的改进可从三个方面着手。

1. 改进信息沟通的准则

信息沟通的准则要求信息发送者必须做到以下四点:信息发送者必须对他(她)想要传递的信息有清晰的想法,这就意味着进行沟通的第一步必须阐明信息的目的,并制定实现预期目的的计划;信息沟通计划的制定不能脱离实际;要考虑信息接收者的需要;信息传送者要采取积极的措施取得反馈。

2. 信息沟通检查

如果把信息沟通看成是实现组织目标的一种方式,就可以把组织内外的信息沟通看成是一个与组织目标相关的一组沟通因素,见图18.2。具体来讲,组织需要加以检查的四大信息沟通网络有:属于政策、程序、规则和上下级关系的管理网络或同任务有关的网络;包括解决问题、会议和提出改革建议等方面的创新活动网络;包括表扬、奖赏、提升以及联系企业目标和个人所需事项在内的整合性网络;包括组织出版物、布告栏和小道新闻在内的新闻性和指导性网络。

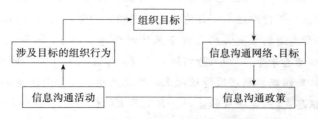

图18.2 沟通因素与组织目标的关系

3.认真聆听双方意见

信息沟通通常是沟通双方互动的过程,在这一过程中,沟通双方或诸方能够认真倾听双方所述问题和意见,就能减少许多由于不够认真聆听导致的误解,从而减少沟通过程中的障碍。

本章思考题参考解答

1. 人际沟通对于一个组织而言究竟有何重要作用?

答:组织内人际沟通的基本作用是,在组织内通过成员间的相互沟通,增进互相了解,有效判断自己现时的行为活动状况,从而进行行为协调,形成巨大合力,有效实现组织既定的目标。除这一根本作用外人际沟通还起到如下效用:(1)创造一个和谐的氛围。所谓和谐的人际氛围就是指人际关系和谐,即组织成员间友好相处,彼此平和敬重,彼此相知,即便产生了一些矛盾,一定也是各方妥善地当面处理,而不是剑拔弩张,或背后搞小动作。有良好的沟通渠道和沟通方式,有效的沟通可以使成员互相了解,进而不断调整自己的行为。(2)使行为协调。在组织目标的实现过程中时刻保持组织成员的行为协调是非常必要的,行为协调的前提就是有效的人际沟通。人际间的沟通可以使组织成员明白自己之所做和他人之所在,明白与目标的差异,从而调整各自的行为,进行大家的合作。(3)上行下达使管理有效率。管理是一种以行政机制配置资源的方法,它对资源整合的效率取决于:组织规模导致的管理层次的多寡;信息沟通渠道的设置与运作的有效性。

组织需要信息沟通来设置并传播一个企业的目标;制定实现目标的计划;以最有效果和效率的方式来组织人力资源及其他资源;选拔、培养、评价组织中心成员;领导、指导和激励人们,并营造一个人人想要作出贡献的环境;控制目标的实现。

组织外人际沟通是组织同外界的各方面发生的人际沟通。良好的外部沟通有利于使组织获得关系资源,所谓组织的关系资源实际上是指组织在与外部诸方面有良好的沟通关系之后产生的对组织发展有利的外部支持力、外部可供借用的资源等等。外部沟通的前提是组织形象,即组织在外部公众心目中的印象;外部沟通方式主要是公共关系。

2. 列举人际沟通的不同渠道,试比较这些渠道对信息有效传递的长处和短处。

答:人际沟通的渠道总体上来讲,可以分为两大类:正式的人际沟通与非正式的人际沟通。

正式的人际沟通是指通过组织和组织与组织之间正式安排的信息沟通渠道进行的人际沟通。正式的人际沟通包括组织内的正式沟通和组织外即组织与外部各方面的正式沟通两个方面。组织内的正式沟通与组织体系的内部结构有关。组织体系的安排是出于管理成本和管理效率的考虑,但这样实际上也基本上设定了组织内成员正式沟通的渠道框架。组织内的正式沟通有三种:(1)下行沟通。下行沟通是指在组织的管理层次中,信息从高层成员向低层成员的流动。这种沟通的主要目的是向下属传递信息和指示,给下属提供有关资料,阐明组织目标,告知组织动态等等。(2)上行沟通。上行沟通是指自下而上的信息沟通,即从下属成员到上司,同时按照组织职权层次持续向上的信息流动。上行沟通是上级及时调整组织行为、组织激励等的信息支持,是决策的基础。自下而上的信息沟通主要是启发式的,它通常存在于参与式管理和民主的组织环境之中。(3)交叉沟通。交叉沟通包括两个方面:横向沟通与斜向沟通。横向沟通是指与其他部门同等地位的人之间的沟通,斜向沟通是指与其他部门中不同地位即职权等级不同成员之间的沟通。这些沟通方式主要用来加速信息流动,促进理解,并为实现组织的目标而协调各方面的努力和行为。但交叉沟通也存在一定的缺陷,因为这样会破坏统一指挥。

组织外部沟通是组织同外界的各方面发生的人际沟通。良好的外部沟通有利于使组织获得关系资源,所谓组织的关系资源实在是指组织在与外部诸方面有良好的沟通关系之后产生的对组织发展有利的外部支持力、外部可供借用的资源等等。

所谓非正式的人际沟通是指组织另一方面的人际沟通不是通过组织内正式的沟通渠道、组织与外界的正式沟通渠道进行,而是一种非官方的、私下的沟通。这样的非正式的人际沟通包括两个方面:一是通过非正式组织进行;一是通过私人进行。通过非正式组织的沟通实际上是指通过非正式组织的沟通渠道进行正式组织沟通渠道不能起到的沟通效用。非正式组织内的沟通渠道主要有单向传递、闲谈传递、几率传递和群体传递四种类型:(1)单向传递。这类渠道传递的信息最容易失真,但最适宜传递那种不宜公开的信息或机密的信息。(2)闲谈传递。非正式组织常常有非正式的聚会,在聚会中往往通过闲谈来沟通。渠道中有一个信息发送者,多个信息接受者。(3)几率传递。非正式组织中最常用的一种沟通方式,也是传递非正式信息最常用的一种渠道。(4)群体传递。群体传递是一种速度极快的非正式组织沟通渠道。通过私人进行私下沟通所起到的作用有时甚至远远超过组织内外正式沟通渠道所能起的效用。通过私人进行沟通大致有两种方式。一种是私人直接沟通,私人直接沟通是指沟通双方或诸方直接进行非正式的接触与沟通,私人沟通又可成为开拓关系资源的重要手段。另一种是私人间接沟通,私人间接沟通是指通过第三者进行私下的双方或诸方的沟通。通过第三者的私下沟通有着私人直接沟通不具备的优点,这就是私下沟通双方不便说的、不便表达的信息可通过第三者代为传递,而双方沟通中产生的误解、发生的矛盾则可以通过第三者来进行解释和调解,最终和好如初。

3. 非正式沟通渠道的存在究竟好不好? 在什么时候好,什么时候则不好?

答:所谓非正式的人际沟通是指组织另一方面的人际沟通不是通过组织内正式的沟通渠道、组织与外界的正式沟通渠道进行,而是一种非官方的、私下的沟通。这样的非正式的人际沟通包括两个方面:一是通过非正式组织进行;一是通过私人进行。

非正式沟通渠道的存在有着特定的原因,其中主要有五个原因:(1)当人们缺少有关某一态势的信息时,他们就会千方百计地通过非正式渠道来填补这一空缺。(2)当人们感到在某一态势中不安全时,他们也会积极参与小道传播。(3)如果人们同某件事有个人利害关系的话,就会导致小道传播。(4)当人们得到的是最新信息,而不是旧闻陈迹时,他们就更加热心于小道传播。(5)有时当一些正式信息不便于在正式渠道中沟通传递时,组织的领导或其他成员就有可能利用非正式渠道来传递这些信息,使之起到正式渠道起不到的作用。

非正式沟通渠道的存在有着其特定的作用。如上面所讲,有时当一些正式信息不便于在正式渠道中沟通传递时,组织的领导或其他成员就有可能利用非正式渠道来传递这些信息,使之起到正式渠道起不到的作用。此外,通过私人进行私下的沟通所起到的作用有时甚至远远超过组织内外正式沟通渠道所能起的效用。通过私人进行沟通大致有两种方式。一种是私人直接沟通,私人直接沟通是指沟通双方或诸方直接进行非正式的接触与沟通,私人沟通又可成为开拓关系资源的重要手段。一种是私人间接沟通,私人间接沟通是指通过第三者进行私下的双方或诸方的沟通。通过第三者的私下沟通有着私人直接沟通不具备的优点,这就是私下沟通双方不便说的、不便表达的信息可通过第三者代为传递,而双方沟通中产生的误解、发生的矛盾则可以通过第三者来进行解释和调解,最终和好如初。

非正式沟通渠道的存在也有一定的弊端:例如,当组织成员与组织外界某方面保持私人性质的直接沟通时,沟通好的话,可以增进组织与外界的良好关系,开拓组织的外部关系资源,但如果沟通不好的话,则有可能损害组织的形象,甚至造成不利于组织的局面。再如,一些组织成员的私下沟通有可能演化成拉帮结派,有时会成为组织发展的严重障碍。

因此,对于组织来讲,非正式人际沟通的存在既有其必要性又有一定的局限性。组织应采取一定的措施,对非正式人际沟通加以引导,使之沿着有利于促进组织成长的方向发展。

4. 一个组织内自上而下、自下而上的信息沟通各自可能存在的障碍在哪儿,有什么不同?

答:下行沟通是指在组织的管理层次中,信息从高层成员向低层成员的流动。这种沟通的主要目的是向下属传递信息和指示,给下属提供有关资料,阐明组织目标,告知组织动态等等。下行沟通常用的口头沟通媒介有:指示、谈话、会议、电话、广播乃至流传小道消息;常用的书面沟通方式有:各种备忘录、信函、手册、小册子、公司政策声明、工作程序以及电讯新闻展示等。在运用这些媒介进行信息沟通时,信息常常被传递过程中的中层和下层所遗漏或曲解。事实上,许多指示并未被下属所理解甚至连看也没有看过。上行沟通是指自下而上的信息沟通,即从下属成员到上司,同时按照组织职权层次持续向上的信息流动。

上行沟通是上级及时调整组织行为、组织激励等的信息支持,是决策的基础。自下而上的信息沟通主要是启发式的,它通常存在于参与式管理和民主的组织环境之中。这种上行沟通通常会受到上行渠道中诸多中间环节上的信息传递角色即主管人员的阻碍,他们不把所有的信息真实地传递上去,尤其是不把对自己不利的信息传递给他的上司,于是上行信息在他们那儿被加工、被删除、被组合,最终传递上去的可能是完全失真的信息。长此以往,他们的下级也会用失真信息搪塞,最终上级们犹如生活在黑夜中,两眼看不见任何东西,组织也将最终走向失败。

5. 改进人际信息沟通还有什么你认为非常重要的方法或手段?

答:沟通中的障碍可能存在于信息发送者方面,或存在于传递过程中,或在接受者方面,或在信息反馈方面。要完全消除信息沟通的障碍是不大可能的,但是可以尽量地克服障碍,改进信息的沟通。一般而言,信息沟通的改进可从以下几个方面着手。

首先,要明确信息沟通的准则。信息沟通的准则要求信息发送者必须做到以下四点:信息发送者必须对他(她)想要传递的信息有清晰的想法,这就意味着进行沟通的第一步必须阐明信息的目的,并制订实现预期目的的计划;信息沟通计划的制订不能脱离实际;要考虑信息接收者的需要;信息传送者要采取积极的措施取得反馈。

其次,要积极地进行信息沟通检查。如果把信息沟通看成是实现组织目标的一种方式,就可以把组织内外的信息沟通看成是一个与组织目标相关的一组沟通因素。具体来讲,组织需要加以检查的四大信息沟通网络有:属于政策、程序、规则和上下级关系的管理网络或同任务有关的网络;包括解决问题、会议和提出改革建议等方面的创新活动网络;包括表扬、奖赏、提升以及联系企业目标和个人所需事项在内的整合性网络；包括组织出版物、布告栏和小道新闻在内的新闻性和指导性网络。

再次，要认真聆听双方意见。信息沟通通常是沟通双方互动的过程，在这一过程中，沟通双方或诸方能够认真倾听双方所述问题和意见，就能减少许多由于不够认真聆听导致的误解，从而减少沟通过程中的障碍。

最后，还要注意书面沟通的改进。书面沟通是信息沟通的一个重要渠道，但很多人只按自己的行文书写习惯写作，以为自己理解的语句和叙述方式对方也能够理解，其实所表达的书面语句往往让人不知所云，使沟通发生障碍。因此在书面沟通过程中，应该尽量使用简明的、人们熟悉的词汇，使用人称代词要合适，尽量使用短词或短的段落，避免使用不必要的词句。此外，书写文体应该符合想要实现的情景和作用。

本章案例参考解答

1. 请解释斯塔福德航空公司在私下传闻中所发生的一切。

答：斯塔福德航空公司在私下传闻中发生了通过非正式沟通渠道信息传递失真的现象。副总经理本杰明的秘书比利在与另外一位副总对话的过程中部分地传达了有关公司近期拟采取的战略行动的信息（准备成立新的航空公司），并在这个过程中表达了自己的主观想法（他们虽说不会裁减人员，但是，我们应该联合起来，有所准备）。而这次谈话的部分内容，即有关裁员问题，无意中被公司的其他员工听见，这是一个敏感的话题，也是公司所有员工所关注的问题，因此很快地在公司内部私下里传播开来。由于在信息传递的过程中信息被不断地加工组合，掺杂了许多人的主观意愿，最终被严重地扭曲。

由于错误的信息被人们信以为真，员工们纷纷对公司这一战略加以评论，更有甚者向总经理发以不友好的信件或电话，一时间干扰了总经理的正常工作，也为公司新的战略计划的制订与执行增添了无形的阻力。

2. 总经理波利怎样才能使问题得到澄清？请设想 3 个方案。

答：总经理波利可以通过组织正式沟通渠道或利用非正式沟通渠道来将问题澄清，同时也可以根据小道消息的特点，利用时间效应来消除它的影响。

方案一：通过正式沟通渠道来澄清问题。如果事态严重，影响到公司的日常工作，波利可以专门召开一次高层领导会议，就有关情况作出声明，强调公司的确有意进行战略上的调整，但并没有考虑到要进行大规模的裁员活动，并要求各部门领导明确传递这一信息。波利也可以通过与工会组织领导者之间的友好座谈来澄清事实，并请他们向广大员工解释有关裁员信息的真实情况。

方案二：通过非正式沟通渠道来澄清事实。一般来讲小道消息起源于其发起者的顶头上司组织或顶头上司，如案例中所述，斯塔福德公司中一系列传闻起源于一位办公室的通讯员偷听到了副总经理秘书与另一位副总之间的谈话，加之这件事情是员工们所关心的话题，消息迅速传播开来。波利可以创造一个情景，在他与本杰明副总谈论相关事情的时候，有意让那些怀有好奇心的员工听到部分他们所关心的问题。他们可以讲，公司并不准备大规模裁员，但内部的传闻令他们很为担心，应该如何解决这一问题等。由于这件事情与自身利益相关，且难以从正式渠道获得，该消息会自然而然地通过非正式渠道传播开来。

方案三：利用时间效应，来消除小道消息的负面影响。如果事态尚不严重，处于可控制状态，并且没有影响到公司的正常运营，波利应尽快在公司的高层领导中形成对战略的统一认识，并开始贯彻执行，以实际行动来消除员工心中的疑惑。

3. 公司内存在非正式沟通渠道，是否有可能将之关闭，如何关闭？

答：非正式沟通渠道的存在有着一定的客观原因。当人们缺少有关某一态势的信息时，他们就会千方百计地通过非正式渠道来填补这一空缺；当人们感到在某一态势中不安全时，他们也会积极参与小道传播；如果人们同某件事有个人利害关系的话，就会导致小道传播；当人们得到的是最新信息，而不是旧闻陈迹时，他们就更加热心于小道传播。可见，要想彻底地关闭非正式沟通渠道是不可能的，也是不可行的。因此，一方面组织应该及时公布有关信息，避免小道传播的可能性；另一方面，组织应该对非正式沟通渠道加以引导，降低非正式传播渠道的存在所能带来的负面影响，同时最大限度地发挥非正式沟通渠道存在的正面影响，比如，通过组织降低信息传播的失真程度，增加非正式沟通渠道信息传播的真实性、准确性，利用非正式沟通渠道来传递一些正式沟通渠道不便于传达但又必须传播的信息，使之服务于公司的整体发展战略，等等。

4. 你是否也经常充当一个小道消息的传递者，你认为好吗？

答：略。

本章测试题

1. 下面关于人际沟通的定义说法正确的有： （　）
    A. 沟通必须涉及两个人以上　　　　　　　B. 沟通必须有一定的沟通客体
    C. 沟通必须有传递信息情报的方法　　　　D. 沟通的最佳方式是面对面交谈

2. 人际沟通的意义在于： （　）
    A. 创造和谐的氛围　　　　　　　　　　　B. 使行为协调
    C. 上行下达使管理更有效率　　　　　　　D. 有利于非正式组织的形成

3. 人际沟通过程中的主要因素有： （　）
    A. 信息发送者　　　　　　　　　　　　　B. 信息接受者
    C. 信息传递渠道　　　　　　　　　　　　D. 噪声与反馈

4. 人际沟通的基本网络有： （　）
    A. 星型网络　　　B. 链型网络　　　C. 环型网络　　　D. 全通道型

5. 人际沟通的准则有： （　）
    A. 沟通双方相互之间具有可依赖性　　　　B. 沟通计划与组织的环境要求相一致
    C. 有针对性地选择沟通渠道　　　　　　　D. 保持沟通的持续性与连贯性

6. 正式的人际沟通包括：   （   ）
   A. 下行沟通   B. 上行沟通   C. 交叉沟通   D. 私人沟通

7. 非正式人际沟通产生的原因有：   （   ）
   A. 人们缺少对某一态势的信息
   B. 人们在某一态势中感觉不安全
   C. 人们同某一事件有利害关系
   D. 有一些正式信息不便于在正式渠道中沟通传递

8. 非正式人际沟通的渠道有：   （   ）
   A. 单向传递   B. 闲谈传递   C. 几率传递   D. 群体传递

9. 人际沟通中的障碍可能存在于：   （   ）
   A. 发送者方面存在障碍   B. 接受者方面存在障碍
   C. 沟通过程中存在障碍   D. 反馈过程中存在障碍

10. 改进人际沟通的方法有：   （   ）
    A. 明确信息沟通的准则   B. 进行信息沟通检查
    C. 认真聆听双方意见   D. 全部采用书面沟通方式

第 **19** 章 工作流程创新

[本章概述]

本章在阐述流程的基本概念、特性与功能后,论述了现代组织的基本流程构造及其内核,并进一步提出了再造流程的必要性、基本目标、组织保障与实施步骤。

19.1 流程的特性与功能

19.1-1 流程的概念与特性

流程是指完成一项任务、一件事或一项活动的全过程,这一全过程由一系列工作环节或步骤所组成,相互之间有先后顺序,有一定的指向。它有如下一些特性:

(1)逻辑性。

所谓逻辑性是指流程的全过程,这个包含着诸多工作环节和步骤的全过程,其内在逻辑性是很强的。这种逻辑性,带有一定的经验总结和行为习惯的含义。但是这种总结、习惯惟有与工作或任务完成的效率要求、费用要求、时间要求相吻合,而且在不违背科学的规范时,才会成为人们普遍遵守的规范。尽管流程存在内在逻辑性,但并不意味着一个流程中所有的工作环节一定就缺一不可。

(2)变动性。

流程的变动特性当然应该从组织目标、战略措施、组织变动等方面来说明,当组织目标、战略、组织机构等发生变动时,实现目标的诸多大大小小的任务必然发生变动,与完成任务相关的流程自然也要发生变化。从内在来看,专业分工的深化必将导致流程的变动。

(3)可分解性。

流程可以按照工作顺序、工作步骤将一些基本的工作环节分解开来,独立成为一个个可由其他人来做的工作或应完成的任务。分解的多少则视专业化要求及技术上的可行性而定。

19.1-2 流程的基本功能

流程作为完成某一任务或某一工作的全过程,其基本功能体现在以下几个方面:有助于完成一定的目标或任务;帮助实现分工一体化;有助于明晰权责;有助于工作时间的计量和工作效率的提高。

19.2　组织流程的构造与内核

19.2-1　现代组织基本流程的构造

现代组织基本流程的构造是指组织总的基本流程之间的比例关系与结构。

1. 基本流程的构成要素

组织的基本流程由以下几个基本要素所构成：

（1）工作。任何一个流程一定是由一些具体工作或步骤所组成。

（2）逻辑关系。这是指流程中具体工作之间存在着一种先后顺序的关系。一个流程的逻辑关系不是唯一的，完成任务的途径即从流程的起点到终点的路线是可选择的。

（3）转换时间。这是指流程每一基本工作环节或基本工作完成后至下一个工作环节启动时的时间间隔。时间间隔越小，效率越高。

2. 基本流程的构造

现代企业内基本流程的构造可从纵、横两个方面来看，组织机构就是流程构造的结果。

（1）纵向流程。现代企业基本流程从纵向也就是从行政指挥至执行操作的过程来看，包括四个基本流程：生产指挥流程，人事管理流程，资金核算流程和计划决策流程。

（2）横向流程。横向流程是指与企业从投入到产出的总过程相关的一系列基本流程，这主要包括：生产作业流程，营销流程，信息收集流程和资金筹措流程。

纵向流程是以组织行政管理为主的流程，横向流程是一种作业性流程，纵向和横向的基本流程在企业中形成了纵横交错的流程网。

19.2-2　现代组织基本流程的内核

所谓现代组织基本流程的内核是指决定基本流程的基础性或决定性的因素。这些因素有以下几个。

1. 组织的理念或价值观

所谓组织的理念或价值观是指组织经营管理所信奉的行为准则和对社会、经济等方面的价值判断。组织的理念或价值不同，会使组织的一些流程或流程所含工作环节、工作步骤等有明显的不同，进而产生不同的效果。

2. 技术工艺特征

首先，企业基本流程带有一定的技术与工艺的特征。现代企业从事一定的产品和服务的生产制作，这些产品或服务的内在构造不同，所表达的功能不同，就要求有相应的生产过程、技术条件和工艺装备；其次，加工制作的对象的不同导致了流程建立的不同，也导致了所需技术工艺条件的不同；最后，技术工艺本身的状态决定了流程的路径、工作专业化划分、工作环节或步骤之间衔接的状态和选择。

3. 领导风格及方式

领导风格及方式从以下方面影响或决定了组织的一些基本流程。

第一，如果组织领导者的领导风格是采用分权以激励众人一起努力工作的方式，那么基本流程的结构可能呈现一种由一点向外分散的状态，见图 19.1a；反之，若领导者的领导风格是以集权为主，命令式指挥，那么现代组织基本流程的结构可能呈现一种由外向内集聚一点的状态,见图 19.1b。

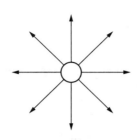

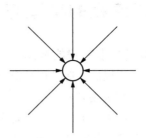

图 19.1a 内向外发散   图 19.1b 外向内聚集

图 19.1 现代组织基本流程的结构

第二,如果组织领导者的风格是倾听下属意见,主张民主管理、职工参与组织最高决策的话,那么组织决策的流程就变成从下至上、职工参与董事会工作的一个流程。反之,如果组织领导者喜欢独断专行,听不得其他意见,希望发号施令,希望众人服从,那么组织的决策流程一定是从上至下的命令服从过程。

第三,如果组织领导者是放任式的领导,那么在其放任式的条件下,可能导致流程本身的设置分散和流程中的工作者工作不力,影响流程的工作效率。反之,如果组织领导者是民主式的领导,那么可能在所有的流程中都会设置诸如员工自我管理,充分发挥自己的积极性和创造性,甚至是创造新的、有效的流程来替代原来的流程。

19.3 再造流程的基本路径

再造流程就是流程改造,其目的是要适应外界环境的变化,改造组织现有的基本流程,使其工作效率有极大的提高,经济效益有极大的提高。

19.3-1 再造流程的出发点

再造流程的出发点是指再造流程的基本准则和起点。现代组织再造流程的出发点有以下几个方面:

(1)组织目标。

再造流程的重要出发点之一就是以组织战略目标为总目标,将其分解的分目标或阶段目标等作为流程应承担的目标,进而考虑流程应如何设置、如何改造,以便更有效地完成这一目标,从而为战略目标的实现作出贡献。

(2)理解顾客。

需求的变化意味着新的商机。只有在真正了解顾客需求本性的条件下,开创他们明确的未来需求,企业才有可能在未来有良好的发展。因此,流程再造应以顾客的满意为出发点。

(3)技术条件。

流程与技术工艺相关,从某种意义上说技术工艺状态决定了流程的路径、工作环节和步骤的划分等。特别是近期信息技术的介入,会导致巨大的、完全的变化,其发展进步将成为流程改造的出发点。

19.3-2　再造流程的组织

再造流程是一个重要的和复杂的工程,它的改造一方面对组织造成影响,这是因为组织构造与工作任务相关,因而也与完成工作任务的过程相关。另一方面再造流程本身需要有一个强有力的组织来加以领导、组织和协调,以便在不导致组织过大震动的条件下顺利地实施再造流程。

19.3-3　再造流程的核心目标

再造流程的核心目标并不是流程本身,而是为了再造组织的核心能力。所谓组织的核心能力是指组织自己拥有的独特的足以导致与其他组织相比略胜一筹的技术、管理模式、经营技巧等方面的能力,这种能力支撑了组织在市场上、在产业内享有特别的优势,支撑了组织能够提供更快、更好、更能令顾客满意的产品或服务。

再造流程固然是为了使流程改造,更好地完成工作任务,更能够使顾客满意,提高工作效率,但如果看高看远一层,那么,再造流程应该为塑造组织的核心能力服务,即以塑造和培育组织的核心能力作为再造流程的总体核心。组织的基本流程与组织的核心能力有密切的支撑关系,见图 19.2。

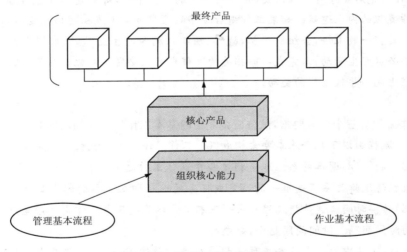

图 19.2　流程与核心能力关系

组织基本的管理流程和工作流程支撑了组织的核心能力,而核心能力则支撑了组织的核心产品,而核心产品则支撑和演化出众多的最终产品以供顾客选择消费。因此,基本流程的再造就有两种方式:(1)再造流程可以进一步强化或增强组织的核心能力,从而使组织保持更高的相对比较优势。(2)再造流程以建立组织新的核心能力为目标,重新构造流程以及由流程支撑的新的核心能力。

19.3-4　再造流程的实施步骤

再造流程本质上是一项创新工作,实际上是将构成流程的基本工作环节、工作单位或工作步骤加以判认,并对逻辑关系、时间耗费、可否并行等进行分析研究,大胆创意构想出能够最佳地完成同一工作任务或目标的一系列工作单位或环节的过程。再造流程的基本内容决定了再造流程的实施步骤。一般来讲,再造流程的七个大的步骤为:(1)设定基本方向。(2)现状分析并确认改造目标。(3)确定再造流程方案。(4)制定解决问题的计划。(5)制定详细的再造工作计划。(6)实施再造流程方案。(7)继续改善的行动。

本章思考题参考解答

　　1. 工作流程就是工作进行的路径,这一说法对吗?

　　答:这种说法不是很确切。首先,从流程的定义来看,流程是指完成一项任务、一件事或一项活动的全过程,这一全过程由一系列工作环境或步骤所组成,相互之间有先后顺序,有一定的指向。任何一个工作流程都有一个特定的任务或目标,因此不应该简单地将一切工作进行的路径都称为工作流程。其次,从流程的特性来看,流程具有逻辑性。所谓逻辑性是指流程的全过程(包含着诸多工作环节和步骤)的内在逻辑性是很强的。而在有些工作进行路径中,工作之间的逻辑性是很弱的,因此不能笼统地将一切工作进行的路径称为工作流程。

　　2. 工作的先后顺序是否可以改变? 什么条件下可以改变? 什么条件下不能改变?

　　答:工作的先后顺序是可以改变的,但有一定的前提条件,那就是工作先后顺序的变化应不影响工作流程的内在逻辑。如果工作先后顺序的改变破坏了流程的内在逻辑,那么这种改变是不可行的。一般来讲,当组织目标、战略、组织机构等发生变动时,实现目标的诸多大大小小的任务必然发生变动,与完成任务相关的流程自然也要发生变化。其次,从内在来看,专业分工的深化也会导致流程的变动。

　　3. 工作流程有三个构成要素,试分析企业中的基本工作流程并加以证明。

　　答:基本流程由以下几个基本要素构成:(1)工作。任何一个流程一定是由一些具体工作或步骤所组成的。(2)逻辑关系。这是指流程中具体工作之间存在着一种先后顺序的关系。但是一个流程的逻辑关系不是唯一的。完成任务的途径即从流程的起点到终点的路线是可选择的。(3)转换时间。这是指流程的每一基本工作环节或基本工作完成后至下一个工作环节启动时的时间间隔。时间间隔越小,效率越高。

　　举例来讲,企业中的一个基本工作流程是生产作业流程,这一流程是由接单、采购原料、发单生产、生产检验、发货、收货款等工作环节构成的,各个工作环节之间存在着一定的逻辑关系,如只有在采购了原材料之后,企业才可以发单生产,生产出产品之后,对产品做最终检验……而且各工作环节之间是存在着一定的转换时间的。

　　4. 为什么流程与组织的理念或价值观密切相关?

　　答:组织的理念或价值观是现代组织基本流程的内核。所谓现代组织基本流程的内核是指决定基本流程的基础性或决定性因素。组织的理念或价值观是指组织经营管理所信奉的行为准则和对社会、经济等方面的价值判断。组织的理念或价值观不同,会使组织的一些流程或流程所含工作环节、工作步骤等有明显的不同,进而产生不同的效果。因此,从这个角度来讲,组织的流程与组织的理念或价值观密切相关。

5. 怎样有效地分析出组织流程现存的问题？怎样开展针对性的改造创新？

答：若想有效地分析组织流程存在的问题，应该对组织现有流程、组织目标、外界环境、顾客、组织核心能力等状况进行具体深入的调查分析，再确定具体的改造目标与标准。具体来讲，应做好以下工作：组织外部环境分析；顾客满意度调查；现行流程状态分析；改造的基本设想与目标；设定改造成功的判定因素。

若想开展针对性的改造创新，首先必须明确再造流程的出发点。再造流程的出发点是指再造流程的基本准则和起点。现代组织再造流程的出发点有以下几个方面：首先，与组织目标相符，以顾客的满意为出发点，关注技术条件。其次，应该明确再造流程的核心目标并不是流程本身，而是为了再造组织的核心能力。最后，要合理安排再造流程的步骤。一般来讲，再造流程的七个大的步骤为：(1)设定基本方向。(2)现状分析并确认改造目标。(3)确定再造流程方案。(4)制定解决问题的计划。(5)制定详细的再造工作计划。(6)实施再造流程方案。(7)继续改善的行动。

本章案例参考解答

1. 你认为建行上海市分行目前的服务流程尚有改造的空间吗？你认为可从哪一方面着手？

答：目前建行上海市分行的服务流程还有一定的改造空间，有可能改造成为一门两步或一门一步，下面介绍两种方法。方法一如下图所示。

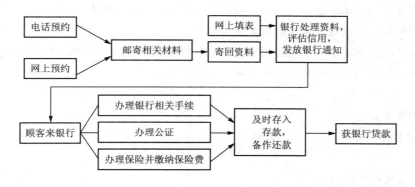

方法二：银行可以与房产商结成战略联盟，在售楼处为顾客办理好一切事宜，只需顾客亲自去银行存款即可。

2. 服务流程改变了是不是意味着服务质量全面地提高，顾客的满意度就提高了呢？

答：服务流程的改变，一方面为顾客节约了大量的时间成本，一方面避免了繁杂的手续给顾客带来的不便，可以说极大地提高了服务的质量，但这并不能被夸大为服务质量的全面提高，因为顾客在服务过程中的满足感等因素也是影响服务质量的重要变量。因此，为了最大限度地提高顾客的满意度，企业还应该在提高员工的服务态度上下大力气，可以采用微笑服务、竞争上岗等方式，提升企业员工的积极性，提高企业的整体服务水平。

3. 试举例说明流程改造的重要性。你能否进行一次流程改造的实验？

答：略。

本章测试题

1. 流程的特性有：　　　　　　　　　　　　　　　　　　　　　　　　　　　（　　）

A. 逻辑性　　　　　　B. 可分解性　　　　　　C. 时间性　　　　　　D. 变动性

2. 流程的基本功能有：　　　　　　　　　　　　　　　　　　　　　　　　　（　　）

A. 完成一定的目标或任务　　　　　　　　B. 明晰权责

C. 有利于分工一体化　　　　　　　　　　D. 时间性与阶段性的特性便于提高工作效率

3. 现代组织基本流程的构成要素有：　　　　　　　　　　　　　　　　　　　（　　）

A. 工作　　　　　　B. 逻辑关系　　　　　　C. 工艺　　　　　　D. 转换时间

4. 现代组织的纵向流程主要包括：　　　　　　　　　　　　　　　　　　　　（　　）

A. 生产指挥流程　　B. 营销流程　　　　C. 人事管理流程　　D. 计划决策流程

5. 现代组织的横向流程主要包括：　　　　　　　　　　　　　　　　　　　　（　　）

A. 资金核算流程　　B. 资金筹措流程　　C. 生产作业流程　　D. 生产指挥流程

6. 下面关于基本流程内核的描述正确的是：　　　　　　　　　　　　　　　　（　　）

A. 所谓现代组织基本流程的内核是指决定基本流程的基础性或决定性因素

B. 组织的理念或价值观是组织基本流程的内核

C. 技术工艺特征并不属于现代组织基本流程的内核,只是处于基本流程的外围部分

D. 领导的风格与方式是基本流程的决定性因素

7. 再造流程的出发点是：　　　　　　　　　　　　　　　　　　　　　　　　（　　）

A. 组织目标　　　　B. 顾客需求　　　　C. 员工满意　　　　D. 技术特征

8. 再造流程的核心目标是：　　　　　　　　　　　　　　　　　　　　　　　（　　）

A. 提升企业的核心竞争力　　　　　　　　B. 满足顾客需求

C. 对股东负责　　　　　　　　　　　　　D. 获取最大化利益

9. 基本流程的再造方式有：　　　　　　　　　　　　　　　　　　　　　　　（　　）

A. 进一步强化组织的核心能力　　　　　　B. 建立组织新的核心能力

C. 尽量不影响组织的核心能力　　　　　　D. 在不考虑组织核心能力的情况下进行

第 5 篇

管理的绩效

第<big>20</big>章 管理成本

[本章概述]

　　本章主要介绍为了获得管理这一稀缺性资源,组织必须要付出的成本,这就是管理成本。组织产出有成本,组织的运行也是有成本的。组织产出的成本是生产成本,而组织运行的成本与组织的规模、组织的复杂程度、组织的环境、组织的能力和组织的制度等有关,这种在组织运行的过程中在组织内进行资源配置的成本即管理成本。通过本章的学习,应理解管理成本的定义、构成与特征,管理成本变化的内外部因素。

20.1　管理成本的定义、构成与特征

20.1-1　管理成本及其构成

　　管理成本是实现组织资源有效整合所需的成本。它体现在管理的计划、组织、领导和控制的过程当中,也体现在管理的配置、激励、约束和保险的职能当中。企业组织的管理成本主要由四个方面组成:内部组织成本、委托—代理成本、外部交易成本和管理者时间的机会成本。

　　1.内部组织成本

　　内部组织就是配置企业的各项人、财、物和信息资源,以使这些资源能够比较好地按理想的技术函数的要求进行配合的一项活动。内部组织活动作为市场机制这只"看不见的手"的替代,与市场交易订立"契约"需要成本一样,也更多地体现为一种订立与具体物质和精神利益相结合的内部组织"契约"的活动。由于订立内部"契约"活动,带来了普遍存在的、难以计量的成本,这就是我们所说的内部组织管理成本。

　　内部组织成本主要由组织构建成本和组织运行成本构成。首先,组织架构的核心工作是围绕着人展开的。企业组织中各种人群的目标和企业目标往往存在一定的差距,这就为正式框架的构建增加了复杂性和难度。企业内部契约的订立和市场交易中讨价还价一样,需要花费一定的代价才能达成协议。其次,在一定组织框架之下,为了使组织内部决策过程顺利运行,企业就必须花费相当的代价和协调成本来促使企业组织内部管理交易有效完成。这种成本可以称之为企业内部"市场机制"的运行成本。综上所述,内部组织成本是组织管理成本在组织内部的表现,也是组织管理成本的原始内涵。

　　2.委托—代理成本

　　委托—代理成本是指为使组织内各种有形或无形的契约有效而付出的成本,是由存在于

193

第20章

管理成本

组织中的"委托—代理"关系所引起的。委托—代理关系是一种契约，在这种契约下，一个人或更多的人（即委托人）聘用另一人（即代理人）代表他们来履行某些义务，包括把若干决策权托付给代理人。如果这种关系的双方当事人都是效用最大化者，就有充分理由相信，代理人不会总以委托人的最大利益而行动。这就会导致委托—代理成本的发生，它包括监督、激励成本，保证成本和"剩余损失"三个方面。为了降低委托人和代理人的利益偏差，委托人可以对代理人符合委托人利益的行为进行适当的激励，或者对代理人牟取自身利益的行为倾向进行监督约束。这些监督约束活动以及激励活动所需成本就是监督、激励成本。在委托—代理关系中，代理人也可以保证不采取某种损害委托人利益的行动，或者若采取了这样的行动时，愿意对委托人进行赔偿。这方面的费用支出就称为保证成本。另外，代理人决策与使委托人福利最大化的决策之间会存在某些偏差，由于这种偏差导致委托人的福利遭受一定的货币损失，即"剩余损失"。

3. 外部交易成本

外部交易成本是指企业为获得生产要素和使产品价值得以实现而寻找交易对象，签约及履约等方面付出的成本，它包括搜寻成本、谈判成本和履约成本。由于市场的不确定性，企业为了尽量使自己免受或少受市场变化的不利影响，会尽可能完善地搜寻有关交易的信息。为此付出的成本就是搜寻成本。由于人的有限理性和机会主义倾向，在企业外部交易的谈判过程中，企业需要投入相当数量的人力、物力和财力，这就很自然地构成了企业的谈判成本支出。所谈判的合同越复杂，成本越高。合同的订立最终要贯彻执行，因此还必须考虑合同的监督和违约惩罚问题。由于市场存在不确定性，可能有一方会认为，完全对合同违约是最优行为。为避免这一情况的发生，交易双方势必在谈判和签订合同时强调和确保合同的完全履行，为此交易双方在交易过程中都会自愿付出一定的监督和履约成本。

4. 管理者时间的机会成本

一项行动的机会成本是这一行动使用的资源在所放弃的另外最佳用途中体现的价值。管理者时间成本即因管理者在管理工作上投入时间而产生的成本，也就是指管理者时间资源因为用于管理而不能用于其他用途的最大可能损失。管理者角色的多元化导致其人力资源的多种用途，在被当作管理资源使用时，就产生可能作为其他用途的机会成本。总之，管理者时间的机会成本是指对组织使用管理资源代价的一种度量，它反映了组织继续使用管理资源的价值。

20.1-2　管理成本的特征

管理成本具有经济性、客观必然性、动态性和多维性特征。理解管理成本的这些特征，可以使管理者在进行组织的多样活动时，能以全面、客观、权变的眼光分析组织内部结构与外部环境，从而使组织在竞争中处于一个有利的地位。

20.2　管理成本变化的外部因素

管理成本的大小受多种因素的影响。这些因素有组织内的，如组织规模、组织结构、组织文化、管理者才能等；也有组织外的，如组织环境；还包括组织内部和外部的结合因素，如组织的产权形式。它们不仅决定了组织的内外形势，还决定了组织的运作机制和管理成本。

20.2-1　产权制度

现代产权是由原始产权和派生产权构成的财产权利体系。我们这里所说的组织产权制度主要指组织的所有权与其经营权问题。不同产权制度下,企业的委托—代理成本不同。

大部分情况下私人企业由企业所有者自己来管理,不存在委托—代理关系,因此也就不存在委托—代理成本。对于那些由职业经理经营的私人公司来说,其委托—代理机制相对比较简单,其监督和激励成本、保证成本因其规模的限制而不可能太高。代理成本则主要体现在剩余损失上。由企业所有者共同经营的合伙企业在所有者之间发生相互代理,其代理成本产生于互相监督的需要和剩余损失。由职业经理经营的合伙企业同样存在代理成本,与同等规模的私人企业相比,剩余损失会小些,监督、激励成本和保证成本要高些。股份制企业的内部组织成本和外部交易成本较低,但由于股权分散而产生的委托—代理成本问题将会比前两种情况突出得多。在股权极度分散和信息不对称的共同作用下,企业往往会出现"内部人控制"现象,即由企业的职业经理层实际控制企业的经营,作为所有者的股东乃至董事会控制力却很低。

20.2-2　组织环境

组织环境是指影响组织行为的一切机构和要素,包括一般环境、任务环境和内部环境三个层次。从环境的变化程度与复杂程度来看,在相对平静而简单的环境下,管理成本较低;在相对平稳而复杂的环境下,内部组织、外部交易成本较低,委托—代理成本较高;在相对动荡而简单的环境下,内部组织、外部交易和委托—代理成本均较高;动荡而复杂的环境会进一步增加组织、交易和代理成本。从环境的竞争程度看,来自产品、资本和企业家市场三方面的压力会对企业的管理成本产生影响。一般来说,外部交易成本与产品市场的竞争性成反比,而内部组织成本和代理成本却与之成正比。资本市场的竞争主要影响组织的委托—代理成本和内部组织成本。两者成反比关系,这一点对于经理市场也是适用的。整体上来看,环境的竞争性会促进组织管理成本的降低。

20.3　管理成本变化的内部因素

20.3-1　组织规模

组织规模的实质是由组织运作资源的多少和组织内部业务量的多少决定的。组织规模的变动会影响到交易成本和内部组织成本。交易成本与内部组织成本存在此消彼长的关系。通过外部交易内部化可以节省一部分交易成本,但同时会增加企业内部的组织成本。这样,当市场交易成本的节约与内部组织成本的增加相等时,企业组织规模的扩大就会停止,企业与市场的边界也就由此确定。这时其外部交易成本与内部组织成本之和最小。总的说来,随着组织规模的扩大,外部交易成本会减少而内部组织成本会增加。大企业往往与知名度高和资信良好联系在一起,受到市场的广泛关注,并且在与供应商和购买者的谈判中处于有利位置,对交易对手违反合约和协议的抵御能力较强,因此,其搜寻成本、谈判成本及履约成本较低。但是组织规模的扩大会增加组织复杂性,也会增加组织内部的监控费用,还会造成内部消耗的费用,因此带来了更高的内部组织成本。

20.3-2　组织结构

组织结构对管理成本的影响体现在两个方面：一方面，不同的组织结构蕴含不同的管理成本；另一方面，组织结构的刚性及其与组织环境的关系会对管理成本产生影响。从第一方面来看，U型组织往往伴随着较低的外部交易成本和较高的内部组织成本，M型组织则内部组织成本较低而外部交易成本较高。从第二方面来看，组织结构刚性将在减少内部组织成本和代理成本的同时增加外部交易成本。组织结构对组织管理成本有很大的影响，而且这种影响又有很大的不确定性。因此，在进行组织结构设计时，要有全面的考虑。增加管理层次和人员会增加内部组织成本，组织设计应尽可能减少层级。宽管理幅度往往带来较高的内部组织成本，但也可以通过增加激励成本的方式来抵消其中的一部分，组织设计时应在这两者之间作出平衡。

20.3-3　组织文化

组织文化是以组织精神为核心的，融组织的宗旨、行为规范、伦理体系、价值准则、习俗、信仰、制度规定为一体的复合体系。组织的环境和任务是不断变化的，但是组织的文化却是相对稳定的。某种组织文化可能帮助某一环境的企业减少管理成本，却会使另一环境下的企业增加管理成本。总之，组织文化的存在对管理成本的影响是显著的，但是，这种影响的效果是不确定的。

20.3-4　管理者才能

管理者才能就是管理者整合组织资源的能力，它对组织的管理成本有全面的影响。一般说来，好的管理者能够降低管理成本，主要有以下原因：(1)好的管理者能够适应环境的变化；(2)好的管理者能够设计好的运作框架和机制；(3)好的管理者能够准确把握组织的目标，并能够使决策符合组织的利益；(4)好的管理者有较高的效率。

本章思考题参考解答

1. 科斯说，企业要么将业务内部化并承担组织成本，要么交由市场完成并承担交易成本。本章中企业管理成本同时有内部组织成本与外部交易成本，是否与科斯所言有不一致之处？

答：这两者并不矛盾，它们在本质上是一致的。

科斯在其经典之作《企业的性质》一文中，运用交易成本方法揭示了在市场存在的情况下，企业产生的原因和规模变动的原因。他认为，企业之所以产生是因为市场交易是有成本的，企业作为市场的替代物，是一种不同于市场交易的交易方式，可以在一定限度内降低交易成本（相对于市场交易的成本）。企业规模变动取决于交易成本，企业规模能否继续扩大取决于能否继续降低交易成本。企业规模的临界点或边界是企业内部组织交易的成本与在市场和别的企业组织进行同样交易所需要的成本相等的那一点。企业能够达到这种平衡是因为企业内部组织成本随着规模的扩大而不断增长，与此同时，外部交易成本随着规模的扩大而不断减小。

由于以上原因，企业总可以达到这样一点，即企业内部组织成本与外部交易成本相等，企业也就找到了自身的最佳规模。不管这一点处于何种位置，也不管企业的规模究竟是多大，在达到平衡点时,对于特定的某一项交易而言,它要么由企业在内部实施,要么在外部市场进行,从而企业要么承担内部组织成本,要么承担外部交易成本。但对企业整体而言,它并不是将所有的交易全部由内部组织实施,也没有将所有的交易放在外部市场上进行,而是同时利用组织内部与外部市场进行交易,即一部分业务在内部组织实施,另一部分业务交由市场来完成。因此,对于企业来说,不管其规模如何,内部组织成本与外部交易成本同时存在,企业必须同时承担两者。

而管理成本是组织为获得管理这一特有稀缺性资源所付出的成本,也就是实现组织资源有效整合所需的成本。企业的管理成本同时有内部组织成本与外部交易成本。

综上所述,科斯所说企业要么将业务内部化要么交由市场完成,与企业管理成本同时有内部组织成本与外部交易成本并无不一致之处,只是两者的角度不同而已:前者是就某一特定业务而言,后者是就整个企业而言。

2. 为什么委托—代理成本在现代企业的管理成本中越来越重要?

答:委托—代理成本是指为使组织内各种有形或无形的契约有效而付出的成本,是由存在于组织中的"委托—代理"关系所引起。

对于委托—代理成本,企业产权制度起着决定性作用,不同的产权制度安排引致不同的委托—代理成本。

在私人企业中,企业资产所有权最终属于某个人或某个家族。这类企业大多规模不是很大,经营的业务也很简单,因此,大部分情况下由企业所有者自己来管理,也就是企业不存在委托—代理关系,因此也就不存在由委托—代理而产生的管理成本。当然,还有一部分私人企业不是由企业所有者来经营的,而是由所有者雇用的职业经理来经营的。这样的私人公司的委托—代理机制相对比较简单,其监督和激励成本、保证成本因其规模的限制而不可能太高,代理成本则主要体现在剩余损失上。

从合伙企业来看,由企业所有者共同经营的合伙企业在所有者之间发生了相互代理,于是,代理成本不可避免地产生;由职业经理经营的合伙企业同样存在代理成本,与同等规模的私人企业相比,剩余损失会小些,监督、激励成本和保证成本要高些。

今天,越来越多的企业开始采用股份制形式,股份制使企业的筹资能力得到了很大的提高,同时降低了所有者的风险。作为出资者的股东越来越多,企业的所有权越来越分散。企业对于股东来说只不过是收入的来源,而不是可管理的企业。支薪的经理人员既管理短期经营活动,也决定长远决策,支配了中低阶层和高阶层的管理。在这种情况下,由于股权分散而产生的委托—代理成本问题将会比前两种情况要突出得多。股份公司有两层委托—代理关系:一层是股东大会选举董事会;另一层是董事会聘任总经理。每一层委托—代理关系都将产生代理成本,尤其是第二层,为了使其决策符合股东利益最大化的目标,必须要付出很高的监督和激励成本,同时要有承诺成本。在股权极度分散和信息不对称的共同作用下,企业往往会出现"内部人控制"现象,即由企业的职业经理层实际控制企业的经营,作为所有者的股东乃至董事会控制力却很低。

总之,随着管理人员的专业化分工以及股份制的普遍应用,委托—代理成本在现代企业的管理成本中越来越重要。

3. 试举例说明组织结构怎样影响管理成本。

答:组织结构形式多种多样,但最基本的是直线职能制(U 型组织)和事业部制(M 型组织),还有直线参谋制、矩阵制、超事业部制等。

组织结构对管理成本的影响体现在两个方面:一方面,不同的组织结构蕴含不同的管理成本;另一方面,组织结构的刚性决定了组织结构与组织环境的不协调性。

从第一方面来看,以 U 型组织和 M 型组织为例。U 型组织的特点是等级严格、结构简单和集中控制,它的优点在于实现了分工的利益和规模经济,有利于公司交易地位的提高,因而在很大程度上会减少公司的外部交易成本。但是,U 型组织的集中型结构很容易加大管理幅度,造成管理的累积性失控。为了有效控制,企业有两种选择,一种是增加各层级的管理人员,另一种是增加规章制度并严格执行。无论哪一种情况,都不可避免地增大了内部组织成本。而且,增加管理人员会造成各部门的沟通和协调困难,各个小集体可能会偏离整个公司利润最大化这一目标而去追求各自的小目标。由此,造成内部损耗,从而增加内部组织成本。M 型组织是在逐步克服 U 型组织的缺陷基础上建立起来的组织结构,在这种结构下,公司决策在总部和各利润中心,即各事业部之间实行了分权管理。M 型组织结构下,公司的内部组织成本比同规模的 U 型组织要节约很多,这主要是因为削减了管理人员,减少了目标多元化产生的效率损失以及相互协调的成本。但由于各事业部规模相对于 U 型组织来说要小很多,因而增加了外部交易成本。两种组织结构对代理成本的影响并没有显著的差别,但作为公司,代理成本是不可避免的,解决这一问题也不能依靠组织结构的改变来实现。

从第二方面来看,组织结构刚性由于会减少内部组织成本和代理成本并增加外部交易成本,因而对组织管理成本有很大的影响。一般来说,U 型组织的结构刚性强于 M 型组织。

4. 试比较分析美、日企业文化对企业管理成本的影响。

答:由于历史、经济、社会等多方面的原因,美国和日本有着不同的文化模式。日本文化脱胎于古代中国,也强调集体观念,其伦理的中心是"诚",而维持整个社会运作的准则和判断标准则是"忠"。"明治维新"以后,整个日本社会进行了大规模的文化转型,倡导"和魂洋才"、"脱亚入欧",汲取欧洲文明精华,使社会步入现代化轨道。美国文化的总体特征,是建立在个人主义的文化基础之上的,它以欧洲文化为基础,糅合了世界各民族的文化。血缘关系的淡漠、崇尚个人奋斗、注重事物的结果,构成了美国文化模式的特点。

在不同的文化模式之下,美、日企业也形成了各有特点的企业文化。日本企业一般有如下特征:终身雇佣制、缓慢的评价和升级、非专业化的经历道路、含蓄的控制、集体的决策过程、集体负责、整体关系。美国企业则与此相反,一般有如下特征:短期雇佣、迅速的评价和升级、专业化的经历道路、明确的控制、个人的决策过程、个人负责、局部关系。

由于企业文化的不同,其相应的管理成本也不同。比如,日本企业的终身雇佣制度较之美国企业的短期雇佣会带来较低的内部组织成本与代理成本,而含蓄的控制与集体决策过程则会引起较高的内部组织成本与代理成本。而从组织的刚性程度来看,由于日本企业更注重组织的稳定,因此,其适应环境变化的能力稍弱,在减少内部组织成本和代理成本的同时增加了外部交易成本。

5. 如何正确评价企业家才能在企业管理中的地位？

答：在企业家理论的研究中，对企业家职能的研究较为透彻和独特者当属熊彼特。熊彼特将创新作为企业家的重要的职能而把企业家纳入到他的创新理论中。按照熊彼特的观点，企业家是对生产要素进行新的组合，即建立新的生产函数的人。因而企业家必然是创新者。他们（企业家）对旧的均衡体系进行"创造性破坏"，从而推动经济的发展。可以看出，熊彼特所指的企业家与其职能（创新）是紧密联系着的。

此外，奈特、柯斯纳、卡森等人均从不同角度对企业家进行了研究。其中，奈特在他的理论中引入了不确定性，并把不确定性和风险进行了区分，在此基础上，对企业家的职能，即进行商业决策和承担不确定性，进行了较系统的研究。柯斯纳的企业家是"能够感觉到机会，捕捉到机会并创造利润"的人。卡森则通过引进信息的主观性和人的有限理性的假定，以企业家的职能——判断决策为中心，建立了自己的企业家理论框架。

企业家利用其才能可以适应环境的变化，设计好的运作框架和机制、准确把握组织的目标并使决策符合组织的利益。企业家拥有较高的效率，从而可以降低企业的管理成本，这对于提高企业的经济效益有着极其重要的意义。

本章案例参考解答

1. 本案例涉及了哪些影响组织管理成本的因素？

答：本案例主要涉及了组织规模、组织环境、管理者才能等影响组织管理成本的因素。从组织的规模来看，AT&T 花费了大量的时间与金钱进行并购，购进了移动电话经营商麦考移动通讯电话公司和从事卫星电视服务的休斯电子公司等的股份。几年下来，AT&T 变得庞大无比，由此产生的问题越来越多，业务资源整合的难度越来越大，管理层也日益感到他们的控制力不够用。投资者更是怀疑公司管理层是否能把命令传达下去，进而管理好企业，使他们的投资是足够安全的。这在 AT&T 已成为影响管理成本的主要因素。而且，需要特别指出的是，AT&T 不仅规模巨大，而且从事的是多元化的业务，这使得其整合难度更大。

从组织环境来看，AT&T 面对的是一个动荡而复杂的环境。在 1984 年以前，AT&T 几乎垄断了美国的长途电话业务市场。在这种无人竞争的环境之下，AT&T 虽然机构臃肿、行动迟缓，但依托政府的保护，其业务依然快速增长而且利润丰厚。但 1984 年美国政府在一定程度上放松了对电信业务市场的管制，使 AT&T 昔日的美好时光一去不返。同时，新法令使得资本雄厚的大公司可以进入其他领域。AT&T 也借此进行了大规模扩张，进入了许多领域。与此同时，在全世界都放松管制的情况下，在地方电话和长途电话之间，声音和数据传输之间以及有线和无线之间的壁垒正在瓦解。外部竞争不断激化，AT&T 不仅要对付势力较强的各个小贝尔电话公司，还得与电力公司、有线电视周旋。而在辅营业方面，由于涉及领域较多，情况也十分复杂。

从管理者才能来看，现任首席执行官艾伦并不能胜任其工作。在艾伦管理的 8 年中，公司的情况并没有明显的改观。几年来环境变化很快，数字技术正在重塑通信行业，而艾伦却对数字技术一窍不通。而且，现实的困境需要一位能够团结起 12.5 万员工和激励投资者的有明确策略的人，但艾伦却不善于与人沟通。这些都加大了管理成本。

2. AT&T 在过去几年里一片混乱的原因是什么？它是否说明了管理成本的存在？

答：AT&T 在过去几年里一片混乱的原因首先在于环境的变化。以前 AT&T 凭借政府的保护几乎垄断了美国的长途电话业务市场，业务快速增长，利润十分丰厚。但 1984 年美国政府对电信业务市场管制的放松使得 AT&T 的美好时光一去不返。并且，在全世界都放松管制的情况下，在地方电话和长途电话之间，声音和数据传输之间以及有线和无线之间的壁垒正在瓦解，外部的竞争不断激化。这种外部环境的剧变当然会对原来机构臃肿、行动迟缓的 AT&T 带来冲击。

其次，面对这一外部环境剧变所带来的冲击，AT&T 所做的反应并非十分有效。AT&T 试图通过进入其他新领域来减轻外部冲击，但是有很多并购是不恰当的。它们仅仅带来了规模的扩大及管理成本的相应增长，却没有为公司绩效提升作出贡献。比如，AT&T 用于计算机方面的投资就是失败的，花了大价钱开发手提电脑及其软件并不受市场欢迎，花大价钱购买的 NCR 公司也是十分糟糕，加重了亏损的程度。

最后，管理者的能力不强也是导致 AT&T 一片混乱的原因之一。面对外部冲击，AT&T 之所以没能作出有效的反应，究其原因还是因为管理者能力不足。艾伦作为首席执行官，却对重塑通讯行业的数字技术一窍不通，这自然阻碍他作出正确决策。并且，现实的困境需要一位能够团结起 12.5 万员工和激励投资者的有明确策略的人，但艾伦却不善于与人沟通。

很容易发现，导致 AT&T 一片混乱的三个原因正是影响管理成本的三个因素，即外部环境、组织规模与管理成本。因此，这正好说明了管理成本的存在及其对组织绩效的重要性。

3. 如果你是艾伦的继任者，你将从哪些方面对 AT&T 进行改造？

答：首先一点，也是最关键的一点，按照数字化的要求对 AT&T 的业务进行重组。未来是一个数字化的时代，未来的人类生存将是数字化生存，与人们日常生活密切相关的通讯行业更是与之紧密相联。数字技术正在重塑通讯业。AT&T 必须适应这一变化，并且走在这一趋势的前头，率先进行数字化。这体现在业务上就是要将那些非核心业务去除，而集中力量投入到数字化通讯。在此过程中，可以和数字化通讯方面有一定实力的公司结成联盟，分享某些技术与资源，共同进行一些前沿研究。

其次，必须调整组织结构与人员配置。原来 AT&T 由于业务众多，人员庞杂，整体效率不高。为此，必须按照上述业务重组的要求，对组织结构与人员配置进行重整。在组织结构方面，由于现有业务领域减少，而且核心业务的分量大大提高，因此集权程度应有所上升，管理层次可以略为减少，实现一种更为紧凑的组织结构。在人员配置方面，应大量减少员工总数，这首先是因为业务量的缩减，还因为必须提高人员效率，降低组织成本。此外，值得特别指出的是，鉴于技术创新的重要性与关键性，可以设立一个技术创新管理委员会，专门负责技术创新的评估、决策、实施、协调及监督检查等工作，以利于技术创新的进行与快速转化，从而保证 AT&T 在技术上的领先以保持竞争优势。

21 世纪是知识经济的时代，通讯更是一个强调信息、知识与技术的行业，因此，AT&T 必须适应时代的要求，按照知识经济的要求运用全新理念对企业的流程、管理等进行重组。这里可以借鉴的理论与方法有：流程再造、组织修炼、理念提升、第五代管理、知识联盟以及柔性组织等。当然，并非所有新思想、新方法都会起到立竿见影的作用，具体运用中应根据实际情况有针对性地进行，并且要关注其长远效果。

本章测试题

1. 下列不属于委托—代理成本的是：　　　　　　　　　　　　　　　　　　（　　）
    A. 监督激励成本　　　B. 保证成本　　　　C. 内部组织成本　　　D. 剩余成本

2. 下列不属于交易的三种基本类型之一的是：　　　　　　　　　　　　　　（　　）
    A. 买卖交易　　　　　B. 内幕交易　　　　C. 管理交易　　　　　D. 限额交易

3. 下列关于股份制企业管理成本说法正确的是：　　　　　　　　　　　　　（　　）
    A. 外部交易成本低，内部组织成本高　　　　B. 两者皆高
    C. 外部交易成本高，内部组织成本低　　　　D. 两者皆低

4. 其余方面相当的情况下，哪种产权制度下的企业委托—代理成本最高？　（　　）
    A. 股份制企业　　　B. 合伙企业　　　　C. 私人企业　　　　D. 无法确定

5. 随着市场竞争的加剧，管理成本的变化趋势为：　　　　　　　　　　　　（　　）
    A. 逐渐减少　　　　　B. 逐渐增加　　　　C. 先增加后减少　　D. 先减少后增加

6. 内部提升制度对管理成本的影响是：　　　　　　　　　　　　　　　　　（　　）
    A. 有利于减少代理成本　　　　　　　　　　B. 有利于减少内部组织成本和外部交易成本
    C. 有利于减少管理总成本　　　　　　　　　D. 以上说法皆错

7. 相对于 U 型组织而言，M 型组织：　　　　　　　　　　　　　　　　　（　　）
    A. 内部组织成本高，外部交易成本低　　　　B. 两者皆高
    C. 内部组织成本低，外部交易成本高　　　　D. 两者皆低

8. 对组织结构刚性的有关说法正确的是：　　　　　　　　　　　　　　　　（　　）
    A. 有利于减少外部交易成本　　　　　　　　B. 会导致增加内部组织成本
    C. 会导致代理成本升高　　　　　　　　　　D. 以上说法都不对

9. 组织规模的扩大，使：　　　　　　　　　　　　　　　　　　　　　　　（　　）
    A. 外部交易成本减少，内部组织成本增加　　B. 内部组织成本增加，外部交易成本减少
    C. 两者同时减少　　　　　　　　　　　　　D. 两者同时增加

10. 下列关于管理成本各说法错误的是：　　　　　　　　　　　　　　　　（　　）
    A. 有四个主要组成部分　　　　　　　　　　B. 就是管理费用
    C. 是一种体制成本　　　　　　　　　　　　D. 是实现组织资源有效的整合所需的成本

第 **21** 章　管理效率

[本章概述]

　　管理使组织从投入(资源)到产出(目标)的转换过程更加有效率(增加产出或降低投入)，从整体上看，管理效率就是指由于实施了管理后增加的收益与管理成本之间的比较。本章主要介绍了管理效率的内涵、管理效率的影响因素、管理效率增进的过程模型和 X 效率的产生与控制。

21.1　管理效率的内涵

21.1-1　人类行为假设与环境因素假设

　　管理实际上就是为了解决"在人们相互依存和冲突的联系中，如何有效配置和利用资源"这个基本问题。要更好地回答这个问题，应对人类行为和环境因素作出一些假设。

　　1. 人的行为假设

　　对人的行为的四个假设是：(1)"追求自身利益最大化"假设，指经济人存在尽可能增加自身利益的愿望和行动；(2)"需求偏好多样性"假设，指需求偏好呈现多样化和复杂化，且具有不确定性；(3)"有限理性"假设，是指"有达到理性的意识，但又是有限的"；(4)"机会主义倾向"假设，指人们借助于不正当手段牟取自身利益的行为倾向。

　　2. 环境因素假设

　　对环境因素的五个假设是：(1)"资源的稀缺性"，即不论人们如何努力，所能获取的资源总不能完全满足他们的需要；(2)"机会成本"，指把一定的资源用于生产某种产品时所放弃的生产另外一种产品的价值；(3)"资产专用性"，指某些投资一旦形成某种特定资产就难以转向其他用途；(4)"规模经济"，指当所有生产要素都增加时，收益的增加幅度更大；(5)"复杂性和不确定性"，环境因素中的复杂性和不确定性起源于资源和技术条件的内在联系及其变化。

21.1-2　管理功能与效率

　　1. 管理功能

　　管理具有如下功能：(1)激励功能，指使经济活动中的当事人达到具有从事某种经济活动的内在推动力的状态；(2)配置功能，指尽力提高资源配置效率，向帕累托最优靠近；(3)保险功能，指借助某些体制形式把风险转移到从社会范围看愿意承担风险，并且承担成本较低的那些机构和个人上去，以使经济活动人对未来经济活动形成稳定的预期；(4)约束功能，指对经济人机会主义倾向的抑制与约束。

2. 管理效率

管理总效率（TSE）实际上是由激励效率（MSE）、配置效率（ASE）、保险效率（SSE）与约束效率（CSE）这几方面的分类效率按某种函数关系结合而成的，可表达为：

$$TSE = f(MSE, ASE, SSE, CSE)$$

值得指出的是，TSE 不是 MSE、ASE、SSE 与 CSE 的简单加总，其具体关联依实际情况具体分析。

21.1-3　管理效率的度量

管理效率有三种度量方式。

第一种度量方式是：$SE = (TR - PR)/SC = SR/SC$，其中 SE、SR、SC 分别代表管理效率、管理收益和管理成本，TR 代表采用某项管理体制后的总产出，PR 代表无体制生产收益。

第二种度量方式是以 TR 作分子，在 SC 不变的条件下，用 SE^* 近似地表示同一交易过程采取某一体制时的 SE，即 $SE^* = TR/SC$。

第三种度量方式是在原有的管理体制基础上，比较由于采取了另一种新管理方式而增加的收益与成本，即比较管理体制变动的边际收益与边际成本，由此形成管理的边际效率。这种度量方式可表达为：

$$MSE = MSR/MSC$$

其中，MSE、MSR、MSC 分别为管理的边际效率、边际收益和边际成本。

21.1-4　管理成本与管理效率

管理成本是为了提高组织绩效而付出的成本，管理效率则是因投入管理成本而相应增加的收益，成本与效率之间有紧密的联系。从公式定义来看，管理效率＝管理收益/管理成本，管理效率与管理成本呈反向变化。值得指出的是，管理是一种特殊投入，其主要功能在于整合企业的其他资源，因此，提高管理绩效，不能仅从控制成本的角度出发，而是应该更加重视由于成本的投入导致组织整体绩效的改进。

管理效率是激励效率、配置效率、保险效率和约束效率的综合，管理成本也是四项分类功能成本的综合。为着重讨论各项功能成本之间的关系，在此引入"专有成本"和"共有成本"的概念。专有成本指管理中各分类功能从整体中分解出来，处于独立状态时所观察到的成本。共有成本指专有成本之间的重合，即同一成本具有一种以上管理功能成本的属性。在比较与选择管理体制时，需要考虑各管理功能的专有成本和共有成本。在管理收益大致相等的情况下，具有一种以上功能的成本在实际总成本中的比重越大，这些成本中所具有的管理功能越多，实际总成本就越低，管理效率也越高。

21.2　管理效率的影响因素

影响管理效率的因素有很多，这里主要从产权、管理过程、管理的方式方法与管理者等影响因素分析入手,进而研究管理效率增进的模式。

21.2-1　产权与管理效率

1. 产权的含义

产权就是受制度保护的利益,它包括不可分割的两个方面:权利和利益。产权代表着资源稀缺条件下人们使用资源的权利,或者说人们使用资源时的适当规则。在一般意义上,完整的产权总是以复数形式出现的,它是一组权利,其中包括:使用权、收益权、转让权。所有制给出了经济体制的初始规定,而产权结构是源于所有制的各种权利在交易过程中的分布状况。产权制度的这种特定地位,对管理体制的诸项功能及效率影响是不言而喻的。

2. 产权制度对管理效率的作用

(1) 合理的产权制度是个人激励的决定性因素。实施管理的目的,是为了在同等条件下以较小的成本获取较大的收益,收益的归属由产权决定,产权主体有权获取与其努力相应的收益。从这个意义上来说,产权特别是收益权是否得到明确界定与有效实施,对管理中激励功能的影响是决定性的。

(2) 合理的产权制度是促进组织资源有效配置的重要因素。制度的配置功能是指制度具有有效配置组织资源的作用。产权制度能保证收入分配与要素贡献相对称,符合帕累托最优的思想。管理的配置收益更多地与产权中的转让权相联系。人们相互交换产品,进行协作生产,直接的目的就是追求配置效益。如果产权是不稳定的和易受伤害的,人们就可能选择对抗而非交易来解决他们对稀缺资源的需求冲突。

(3) 合理的产权制度具有巨大的保险功能。一般而言,行为人投入资本,使企业价值增值的基本前提是其产权在制度的框架内能得以有效保护。只有当社会持续而稳定地承认和保护产权时,人们才会普遍地从事财富积累,谋划长期经济活动。经验表明,滥用资源、不重视积累等短期化行为,正是对未来产权关系的稳定性缺乏信心的表现。

(4) 合理的产权制度具有良好的约束功能。产权制度的进步很大程度上体现在排他成本的降低。排他成本的节约自然能够相应地增加约束收益。产权制度的约束功能十分重要,它不但有利于节约企业成本,更会限制“搭便车”等机会主义行为给他人造成的“负激励”效应,从而有利于提高团队合作效率。

总之,有效的产权制度通过增加对当事人的激励、促进资源有效配置、产生保险效应和对当事人不利的机会主义行为进行有效约束等功能方面或者降低企业投入,或者增加企业产出,或者降低投入并增加产出而提高企业的总体效率。有效率的产权形式是由具体环境中的资源稀缺程度、技术特点、检测和度量手段、法律制度以及意识形态和道德规范决定的。产权制度是企业实施管理的外部框架,产权制度是否明晰在很大程度上影响着企业所制定的各项管理政策,如激励、配置等功能,影响着管理收益与管理效率。从我国近年来进行的经济改革的实际发展过程可以清楚地看到产权制度对于管理效率的影响之大。从古典公有制到承包制再到股份制,每一次经济改革都带来了相应的产权制度变革,企业也在此推动下不断强化激励、配置等功能,并且大大提高管理效率。为使处于建立现代企业制度进程中的中国国有企业更具效率,产权方面的相应变革势在必行,产权不清必将得到根本性的改进。值得注意的是,外部环境的建设和公司治理结构的完善同时进行才是科学和最富效率的。

21.2-2 管理过程与管理效率

管理过程指管理中为完成目标而进行的一系列活动,包括计划、组织、领导、激励和控制等职能,在这些行动中涉及资金、技术、设备、信息和人员等企业管理中必须考虑的管理要素。可以说,管理过程影响企业的管理效率。

1. 计划

计划的制定是一个复杂的过程,必须考虑天时、地利、人和等诸多因素,其中必须着重于人的因素。需要管理者在计划中充分考虑这一要素,制定出有效激励计划。

2. 组织

组织的目的一是为了整个计划的有序性,二是为了激励手段实现的可能性,即激励必须有一定的程序和手段,通过组织的最优组合才可实现。

3. 领导

管理者通过强制、指导、激励和各种信息沟通对组织成员施加影响,使他们能够努力按预设轨道运行,同时,使组织中的一切工作都要和谐、配合,以便组织的工作顺利进行。

4. 激励

激励贯穿于管理过程的每一个要素中。组织成员积极性的提高,会使得管理效率提高;反之,则会下降。

5. 控制

管理者除了对本单位的预算、财务和生产进行控制外,对组织成员的行为也必须加以控制,使他们的生产活动始终保持高水平、高效率。

21.2-3 管理的方式方法与管理效率

管理的方式、方法的改进,即管理创新对管理效率的提高有重要意义。不同的管理方式、管理手段具有不同的绩效结果,同一种管理方式在不同的社会历史条件下所产生的管理绩效也不尽相同,管理绩效是选择管理模式的根本标准。西方管理理论发展的新趋势,是以"能力人"假设为基础和前提的"能本管理"。"能本管理"的核心就是挖掘人未曾使用过的潜力,发挥人的创造能力和智力,把人塑造成"能力人"。这正是管理绩效的核心所在。当前,世界正在迎接知识经济时代的到来,知识经济的灵魂就是创新,人的智力和创造活动将在经济发展中起主导作用。

21.2-4 管理者与管理效率

管理者素质、才能与管理效率之间有着紧密的关系。管理者才能就是管理者整合组织资源的能力,它对组织的管理成本有全面的影响。一般说来,好的管理者能够降低管理成本。较低素质的管理主体必然会制约管理效率的提高。管理者的人力资本结构、能力和努力对管理效率有影响作用。一般来说,管理者的人力资本结构通过影响组织结构、经营理念,影响组织的创新行为,进而影响组织的管理绩效。

21.3 管理效率增进的过程模型

管理效率增进的过程模型,可称之为产权安排下的管理效率的增进。

1. 产权改革

从产权改革入手,通过建立现代企业制度(公司制)完善治理结构,提高管理效率,进而使企业效率提高(厉以宁等)。这一理论的根本缺陷在于:未能考虑产权安排调整后,若要提高效率还需要改变具体的生产组织与管理方面,否则效率仍不能提高。事实上影响企业效率的因素,除了产权外还有人的努力程度、组织体系、习惯、观念、流程、管理方式方法、经营策略等诸多方面的因素。

2. 建立完善的市场机制

从建立完善的市场及市场机制入手,形成竞争性市场体系,实现信息对称,从而给企业经营管理者以外部压力,使其提高管理效率,进而使企业效率提高(吴敬琏等)。这一理论的根本缺陷在于:在产权安排未调整时,市场竞争未必能推动企业经营者努力提高效率,更何况还有生产组织管理过程中的其他影响因素。

3. 产权、市场与内部管理三者有机结合

产权通过企业内管理过程的传导机制,提升管理效率与生产效率,进而获得竞争优势(芮明杰等)。这种观点认为,无论是产权改革,还是完善市场及其机制在理论上和实践方面都存在一定的局限性,两者应是相互联系、互为条件、互为补充的。现代公司的运行特征和现代公司治理理论告诉我们,外部治理和公司治理结构是较好地解决两权分离及其问题不可偏废的两个方面,两者的有机结合才是最富有效率的。任何一方面的残缺都可能导致各种问题的出现和公司绩效的降低,而产权对效率的影响一定要通过企业的管理过程才能产生。

21.3-1 从产权安排到治理结构

1. 产权安排和治理结构对管理效率的增进是十分重要的

在产权从公有转为私有的过程中,企业激励机制得到改善,效率也会得到提高。但是,无论企业产权归属于谁,改善企业治理机制都是企业生存与发展的必要条件。市场进化的长期最终效应是治理机制,而不是产权归属。企业的持久成功取决于治理机制能否不断改善来适应市场竞争,治理机制的改善才是产权变换的真正含义及目的。从提高企业管理绩效的角度来看,公司治理结构所要研究的问题,大概可以分为两大类:第一类是经理层、内部人的利益机制及其与企业的外部投资者利益和社会利益的兼容问题,这里既包括经理层的激励控制问题,也包括企业的社会责任问题。这是经济学家研究的焦点。第二类是经理层的管理能力问题,也即由于企业领导层(总裁、董事会)的管理能力、思考方式与环境要求错位而引起的决策失误问题。管理学家往往对此更为关注。

2. 从产权安排到治理结构这一过程中,激励是十分关键的因素

虽然企业治理结构的高效可以通过优化产权配置来实现,但只有在企业产权结构所代表的激励机制发生作用时,企业管理的效率才能提高。这就需要引入市场竞争机制,扩大分析决定企业绩效的制度因素系统,即将企业产权制度系统拓展到市场制度系统,将完善市场体系与企业产权安排及其由之决定的企业治理结构结合起来分析企业管理绩效的决定因素。以上分析告诉我们,产权变换不等于治理机制一定会改善,改变产权也不等于企业治理结构就一定会往促使企业效益提高的方面转换,竞争才是保证治理机制的先决条件。竞争越激烈,企业提高绩效的动机就越强烈。

21.3-2 从治理结构到管理过程

在治理结构一定的前提下,管理过程会受到外部市场、技术变革以及企业员工的努力程度等因素的影响。

1. 外部市场

综合研究表明,竞争是企业治理机制往效益方面改善的根本保证条件,会迫使企业改善机制,提高效益。企业处于一个激烈竞争的市场之中,企业管理的过程从计划、组织到领导、激励和控制都要随着外界市场的变化而适时调整,以适应激烈竞争的市场要求。

2. 技术变革

技术变革是企业保持持久竞争力的重要决定因素。技术变革的决定性作用体现在它直接影响企业的物质生产过程及其结果,以及影响企业成员在物质生产过程中的价值观、行为规范和行为方式的调整,从而对企业长期发展产生持续影响。技术变革对管理过程的影响还表现在以下几个方面:使企业对资本、管理人员、技术人员和其他员工的知识要求不同;技术变革尤其是信息技术的发展使得企业管理幅度增大而管理层次减少;引起企业的生产经营活动的变化,进而影响管理过程。

3. 企业员工的努力程度

员工的努力程度直接影响管理过程。现代企业人力资源管理强调"以人为本",是一个人力资源的获取、整合、保持激励、控制调整及开发的过程,是以谋求人的全面、自由发展为终极目的的管理。通过人本管理使得在一定的治理结构下,管理过程得以高效、顺利地进行。

21.3-3 从管理过程、管理者到管理方式

1. 管理者对管理方式的影响

竞争对管理者的激励、管理者的性格、受教育程度、宗教信仰、责任感、进取心等等品格,以及对管理方式的影响十分巨大。管理者采用集权还是分权、民主还是集中的方式等等,都直接影响到管理的方式方法,进而影响管理效率。

2. 外部环境对管理方式的影响

随着现代科技进步的日新月异、经济全球化程度的提高,企业的经营环境发生了重大的变化。企业环境的变化使所有企业领导者开始寻求创新,管理方式也随之而变化以适应新的经济时代的要求。

3. 流程改造

从管理过程到管理方式进而影响管理效率的进程中,流程改造是一个十分重要的环节。所有的管理流程都涉及怎样调动别人,并把他们与组织发展密切联系起来的问题。组织流程和管理流程是紧密联系的,管理流程的改善是组织流程改善的基础,而完善的组织流程也便于发现管理流程中存在的问题,从而促进管理流程的进一步改进。流程的视角给许多组织和管理中亟待解决的问题提供了线索和解决问题的指南,管理流程的改变使企业管理者在管理过程中改进了管理方式方法,为提高管理效率提供了新的解决办法和新途径。

21.3-4 从管理方式到管理效率

管理方式对管理效率的影响是最为直接的。在管理方式变革影响管理效率的诸多理论中,权变管理理论给管理方式变革提供了一个较为全面的理论框架,具有重要的意义。管理

方式的供给主体(管理者)是管理方式的直接实践者,管理方式的接受主体尤其是被管理者也可能成为管理方式变革的推动者,管理方式构建及变革是由多维因素共同作用所决定的。归根结底,管理方式改变的目的主要是提高管理效率,增强企业的竞争力。

21.4　X 效率的产生与控制

X 效率理论是由美国经济学家莱宾斯坦提出的,它以现实世界中存在的若干与新古典经济学不符合的假设为基础,试图批判性地重构西方经济学。X 效率即非市场配置的低效率是由于人的因素和组织的因素造成的。X 效率理论把对厂商组织内部个体努力程度的确定作为讨论的一个重要内容。

21.4-1　X 效率、市场配置效率与管理效率

X(低)效率实际上是一种组织(organizational)或动机(motivational)(低)效率。这个 X 代表造成非配置(低)效率的一切因素。在厂商投入要素量一定的情况下,如果要素投入组合变化可以使某些产品的产出增加,而没有其他产品的产出减少,就说明该厂商存在 X 低效率;反之,则说明它有 X 效率。X(低)效率区别于市场配置的效率之处在于:市场配置的效率就是因垄断厂商对市场上资源配置的影响导致价格与产量扭曲,引起福利损失,市场配置低效率可用福利三角形来衡量;X(低)效率不是由市场价格(偏离边际成本)造成的,它是因企业内部(个人与人际关系之间)活动而非市场活动造成的那种类型的低效率。

21.4-2　X 效率的产生与主要观点

1. X 效率的产生基础

新古典经济理论假设企业是利润极大化者和成本最小化者,也就是说企业从给定投入获得最大产出,为给定的产出耗费最小的成本。这从一开始就通过假设把企业内存在 X(低)效率的可能性排除掉了。莱宾斯坦发现,现实企业的运营方式与新古典主义理论的描述有相违背的事实,比如,企业不总是内部有效率的,厂商并不按边际原理经营,劳动与资本以外的某种东西在工业化国家的增长率中发挥了重要作用。

2. X 效率理论的假设

与新古典主义针锋相对,X 效率理论提出了自己独特的假设:(1)作为经济学研究对象的恰当单位,不应是笼统的家庭和企业,而应是构成它们的最小行动单位——个人。(2)任何个人行为都具有双重性,既包含理性因素,又包含非理性因素。应该用"极大化非极大化假设"替代新古典的"极大化假设"。

3. X 效率理论的主要观点

(1) 个体的心理和行为对 X 效率的影响有:①应该把个人的努力看作对其精神和外部环境确定的动机作出反应的结果。个人的努力程度并不是一个机械决定的常量,而是一个任意决定的变量。②个人行为具有惰性特征,一个人在"惰性区域"工作会导致两方面的结果:一方面,他将抵制改变,因为任何改变都将带来满足程度的下降;另一方面,个人有灵活选择每一点(努力水平与满足水平的均衡点)的倾向,因为该区域内各点都是均衡的。③劳动合同总是不完善的。企业购入的是劳动时间,而生产需要的却是劳动努力,这种合同是不完全的,因

为企业购买的时间和它使用的努力之间没有固定的替代关系。

（2）集体对 X 效率的影响，源于固守惯例的集体的惰性表现为各种不合适的方针和过时的程序持续不改，结果使企业沿着对它已经不适应的道路继续走下去。此外，X 效率的实现要靠企业全体人员的努力，但企业主（委托人）和雇员（代理人）的利益并不总是一致，这里有一个对策论问题。

（3）市场结构与 X（低）效率有关。垄断企业比完全竞争厂商更容易陷入 X（低）效率陷阱。

（4）企业家才能的发挥有助于减少 X（低）效率。在不完全市场中，企业家才能显得尤为重要。

21.4-3　X 效率的控制

1. 产生 X 效率的影响因素

（1）压力。X（低）效率的产生源于人格与环境两个基本因素，在此压力是关键概念。人格的压力来自"超我需求"与"本我需求"的矛盾，环境的压力是通过企业内部人际关系和市场竞争（或缺乏市场竞争）的效应产生的。承受相对较高和相对较低压力的个人不会对决策作仔细计算，只有在适度的压力下，他们才能采取极大化行为，工作才能达到最好的绩效。

（2）个人心理与行为。个人的行为和心理受理性的"超我功能"和非理性的"本我功能"的影响，这种双重性使得劳动努力不由劳动时间所机械决定。个人宁愿选择惰性区域里的努力水平，经理人员掌握并了解这个区域，就能使员工达到"极大化"努力水平，而又不产生不适当的摩擦。

（3）群体动力机制。企业组织是一个群体，群体动力的核心是成员之间的相互作用，即成员间沟通的方式。影响群体绩效的因素包括竞争状况、团结性、组织目标的认同和群体冲突等。

（4）市场结构。垄断市场中的垄断企业会产生 X（低）效率，因为它们可以通过控制价格，无须成本极小化就能实现可以接受的利润水平；而完全竞争的厂商时时面临从行业中被淘汰出去的压力，因而企业往往会付出更大的努力水平。

2. X 效率的控制

（1）通过影响个人心理与行为提高管理效率。企业主要是通过管理的"激励"功能和"约束"功能来提高管理效率。对正向行为，企业总是采取"激励"手段鼓励其再次发生，这种手段主要有物质激励和精神激励。前者包括计件工资、奖金、公司赠送保险、各种福利津贴以及期权等；后者包括适时表扬、设计良好的工作环境、让职工参与管理、使工作内容不断充实等。对反向行为，企业应采取"约束"的手段以阻止其再发生。企业对员工的约束主要体现在各项企业规章制度中，并通过批评乃至罚款、扣工资、扣奖金等形式实现，这些机制已较为成熟。一般而言，企业对经理阶层约束机制相对软弱，在当前产权结构下的国有企业更是如此，这是造成我国大部分国有企业管理效率低下的一个重要原因。

（2）通过群体动力，改进组织。群众冲突的协调可以提高企业 X 效率。这些方法包括敏感训练、班组建设和改善群体间关系等。敏感训练是指采用一种集中训练的方式，希望达到改善组织成员的自我意识、人际与群体关系，直至行为模式的目标。班组建设则将注意力集中于现有的工作群体，并将改进组织的努力体现在日常的工作之中。改善群体间关系对于协调人际关系,防止冲突出现具有重要作用。

（3）完善市场结构,培养有才能的企业家。为了提高企业的 X 效率,应着力于不断完善企业经营的外部环境,增加市场的竞争程度,避免因垄断而造成的配置效率低下与 X 效率低下。在不完全市场中,存在两类问题:一是安排和利用投入存在障碍;二是投入产出市场存在各种漏洞。企业家在不完全市场中的作用就是克服这些障碍,填补这些漏洞。培养更多富有经验与才能的企业家,促进市场上人才的合理流动,以提高 X 效率,是经济发展的客观要求。

本章思考题参考解答

1. 何为管理效率? 它主要体现在哪几项管理职能上?

答:管理是为使组织从投入（资源）到产出（目标）的转换过程更加有效率（增加产出或降低投入）,从整体上看,管理效率就是指由于实施了管理后增加的收益与管理成本之间的比较。管理效率体现在激励、配置、保险与约束四大管理功能上。

激励功能是管理功能的基础,是使经济活动中的当事人达到一种状态,在这种状态下,他具有从事某种经济活动的内在推动力。该功能是以追求自身利益最大化为前提的,同时由于资源的稀缺性,因而要调动人们的积极性。

配置功能是指在资源稀缺性的前提下,通过各种要素的合理组合,取得最大的效用与产出,达到资源配置的最优化,这种目标可以表达为完全竞争条件下的帕累托最优。

保险功能体现在借助某些体制形式把风险转移到从社会范围看愿意承担风险,并且承担成本较低的那些机构和个人上去,以使经济活动人对未来经济活动形成稳定的预期。

约束功能是对机会主义倾向的抑制性反应的产物。采取机会主义行为的目的是谋求非生产性收益,例如信息不对称环境中的隐瞒行为,集体行动中的"搭便车"行为以及政府管制下的寻租行为等。为了减少这些谋求非生产性收益的活动,设置一些旨在监督与惩罚机会主义行为的机制是重要的,也可以通过一定的组织形式改变导致机会主义行为产生的环境条件。约束效率主要取决于约束所产生的收益与约束成本（例如制定有关约束规则的费用、监督费用、惩罚费用等）之间的关系。

2. 管理效率是各项分类功能效率的简单加总吗? 为什么?

答:管理功能有激励、配置、保险与约束四种。管理总效率（TSE）实际上是由激励效率（MSE）、配置效率（ASE）、保险效率（SSE）与约束效率（CSE）这四方面的分类效率按某种函数关系结合而成,可表达为:

$$TSE = f(MSE, ASE, SSE, CSE)$$

显然,TSE 不是 MSE、ASE、SSE 与 CSE 的简单加总,各效率究竟以何种方式关联,基本上是一个依具体情况具体分析的问题。对管理效率的分析,不仅要从整体上加以把握,还应该分别考察各项管理职能的效率,并加以综合,才能对其有个全面的了解。

3. 说明度量管理效率的三种方法及其优劣。

答:第一种度量方式是:$SE = (TR - PR)/SC = SR/SC$,其中 SE、SR、SC 分别代表管理效率、管理收益和管理成本,TR 代表采用某项管理体制后的总产出,PR 代表无体制生产收益。在这种度量方式中,我们把管理收益定义为"由于采取了某项管理而带来的收益",即如果不采取这项管理,这部分收益就不会出现。因此,首先引入一个"无体制生产收益的概念",它指的是不存在任何经济组织与管理体制的强制与引导,人们只凭本能和兴趣从事生产活动所产生的收益。然后在这种状态下加入管理,设立管理机构,增加管理人员,这样虽然形成了一定的管理成本,但总产出却增加了,达到了 TR。TR 与 PR 两者之间的差就是管理收益。这种度量方式的优点是从逻辑上说对管理效率的度量较为准确,缺点是对 PR 的估计很困难,因为在现实中不存在一个完全没有管理的组织生产状态,因而充其量只能做一个粗略的估计。

第二种度量方式是以 TR 作分子,在 SC 不变的条件下,用 SE^* 近似地表示交易过程采取某一体制时的 SE,即 $SE^* = TR/SC$。例如,某企业要在 a、b 两种管理方式中进行选择,分别考虑采取 a、b 后的企业全部产出为 TR_a 与 TR_b,如果在管理成本 SC 不变的条件下,$TR_a > TR_b$,则 $SE_a^* > SE_b^*$,企业应该选择更有效率的 a 方式。这种度量方式的优点是可直接度量,而且对于同一分析对象采取不同管理体制进行效率分析时,具有简单实用的特点。局限性是 $TR > SC$,因而 $SE^* > SE$,不适合于考察不同分析对象的管理效率;同时为了维持成本不变的假设,会在实际度量时不够准确,通常偏低。

第三种度量方式是在原有的管理体制基础上,比较由于采取了另一种新管理方式而增加的收益与成本,即比较管理体制变动的边际收益与边际成本,由此形成管理的边际效率。这种度量方式可表达为:

$$MSE = MSR/MSC$$

其中,MSE 为管理的边际效率,MSR 为管理的边际收益,MSC 为管理的边际成本。

这种度量方式的优点在于在管理体制变动时对判定其科学合理性有重要作用,并且度量准确易行。缺陷主要在于不能反映全部管理的平均水平,需要有除成本以外其他投入要素不变的假设等等。

4. 如何利用管理功能的共有成本降低实际总成本? 请举例说明。

答:管理功能有激励、配置、保险与约束四种。管理效率是由激励效率、配置效率、保险效率与约束效率这四方面分类效率的综合,而不是简单加总。

要讨论各项功能成本之间的关系,必须引入"专有成本"和"共有成本"的概念。专有成本指管理中各分类功能从整体中分解出来,处于独立状态时所观察到的成本。例如,单单考虑激励功能所涉及的成本包括测定努力程度的费用、测定报酬数量的费用、使努力与报酬挂钩制定方案的费用等,这些费用都是专有成本。共有成本指专有成本之间的重合,即同一成本具有一种以上管理功能成本的属性,如收集信息的成本可用于激励功能,又可用于配置功能,该成本就是共有成本。

在比较与选择管理体制时,需要考虑各管理功能的专有成本和共有成本。在专有成本之和一定的条件下,实际总成本中共有成本的比重越大,实际总成本与专有成本之和相比越小;相交于同一共有成本中的分类功能成本种类越多,实际总成本与专用成本之和相比越小。

所以在管理收益大致相等的情况下,具有一种以上功能的成本在实际总成本中的比重越大,这些成本中所具有的管理功能越多,实际总成本就越低,管理效率也越高。对企业而言,其实际意义在于,加强部门间合作,使一项成本支出能够为多个部门、多项管理功能服务,就能降低管理总成本,提高管理效率。

本章案例参考解答

1. 结合股份制的特点,谈谈产权制度在本案例中是如何使企业的管理效率得到提高的。

答:在市场需求不旺、许多企业举步维艰的条件下,皇冠食品有限公司作为一个刚刚成立两年的小公司,取得了这样的赫赫成绩,在市场上站稳了脚跟,这与其所采取的股份制形式是分不开的。

股份制的一大优势就在于它能拓宽融资渠道,快速筹集到大量资金,这在皇冠食品有限公司的成立过程中体现得很明显。虽然最初几个发起人的出资仅有35万元,但是先后有37名股东入股,在短短的时间里筹集到了105万元资金。这为企业的筹建准备了足够的资金,加快了创建的步伐。不难想象,如果资金不够,就必须花费时间及成本从其他地方筹措资金,这势必延缓工程建设,也会付出一些不必要的成本。

在股份制企业中,由于产权归属明确,因此有利于调动有关当事人的积极性,提高管理效率。在皇冠食品有限公司中,企业的股东无时不关心企业的发展。在筹建中,股东们献计出力,自己设计、自己施工、自己管理,为公司节省了30万元的基础费用,工期也缩短了四个多月。在机械安装与调试中,有技术的股东又亲自参与,试车一次成功,节约费用3万多元。在生产经营中,有技术的股东又主动为公司联系业务,传递市场信息,推动公司的发展。这与传统国有企业中的消极怠工、吃大锅饭形成了鲜明的对比,体现出股份制的优越性。

股份制的另一个优点在于公司内部制度完善、控制严格、效率较高。以往大部分企业都是明显的"人治",什么事该不该做、该怎么做都是有关领导说了算,没有一套完整、明确、严格的制度和程序可供参照,因此容易出现互相扯皮、责任不明确、程序不标准、控制不严格等许多问题。在皇冠食品有限公司,生产经营中提倡以人为中心的激励与约束机制,实行优化劳动组合、合同用工制和工效挂钩的工资制。董事会根据公司章程,制定了一个管理办法,实行"岗位责任制",在具体生产中,借鉴"邯钢经验"严格进行成本核算,对照目标成本进行控制。在财务上,公司建立统计登记台账,进行动态管理,严格规范资金运作。另外,公司还建立了以市场为中心的营销体制。这些都体现出了股份制规范化、制度化的管理特征,有利于企业管理效率的提高。

2. 试说明管理的四项分功能效率在皇冠公司的体现。

答:管理由四项功能构成,即激励功能、配置功能、保险功能和约束功能。相应地,管理总效率也是这四项分类效率的综合,即激励效率、配置效率、保险效率和约束效率,下面逐一分析。

在皇冠食品有限公司之中,激励效率首先体现在股东对于公司的积极关注与参与上。从资金筹措、工程建设、机械安装与调试到其后的生产经营,各股东均以极高的积极性与热情参与其中,为公司节约了不少资源,加快了企业的发展。另一方面,公司成立后,在生产经营中提倡以人为中心的激励机制,实行优化劳动组合、合同用工制和工效挂钩制,分配中工人工资有时比管理人员还高,还从临时工中提拔副经理,这对于员工都有很好的激励作用。员工说:"企业就像我们自己的家。"

皇冠食品有限公司的配置效率的第一方面体现在公司创建之初的业务选择:生猪收购、

加工、冷藏及销售。这一选择的合理性在于当地丰富的生猪资源优势,它在资源配置上是有效率的。有效配置的第二个方面是对人员的配置,皇冠食品有限公司推选行家组成经营班子,实行优化劳动组合,选拔优秀临时工担任副经理,辞退不合格人员,这些都是对人力资源的有效配置。资源配置效率的第三个方面是对货币资本的运用。皇冠食品有限公司在财务上建立统计登记台账,严格规范资金运作,最大限度地做好资金的优化配置。

皇冠食品有限公司的保险效率主要体现在通过内部制度的建立及完善,将不确定性减少,使员工对未来活动形成稳定的预期。

约束效率在皇冠食品有限公司中有很好的体现。股东们对企业运作进行民主监督,并建立了以人为中心的约束机制,将不合格员工辞退。董事会根据公司章程,制定一个管理办法,实行"岗位责任制",哪个环节出问题,就要负责任,按制度处罚。在财务上建立统计登记台账,进行动态管理,严格规范资金的运作。这些约束机制与管理方法都取得了较好的效果,体现了较高的效率,为皇冠公司的发展作出了贡献。

3. 提高管理效率与控制管理成本之间有何紧密的联系? 请结合本案例阐述。

答:管理成本是为了提高组织绩效而付出的成本,管理效率则是因投入管理成本而相应增加的收益,成本与效率之间天然有紧密的联系。从管理定义的公式来看,管理效率=管理收益/管理成本。在收益既定的情况下,投入的管理成本越高,管理效率就越低;反之,投入的管理成本越低,管理效率就越高。从这一意义上看,管理效率与管理成本的关系与一般的投入产出成本效率关系大致相同。

体现在本案例中,有很多因成本控制得较好而使效率得到提高的例子。在皇冠食品有限公司创建初期,因股东的积极谋划与参与,节省了不少基建费用与建设时间,加快了企业发展的步伐,提高了效率。第一年年末又根据经营状况辞退了 30% 的工人,控制了管理成本,提高了管理效率。另外,皇冠食品有限公司还建立了很多有利于控制成本的管理制度,如岗位责任制、目标成本核算、比重测算、统计登记台账及其管理等。它们很好地起到了控制管理成本、提高管理效率的作用,对于皇冠食品有限公司的飞速发展作出了贡献。

本章测试题

1. 下列哪一项不是对人的行为假设?　　　　　　　　　　　　　　　　　( )

　　A. 复杂性和不确定性　B. 有限理性　　　　C. 机会主义倾向　　　D. 需求偏好多样性

2. 以下说法错误的是:　　　　　　　　　　　　　　　　　　　　　　( )

　　A. 只要 $MSE > 1$,采用新措施就是有效率的

　　B. MSE 最大的那个方案是最有效率的

　　C. 当 $MSE > 1$ 时,企业没有实现管理收益最大化

　　D. 当 $MSE > 1$ 时,企业可能实现了管理收益最大化

3. 用 $SE^* = TR/SC$ 对管理效率进行度量:　　　　　　　　　　　　( )

　　A. 可直接度量　　　　　　　　　　B. 适合于考察不同分析对象的效率

　　C. 通常偏高　　　　　　　　　　　D. 以上皆正确

4. 完整产权应包括哪些权利？   (   )

    A. 使用权   B. 收益权   C. 转让权   D. 以上都正确

5. 下列关于专有成本、共有成本错误的是：   (   )

    A. 共有成本即专有成本之间重合的那一部分

    B. 共有成本一定时，专有成本越大则实际总成本越小

    C. 相交于同一共有成本中，各分类成本越多，总成本越小

    D. 专有成本一定时，共有成本越大则实际总成本越小

6. 下列关于 X 效率的说法正确的是：   (   )

    A. 是由市场价格造成的   B. 是市场配置低效率

    C. 是一种组织或动机低效率   D. 同时存在于企业内外部

7. 最先提出"X 效率"的学者是：   (   )

    A. 彼得·圣吉   B. 莱宾斯坦   C. 科斯   D. 西蒙

8. 在下列哪种市场结构下最容易产生 X 低效率？   (   )

    A. 完全竞争   B. 垄断竞争   C. 寡头垄断   D. 完全垄断

9. 下列有关惰性区域的说法正确的是：   (   )

    A. 在未达到惰性区域前，满足以递减的速率增加

    B. 在达到惰性区域之后，满足以递减的速率增加

    C. 在惰性区域内，各点的满足程度是不一样的

    D. 在惰性区域内，个人将抵制改变

第22章 绩效评价

第22章 绩效评价

[本章概述]

　　管理绩效是组织各项技能的成绩、效果的综合表现。管理绩效评价是管理者运用一定的指标体系对组织(包括营利性组织和非营利性组织)的整体运营效果作出的概括性评价,是一个评估、比较以便形成客观最优的控制决策的过程。本章主要介绍了绩效评价的标准、绩效评价的方法和评价结果分析。

22.1　绩效评价的标准

　　绩效评价是指对某个单位、某个地区的工作,采用特定的指标体系,对照统一的评价标准,通过运用一定的数理方法,全面、客观、公正、准确地评价它们所取得的业绩和效益。

22.1-1　绩效评价的功能

　　绩效评价具有如下功能:

　　1. 认识功能

　　对被评单位有比较全面、客观的认识,有一定的定量依据,避免印象起主导作用。

　　2. 考核功能

　　考核被评单位各级管理层以及员工的业绩和管理水平。

　　3. 引导、促进功能

　　将被评单位的行为取向引导到绩效中来,调动他们创造良好业绩的积极性。

　　4. 挖潜功能

　　发现被评价对象间的差距和优势,达到发挥优势,克服劣势,充分挖掘潜力。

　　从战略管理角度来讲,绩效评价从日常管理活动中发现问题,而非在问题出现后再着手调查评价损失究竟有多大。组织通过有效的评价来揭示企业的营运能力、偿债能力、盈利能力和社会贡献,对企业的投资者、债权人、经营管理人员提供决策的依据,给予组织成员在自我价值实现方面的指导,从而为强化组织内外管理、挖掘各种改进潜力、获取更大的管理绩效指明方向。

22.1-2　评价指标选择的要领

　　从组织的发展过程来看,一个系统性、有序性的评价反馈系统对组织的发展乃至生存都起着至关重要的作用。指标是用来衡量组织绩效的标准,指标体系本身必须体现对组织管理的综合要求。由于企业之间存在不同的管理机制、目标任务、环境压力等,不同组织对经营管理适时、适量地选取不同的角度和方法进行衡量,没有统一的标准。

指标体系是组织用于衡量其管理绩效的手段组合,不同指标在信息中充任的角色是不同的,指标的选择又在一定程度上影响组织绩效评价的效果和有效性。所以,组织一开始就应注重对指标的选取。

一般说来,所用的指标必须具备这样一些功效:

1. 客观性

使用公开、公正的手段获得数据和信息。

2. 可比性

使用统一的、量化的统计手段评价绩效,并适当参考同行业的评价指标体系用以确定指标的权重。

3. 时效性

有目的地使用分别反映长期目标(战略)、短期(年度或更短的时间)目标实现程度的指标,可准确反映经营水平。

4. 易操作性

设定的指标应是简明的、可测的(过程清晰易推算)。

5. 综合性

多途径、多方面地了解情况,选用信息最全面的部门的数据。

管理绩效的考核可以从效力(effectiveness)与效率(efficiency)两方面进行评价,即从管理行动是否已落实、开展,以及管理效果达到的具体程度来衡量,这也要求指标还应具备评价组织是否已经做到管理职能,即是否"到位"(效力水平的高低),或以实际指标值反映组织管理目标的实现程度(效率水平的高低)的能力。这时,往往需要数量指标和质量指标。此外,一套确切的评价指标体系还得取决于组织的规模、从事的行业、战略与管理哲学。

总之,指标作为评价不同组织管理绩效的标准,应具备多重功效。

22.1-3　指标的分类

指标取决于组织目标。而绝大多数组织的目标都不是单一的,并且有些目标是相互冲突的。管理绩效应基于企业经营业绩,从各个角度、时间,运用多种变量进行加权评定。

应该根据不同的标准和用途对指标加以区别。

1. 目标与手段

有些指标代表的是经营活动的结果或目标,它们相当接近于组织的正式目标、使命,例如利润率;有些指标则是企业组织达到目标所必不可少的条件或手段,是一种深化了的和导出的目标,如职工的满意度。一般而言,目标性指标在指标体系中权重较大,手段性指标相对权重较小。

2. 时间

有些指标考察的是过去(如上一年财务报表中的数据),而另一些则反映现在的状况(如每年股票的市场价格),还有一些是预期未来的(如预期的规模增长)。从指标有效性的时间跨度来看,有些是属于短期的,而有些则属于一个较长的时期。如果标准所属的时间与潜在的变化率不相符,那么这个标准的可用程度就很有限。

3. 硬指标与软指标

有些指标可以根据实物和事件的特点来定量确定,另一些指标则可以通过行为的观察和民意测验来进行衡量。硬指标以绝对权威的数据告诉我们一个组织绩效有形的方面,即通常都是数量指标,如财务指标。软指标的最大特点就是内容广泛、不拘形式,比如员工的满意度、顾客对产品的认知度等。在功用上,软指标不见得比硬指标逊色,在维护其长期发展利益上,或许更适合于评价企业的经营活动。随着世界向信息时代、知识经济的演进和战略导向的转变,软指标变得越来越重要。

4. 价值判断

各种指标的价值判断可能截然不同,有些呈线性变化趋势(多多益善,如利润率),而另一些却呈曲线变化趋势(过犹不及,如负债比率)。简单按属性分,管理绩效评价的指标有以下几种:(1)实物指标,即用实物的个体单位来表示;(2)成本指标,即货币衡量标准;(3)资本指标,同投入企业的资本有关;(4)收益指标,如衡量销售额;(5)无形指标,比较难以确定者,包括上述"软指标"。

22.1-4 西肖尔金字塔模型

组织应该结合自己的特点,自行设计能反映各项指标重要性的指标权重比例。但关键是首先要理清各指标之间的逻辑关系,使之形成一个有序的、层次分明的系统。在这方面较完善的理论是西肖尔金字塔模型,如图 22.1 所示。

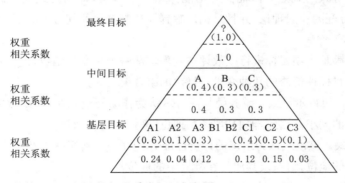

注:相关系数等于上一级目标权重乘本级目标权重。

图 22.1 西肖尔金字塔模型

衡量组织绩效的一系列指标组成一个呈金字塔状的有层次的系统。位于塔顶的是"最终目标",它反映有效运用环境资源和机会以达到长期和正式目标的程度。位于金字塔中部的是一些中间指标,它们是较短期的经营绩效影响要素或参数,其内容受最终指标的约束,它们可以作为"输入性"和"结果性"的标准。位于塔底的是一些对组织当前的活动进行评价的标准,它们大体上反映了顺利和充分实现上述各项中间指标所必需的前提条件。

22.1-5 在开放系统中使用指标

管理活动本身就是一个系统,是计划、组织、指挥、协调、控制等多种职能的统一,各种因素之间显然存在着某种内在的联系。因而，在使用指标的时候，应随时调整，应势而动。比如在卖方市场中，生产方面的硬指标就能很好地体现管理的绩效。而到了讲究营销、管理伦理的时代，企业体现公共关系等的软指标恐怕就显得日益重要了。除了"面"上的调整，"量"上的调整也同样是必需的。此外，亦须根据不同的人文环境的特点，采用权变的观点，来分别选取不同的指标体系用于评价存在于不同环境中的组织管理绩效，或根据环境的变化对原有的指标体系的结构、权重适时作出调整。

22.2　绩效评价的方法

关于绩效评价的方法，主要存在以下几种：组织目标法、系统方法、战略伙伴法、环境评价法。

22.2-1　组织目标法

组织目标法就是以组织最终完成其目标的结果来衡量其效果，而不是以实现目标的手段来衡量。根据目标数目的不同，又可将评价方法细分为两种。

1. 比较单一目标评价法

从理论发展过程来看，最早的是"利润最大化"的观点。此后各种批评不断出现，组织理论学家曾经提出各种评价绩效的理论，其中结构最完整、且反对利润最大化最强烈者，为西蒙所提出的"满意论"。根据西蒙的解释，管理人员不在于追求"极大"，而在于追求"满意"水准。另外还有坎贝尔等人的观点。但他们都不能抹煞一个事实，即利润最大化的假设是支持企业、市场与资源分配的一般理论，并且是据以解释及预测企业及其行为的唯一假设。

2. 多元目标评价法

对组织同时满足多项目标进行绩效评估就像求解一个多变量函数，使得评价工作变得复杂和困难。多元目标评价法的几种变量（目标）的组合模式为：

（1）游齐曼—西肖尔模式。游齐曼与西肖尔认为作为开放系统，组织效能的高低取决于其获得资源能力的大小。因此，他们以"谈判地位"来定义组织绩效。

（2）贝斯模式。该模式认为组织的评价标准有：生产率、利润率以及独立自主的能力；组织在成员心目中的地位；组织及其成员在社会中的地位。

（3）贝尼斯模式。该模式认为组织管理绩效的评价应包括适应能力及解决问题的能力。

22.2-2　系统方法

系统方法主要集中考虑那些对生存有影响的因素，即目标和手段。一个组织可以通过下述几方面的能力进行评价：获得输入的能力、处理这些输入的能力、产生输出的能力和维持稳定与平衡的能力。

系统方法所考虑的相关标准包括：市场份额、收入的稳定性、员工旷工率、资金周转率、研究和开发方面的费用增长情况、雇员的满意程度等。系统方法强调的是那些影响组织长期生存和发展的因素的重要性，尽管这些因素对于短期行为可能不是特别重要。从系统的角度出发，对于国有企业来说，管理绩效评价指标体系构成应包括：经营效益指标、发展能力指标、市场与信誉指标、社会贡献能力指标等。

22.2-3　战略伙伴法

这种方法是假定有一个有效的组织能够满足利益相关群体的各种要求,并获得他们的支持,从而使组织得以持续生存下去。有效的组织应能够成功地识别出关键伙伴——投资者、债权人、顾客、政府部门、劳工组织等。不过,将战略伙伴法付诸行动却非易事,将战略伙伴法从广泛的环境中分离出来,区分"战略伙伴"与"准战略伙伴"都是非常困难的。但是,它可以对组织健康稳定的运转提供可靠的保障。

22.2-4　环境评价法

企业可以通过抽取样本和选取某一阶段的经营管理效果来评价内外部环境,如委托咨询公司调查、借助媒体统计和发放问卷,或者委派专人收集有关媒体的言论,还可以利用社会上的职能部门,如审计部门、会计师事务所等权威性机构来获得所需信息。

22.2-5　个人绩效的评价方法

对于员工的绩效评价可为人力资源部门提供规划的依据,同时可以反馈员工自我实现方面的信息,也是确定和评估培训方案的必要前提。评价员工绩效的方法主要有书面描述法、关键事件法、评分表法、行为定位评分法、多人比较法和目标管理法。

经济增加值(EVA)是评价管理者(或经营者)的工作绩效的方法,是20世纪90年代发展起来的公司业绩评价方法。

评价管理者的工作绩效还应采用综合评价方法。综合评价方法比较全面地描述了管理者的绩效特征,能够保证过程与结果、短期目标与长期目标之间的平衡。

22.3　评价结果分析

在对管理绩效进行评价后,必须对结果进行分析,然后采取一些管理行动,实施反馈控制。在多种情况下,反馈控制是唯一可用的控制手段。反馈为管理者提供了关于计划效果究竟如何的真实信息,也可以增强员工的积极性。

22.3-1　评价结果的信度与效度

信度和效度是评价结果准确性和全面性的重要指标。信度是评价结果的一致性(不因所用的评价方法及评价者的改变而导致不同的结果)和稳定性(不同时间内重复考评所获结果应相同)。影响评价结果信度的因素既有个人的,也有情景的(如时间选择等),还有方案设计等因素。效度是评价所获信息及结果与需要评价的真正工作绩效之间的相关程度。效度差就是评价结果的准确性低。影响评价结果效度的主要因素是定义管理绩效内容的全面性与准确性。

22.3-2　评价结果分析中应注意的问题

在管理绩效评价结果分析中应当注意:客观基础条件的差异会在一定程度上影响管理的整体绩效水平;正确处理指标量化中存在的"悖论";管理者对于评价指标本身的认识问题;建立有效的绩效评价体系是一个变革的过程。

22.3-3　评价后的分析、控制工作

评价和采取管理行动就好比是一把剪刀的两个刃,少了任何一方,剪刀就没有用了。可以把控制定义为监视各项活动以保证活动按计划进行并纠正各种重要偏差的过程。评价后的控制工作可以划分为两个步骤。

1. 确定实际绩效与标准的偏差

通过比较组织的实际绩效与可以接受的良好标准,管理者可以确定其中的偏差,包括偏差的大小和方向。偏差是在所难免的,重要的是该偏差是不是在可以接受的范围之内,如果认为该偏差大小是正常的,则可采取什么也不做的管理行动;如果大大超出了可以忍受的范围,那就需要采用行动来缩小实际与标准的差距。

2. 改进方案

(1) 改进实际绩效。如果标准是合理的,而实际绩效较大程度地达不到标准的要求,管理人员就需要采取纠正行动来改进绩效。纠正行动也分为两种:一种是治标式的纠正,一种是治本式的纠正。至于纠正偏差的具体方法,则可以是管理策略、组织结构、补救措施和培训计划上的调整。

(2) 修订目标。工作中的偏差有可能来自不现实的标准,也就是说,标准定得太高或太低。在这种情况下,值得注意的不是工作绩效而是标准。一个有意义的、可实施的目标体系是有效管理的基础。当人们明显感到标准可望不可及时,他们就会失去卓有成效地完成目标任务的动力;当一个目标定得过低时,又难以把人的潜能激发出来。标准与目标的有效统一既要考虑时滞的问题,也要注重预测同未来目标的比较和取舍。现在采用的一个较佳的面向未来的控制方法,就是以计划评审法(PERT)为代表的网络计划。

本章思考题参考解答

1. 绩效评价与组织目标的关系如何?

答:绩效评价与组织目标是相互影响,紧密联系在一起的。

一方面,组织目标决定了绩效评价的宗旨、指标、方法及实施程序。绩效评价的最终目的就是保证组织目标的实现,其指标与方法选取等无疑受制于组织目标本身。当然,绝大多数组织的目标都不是单一的,而是多种多样的。并且有些目标是相互冲突的,如组织的最终目标就可能是多重的,至于组织的短期目标、子目标那就更可能是多重性的。这些正是人们需要去研究的。如果各种目标都具有相同的重要性的话,评价工作就变得简单了,只需要做些加加减减的事。但情况并非如此,正由于目标具有不同层次的重要性,而其成就又不能简单地加以测量,这才需要一批人专门从事这样的评价工作,基于企业经营业绩,从各个角度、时间、运用多种变量进行加权评定。因为不可能使所有相关目标都取得最优值,所以当经营管理人员要对一个行动方案的最终结果进行预测时,必须先行确定各种影响因素(变量)的权重绩效及其相关值。有些时候,可以直接把组织目标作为绩效评价的指标。

另一方面,绩效评价的结果会影响到组织目标。这首先体现在绩效评价的有效性及其效率会影响到原定目标的实现。得以良好实施的绩效评价有助于组织目标的达成。其次,绩效评价的结果可能导致组织目标的修订。一个有意义、可实施的目标体系是有效管理的基础。工作中的偏差有可能来自不现实的标准,也就是说,目标定得太高或太低。在这种情况下,值得注意的不是工作绩效,而是目标。当人们明显感到标准可望不可及时,他们就会失去卓有

成效地完成目标任务的动力;当一个目标定得过低时,又难以把人的潜能激发出来。这时候,修订组织目标是最好的选择。

2. 指标分为哪些种类? 试举例说明。哪些指标更适合放置于西肖尔金字塔中,用以评价组织(试举一例)的管理绩效?

答:对于指标,可根据不同的标准和用途加以区别:(1)目标与手段。有些指标代表的是经营活动的结果或目标,它们相当接近于组织的正式目标、使命,例如利润率;有些指标则是企业组织达到目标所必不可少的条件或手段,是一种深化了的和导出的目标,如职工的满意度。(2)时间。有些指标考察的是过去(如上一年财务报表中的数据),而另一些则反映现在的状况(如每年股票的市场价格),还有一些是预期未来的(如预期的规模增长)。从指标有效性的时间跨度来看,有些是属于短期的,而有些则属于一个较长的时期。(3)硬指标与软指标。有些指标可以根据实物和事件的特点来定量确定,另一些指标则可以通过行为的观察和民意测验来进行衡量。硬指标以绝对权威的数据告诉我们一个组织绩效有形的方面,即通常都是数量指标,如财务指标。软指标的最大特点就是内容广泛、不拘形式,比如员工的满意度、顾客对产品的认知度等。(4)价值判断。各种指标的价值判断可能截然不同,有些呈线性变化趋势(多多益善,如利润率),而另一些却呈曲线变化趋势(过犹不及,如负债比率)。

简单按属性分,管理绩效评价的指标有以下几种:(1)实物指标,即用实物的个体单位来表示。(2)成本指标,即货币衡量标准。(3)资本指标,同投入企业的资本有关。(4)收益指标,如衡量销售额。(5)无形指标,比较难以确定者,包括上述"软指标"。

不同组织由于其经营方法、组织目标的不同,绩效评价的指标选取与权重安排也是大相径庭的。因此,实际上很难确定哪些指标可以放入西肖尔金字塔模型中。但从西肖尔金字塔模型本身的特性要求来看,数量型的、目标性的指标更适合置入西肖尔金字塔模型中。

3. 绩效评价方法有几种? 如何定义组织的战略伙伴?

答:绩效评价包括对组织的评价和对个人的评价。对组织的评价方法有:组织目标法、系统方法、战略伙伴法、环境评价法。对个人绩效的评价方法如书面描述法、评分表法、目标管理法、EVA 等。

组织目标法就是以组织最终完成其目标的结果来衡量其效果,而不是以实现目标的手段来衡量。根据目标数目的不同,又可将评价方法细分为单一目标评价法和多元目标评价法两种。前者的代表是"利润最大化"的观点和"满意论"观点。后者的代表是游齐曼—西肖尔模式、贝斯模式和贝尼斯模式。

系统方法主要集中考虑那些对生存有影响的因素,即目标和手段。主要通过下述几方面的能力进行评价:获得输入的能力、处理这些输入的能力、产生输出的能力和维持稳定与平衡的能力。系统法强调的是那些影响组织长期生存和发展的因素的重要性。

环境评价法就是关于内外部环境对组织进行评价。企业可以通过抽取样本和选取某一阶段的经营管理效果来评价,如委托咨询公司调查、借助媒体统计和发放问卷,或者委派专人收集有关媒体的言论,还可以利用社会上的职能部门,如审计部门、会计师事务所等权威性机构来获得所需信息。

战略伙伴法是假定有一个有效的组织能够满足利益相关群体的各种要求,并获得他们的支持,从而使组织得以持续生存下去。而所谓战略伙伴是各利益相关群体中对于组织来说最为关键的一个或几个,可能是投资者、债权人、顾客、政府部门、劳工组织等,并且可能随时间和环境的变化而变化。另外,在实施中,将战略伙伴与广泛环境和准战略伙伴区分开来是非常困难的。

4. 谈谈组织绩效评价后的工作的意义。

答:在对管理绩效进行评价后,必须对结果进行分析,然后采取一些管理行动,如确定偏差、改进实际绩效、修订标准等,这其实就是实施反馈控制。

虽然,当组织绩效评价的结果反馈到管理决策层中时,损失已经发生了,因而所做的工作对此是亡羊补牢。但是在多种情况下,反馈控制是唯一可用的控制手段。而且反馈控制同前馈控制和同期控制相比,还存在两个方面的优点。首先,反馈为管理者提供了关于计划效果究竟如何的真实信息。如果绩效评价指标反馈显示标准与现实的偏差很小,说明计划的目标是达到了;如果偏差很大,就提示管理层利用这一信息使新计划制定得更有效。其次,反馈控制可以增强员工的积极性。因为人们希望获得评价他们绩效的信息,而反馈正好是提供了这样的信息。

评价和其后所采取的管理行动就好比是一把剪刀的两个刃,少了任何一方,剪刀就没有用了。可以把控制定义为监视各项活动以保证活动按计划进行并纠正各种重要偏差的过程。有了这一过程,企业管理中的计划、实施、评价与控制就构成一个良好的循环,保证企业达到预定目标。

本章案例参考解答

1. 你是否觉得吉列公司是一个成功的企业? 吉列公司是如何评价自己的管理绩效的?

答:我认为吉列公司是一个成功的公司。作为世界著名的剃须刀生产厂商,吉列在世界剃须刀市场上占有 70% 的份额,在剃须刀行业占据着领先地位。1970 年推出了第一个双片剃须刀,1977 年推出了第一个旋转片剃须刀,1990 年推出了第一个装有双独立刀片的剃须刀,1998 年推出了第一个装有 3 个刀片、拥有 35 项专利的剃须刀,这些不断推出的新产品确保了吉列公司的领先地位。剃须刀业务虽只占了公司营业额的 30%,却为吉列公司贡献了50% 的利润。

同时,在其他业务方面,吉列也是成功的:医疗保健产品,1997 年实际利润增长了 42.5%;书写工具,实际利润增长 27.8%;生产小型家电的欧乐 B 公司实际利润增长 46.5%;耐用电池公司,实际利润增长了 2 倍多;布劳恩公司虽然实际利润无增长,但仍是小型家电行业盈利率最高的品牌。

从其股票的表现来看,吉列属于华尔街的"蓝筹股",从 1987 年到 1997 年的 10 年间,其股价增长了 17 倍。根据摩根·斯坦利国际投资公司的排行榜,吉列公司 1997 年跻身世界最具竞争力的十家企业之列。默瑟管理咨询公司同样把吉列公司列为七家最大的日用消费品生产集团之一,而且它是 1985 年至 1995 年营业额和利润都最高的企业。在这期间,吉列公司的纯利润平均达到 14%。

雅克·拉加德指出:"吉列公司是少数几个具有真正全球战略的企业。"吉列公司还长期关注提高生产力,每年公司的生产力都增加 10%。

综合以上几个方面来看,吉列公司无疑是一家成功的企业。

管理学：现代的观点 学生用书

吉列公司对于自己管理绩效的评估也是不错的,特别是对于剃须刀领域,30%的营业额比率却占到了50%的总利润,对这种业绩吉列是很满意的。而其他业务大都有较快的增长,因此也是令人满意的。

可以看出,吉列公司对于绩效评估多看重数量指标,如市场份额、利润额及其增长率、股票价格等。

正是因为吉列公司对于自身的绩效评价较高,对前景充满信心,才敢于花10亿美元的巨资推出Mach3这种新产品。当然,不管吉列自己如何想象,新产品能否成功推广还要靠市场来最后决定。

2. 在吉列的经营管理活动中有许多目标,它们之间有何联系? 什么是它的最终目标?

答:吉列经营管理活动中的目标有很多,在产品方面,其目标是不断推出附加值更高、价格更贵,因而利润也更大的产品;在技术方面,其目标是不断开发出新的技术,保持技术革新能力与趋势,永远走在最前列;在市场地位方面,其目标是压制其余竞争对手,保持、巩固自己在剃须刀行业的领导地位;在成本控制方面,其目标是通过管理信息化每年减少成本,提高公司生产力;在消费者方面,其目标是逐步让所有的消费者使用设计越来越精良的产品;在对竞争对手的反击方面,其目标是在增加市场份额的同时增加公司的营业额;在市场推广方面,其目标是通过大规模的促销活动来扩大自己的影响;在对其他业务的战略方面,其目标是提高其他业务的盈利,使它们的盈利增长速度快于剃须刀领域的增长幅度;在公司的整体绩效方面,其目标是保持以前良好的记录,继续给予投资者高额回报。

这些目标其实都是紧密联系在一起的,一个目标的实现往往需要依靠另一个或几个目标的完成,也就是说,相对于层次更高的目标来说,某个目标仅仅是实现它的手段,比如说,要想不断推出附加值更高、价格更贵,因而利润也最大的产品,就必须在技术上实现革新;而要保持吉列在剃须刀行业的领导地位,就必须在产品、技术上不断领先,同时说服消费者使用设计越来越精良的产品;要想保持高业绩,就必须在产品、成本控制及其他业务领域等各方面同时达成目标。

吉列公司的最终目标也就是其在公司整体绩效方面的目标,即保持乃至进一步提升良好业绩,给予投资者高额回报。这一目标统领其他分目标。

3. 谁是吉列公司的战略伙伴? 站在战略伙伴的角度,你认为吉列的什么绩效指标对你来说最重要?

答:投资者是吉列公司的战略伙伴。对于吉列公司这样的知名上市公司而言,讨好投资者是至关重要的。如果吉列股票表现不能令投资者满意的话,公司管理者特别是高层管理的位置将受到威胁。所以当1997年夏天吉列公司第二季度营业额减少了35%,股票价格下跌4%时,吉列公司赶紧从两方面对此进行解释。而当1998年第一季度境况有所好转时,吉列公司也是马上将此宣布给投资者及有关机构。

对于广大投资者而言,最重要、最直接、最关心的指标就是股票价格,股价涨则喜,股价跌则忧,因为这就是他们的利益所在。当然,股价是多种因素综合作用的结果,是一个最终指标。除此之外,投资者还比较关心公司整体绩效方面的指标,如销售额、利润率、市场份额、负债率等。

4. 哪些潜在的因素可能会影响吉列的绩效水平？有什么预防措施？

答：吉列公司成功的原因是建立在技术革新基础之上的战略，技术革新可以逐渐增加产品的附加值，从而提高产品的价格。这种战略首先的一个问题就在于吉列必须不断开发出使用新技术的产品，这是有很大压力的。因为越到最后，开发的难度越大，所需投入的研发费用越多，耗费的时间也会越长。自1990年推出装有双独立刀片的剃须刀以来，8年后吉列公司才推出了新一代产品，总投资超过10亿美元，而其市场后果还不得而知。这里面存在着太多的不确定因素，风险很大。

并且，这一战略成功的基础在于消费者愿意使用越来越精良，同时价格也越来越高的产品。经验表明，这一趋势发展到后来有渐缓的势头，即消费者为一定程度质量改进的产品所愿多付的价格越来越少，因为质量改进所带来的效用增加越来越小。所以，到了一定阶段之后，吉列公司的这一战略可能很难奏效，即使它能不断革新技术。

在剃须刀业务上，吉列公司以30%的营业额支撑了50%的利润，这是值得自豪的，但这也是危机所在，即当剃须刀业务表现不佳时，公司整体绩效将受到更大影响。其主要竞争对手希克—威尔金森公司的表现对吉列会产生很大影响。为了改变这一局势，吉列公司应着力提高其他业务的盈利水平，以共同支撑公司的整体发展，防止"一招打天下"的不良后果。

虽然目前除剃须刀外其他业务总盈利额相对较少，但有着很高的增长率（医疗保健产品增长42.5%，书写工具增长了27.8%等等），这也是当前吉列公司绩效较好的一个重要原因，但很显然，这种公司整体绩效水平势必会有明显的下滑。这要求吉列公司一方面努力维持上述业务的高速增长，另一方面应积极寻找、培养新的增长点，以带动吉列的长远发展。

本章测试题

1. 下列哪项不属于对指标选取的要求： （　　）
   A. 综合性　　　　　B. 详细性　　　　　C. 易操作性　　　　D. 时效性

2. 以下有关硬指标的说法错误的是： （　　）
   A. 通常都是数量指标　　　　　　　B. 易受会计方法的影响
   C. 其重要性越来越高　　　　　　　D. 多适合于组织的年度目标

3. 下列关于西肖尔金字塔模型的说法错误的是： （　　）
   A. 位于塔顶的是最终目标
   B. 销售额、用户满意度等指标一般位于金字塔中部
   C. 塔底是一些对当前活动进行评价的标准
   D. 权重的分配与部门间评价结果抵消无关

4. 下列不属于区别指标的标准的是： （　　）
   A. 价值判断　　　　　B. 时间　　　　　C. 取得成本　　　　D. 目标与手段

5. 关于指标选择，下列说法正确的是： （　　）
   A. 指标选择应完全保持一致，以便于前后比较

B. 体现公共关系等的软指标日益重要

C. 对官僚性的管理机构应多用硬性指标

D. 对参与式的管理机构应采用复合的指标体系

6. 下列不属于组织绩效评价方法的是：   （   ）

    A. 目标管理法   B. 组织目标法   C. 系统方法   D. 战略伙伴法

7. 下列不是个人绩效评价方法的是：   （   ）

    A. 关键事件法   B. 评分表法   C. 行为定位评分法   D. 环境评价法

8. 下列说法正确的是：   （   ）

    A. 对于任何偏差都必须采取行动   B. 对待偏差的唯一做法就是改进实际绩效

    C. 反馈控制可以增强员工的积极性   D. 标准应时常修订

9. 个人工作绩效在压力不断增大时：   （   ）

    A. 持续降低   B. 持续升高   C. 先降低后升高   D. 先升高后降低

第**23**章 绩效改进

[本章概述]
    组织管理绩效的改进是一个渐进的、不断循环的过程。本章主要介绍了绩效改进的目标、组织绩效不良的主要原因、绩效改进的方法，以及绩效改进的策略，如引入有能力的治理主体，完善公司治理结构，把组织改造成为学习型组织等，同时建立组织的适宜于现在与未来发展的新管理理念，实施合作与联盟的策略，发展自己的核心竞争力。

23.1　绩效改进的目标

23.1-1　保证组织战略的顺利实施
    组织发展战略并非注定就是正确的。在动荡的信息时代经营环境中，未预料到的机遇和威胁随时都会出现，从而引致新的战略。调整战略是绩效改进过程的一个环节。绩效改进是一个能够产生并接受反馈从而进行改进的循环过程。通过绩效改进，使组织的成员更加关注战略在组织内如何具体运行的细节，因时因地因实际情况进行权衡，保证组织发展战略的正确实施。绩效改进必须和组织战略相结合，为培养组织核心能力服务。

23.1-2　提升组织的核心能力
    绩效改进是提升组织核心能力的重要手段，其根本目的是建立组织长期的竞争优势。因此，绩效改进首先应从组织的战略出发，将组织核心能力的培养与提高作为绩效改进的目标，并将其在组织内部贯彻执行，从管理者开始，并逐一分解至每个员工。

23.1-3　最大限度地提高成员与组织的绩效
    绩效改进的一个重要目标就是提高员工的绩效进而提高组织的绩效。通过绩效改进，把员工与组织绩效的提高作为目标，当员工的绩效和组织的绩效真正提高了之后，则达到了目的。当企业向知识型组织转变，绩效改进的最大挑战是提高知识工作者的生产率。绩效的改进要从人力的发挥及其所关联的环境做起，完成工作的再设计、工作的系统和流程、报偿激励系统的结合，使组织成员投身于更有效率、更有绩效、更具竞争力的活动，从而最大限度地提高员工与组织的绩效。

23.1-4　创造高绩效的组织文化
    在绩效改进的过程中，创造一种高绩效的组织文化是绩效改进的目标之一。创造高绩效的组织文化应具备愿景理念、产业知识、调适能力、沟通能力、人力资源和技术能力等要素。组织经营绩效的好与差,取决于组织全体员工是否具备经营大企业组织的心态和共识,而且必须让全体员工有同舟共济的心理及认同感,组织文化的塑造与形成更决定了组织整体的管理绩效。

总之,绩效改进的目标就是在绩效评价的基础上,分析组织自身的情况,结合外部环境的特点,采用一系列的策略和方法,充分发挥组织员工的积极性与创造性,最大限度地提高组织的绩效,保证组织战略的正确实施,提高组织的核心竞争力,使组织能够在多变的环境中保持竞争优势,能够长期生存和发展下去。

23.2 绩效不良的原因

当评价的结果与理想的标准相比有较大的不足时,就发生了绩效不良。导致绩效不良的原因很多,总体归纳起来有以下三种。

23.2-1 外部环境剧烈变化

组织从外部获取资源,在内部进行加工,输出能被外部接受的产品。外部环境是组织存在的出发点和归宿,是管理绩效如何的最终裁决者。尽管企业能在一定范围和程度内对外部环境施加一定影响,使之朝着有利于自身的方向发展,但本质上外部环境是独立于组织的客观存在,组织只能被动地接受它。而当今的组织环境变化尤为迅速,全球经济一体化带来巨大利润的同时,也带来了挑战。当今的管理者强烈呼吁组织能够适应变化的环境,要时常改变组织内部机构运转过程以迎接环境的挑战。为了随时应付那些"变革性的巨变",组织应保持精简的机构和警惕的心态。英特尔公司时任总裁葛罗夫在《偏执者生存》一书中,列出六类决定企业生存的因素:目前的竞争对手、潜在的竞争对手、供应商和上游企业、客户和消费者、与本企业业务有互补性的企业,以及关键技术。这些因素的影响力和动态变化都不受本企业控制,却能制约企业经营的根本格局。上述因素都属于企业不可控制的外部力量。

23.2-2 内部制度问题

内部制度问题涉及各方面,概念也可大可小,这里主要从三方面进行分析。

(1) 产权制度及与之相联系的激励、约束机制。

以我国国有企业制度为例,传统计划体制与市场经济存在以下冲突:政企不分导致政府对企业行为干预的随意性、经常性和不规范性;动力机制的外部性使企业的激励、约束机制不完善;企业决策主要不是依据市场信号,而是依据企业主管部门纵向传递下来的计划指令。这些原因将导致管理的混乱和最终绩效不良。

(2) 内部组织功能障碍。

如组织成员对职责缺乏了解,相互关系不清;领导授权不当,花过多精力处理不重要的细节问题;过分授权以及使用参谋机构不当等。

(3) 管理者或操作员的风险与收益不对称,导致其为追求自身利益而使企业承受巨大风险或者遭受亏损。

在产权不清晰,搞不清楚应对谁负责,而且缺乏内部监管体制的情况下,造成了决策者的权力与责任不对称、风险与收益不对称的现象。

23.2-3　组织理念落后

1. 忽视组织文化

许多管理人员认为文化是软性的东西,可有可无。但是事实上,组织文化是影响企业绩效的重要原因。如果说制度与规范是组织的硬约束,那么组织文化就是组织的软约束。行之有效的组织文化被视为当今社会中大多数组织的重要组成部分。不同的公司、不同的环境对应不同的企业文化。企业文化是长期建设的结果,不能一蹴而就。

2. 狭隘的竞争观念

传统的竞争观念认为,对手都是敌人。无论组织和个人,要保护自己的利益,必须建立胜过对方的基础,竞争是制胜的关键法宝。这种观念的假设是"零和博弈",是十分狭隘的观念。事实上,竞争对手可能成为合作伙伴来共同开发新技术或者开发新市场以赢得更多的利润。关键是要判定:在哪些方面双方是竞争对手,在哪些方面是双方都是受益者。

23.3　绩效改进的方法

所有寻找绩效改进的方法都有一个共同的前提,那就是"创新精神"。管理创新是指创造一种全新的更有效的资源整合方式,这种方式可以是有效地整合资源以达到企业目标的全过程管理,也可以是具体资源整合以及目标制定等方面的细节管理。这一理论概念可以包括下列五种实施方法:(1)提出一种新的经营思路;(2)创设一个新的组织机构;(3)提出一个新的管理方法;(4)设计一种新的管理模式;(5)进行一项制度创新。下面我们从不同角度阐述管理绩效的改进方法。

23.3-1　标杆管理

1. 标杆管理的含义

标杆管理是通过对比和分析先进组织的行事方式,对本企业组织的产品、服务、过程等关键的成功因素进行改进和变革,使之成为同业最佳的系统性过程。它是美国施乐公司于20世纪70年代末首创,以后逐渐成为一种获得普遍应用的威力强大的管理工具。这一方法还有标杆法、水平对比法、基准评价法、基准化等多种译名。标杆管理的特征可概括为追求完美、比较衡量、制定目标、多层应用和持续发展等五个方面。

2. 实施标杆管理的步骤

标杆管理活动由"标高"和"超越"两个基本阶段构成。从理论上讲,可细化为五个步骤:确定实施标杆管理的领域或对象;明确自身的现状;确定谁是最佳者,也就是选择标杆管理的榜样;明确榜样是怎样做;确定并实施改进方案。实施标杆管理活动最直接的效果是可以给企业组织的产品、服务和过程带来大幅度改善。此外,它还有利于:(1)帮助组织正确认识自身在市场中的真实地位,找出差距。(2)学习并应用更好的方法来减少缺陷、提高质量和降低成本,从而更好地满足顾客的需要。(3)利用外部信息建立有效的目标,从而使组织变得更有竞争力。(4)激发组织中的个人、团体和整个组织的潜能。(5)打破障碍,促进变革。

23.3-2　六西格玛(σ)的管理运作方式

依照摩托罗拉的定义,六西格玛质量意味着差错率为百万分之 3.4(即 3.4 ppm)。从统计意义上讲,一个过程具有 6σ 能力意味着过程平均值与其规格上下限线的距离为 6 倍标准差。此时过程波动减小,每 100 万次机会仅有 3.4 次落入规格限以外。因此,作为一种衡量标准,σ 的数值越小,σ 的个数也越多,质量就越好。

六西格玛管理主要是指六西格玛改进,可划分为界定(define)、测量(measure)、分析(analyze)、改进(improve)、控制(control)五个阶段,简称 DMAIC。DMAIC 五个阶段是六西格玛解决问题的方法的关键,实际上它本身就是解决问题的途径,使六西格玛成为有效的管理模式——解决问题的模型。DMAIC 的优势可以简化为七个方面:测量问题、关注顾客、查证问题根源、打破旧的习惯、管理风险、测量结果和可持续的改变。

开展六西格玛管理三个基本的途径:业务变革,战略改进,解决问题。每个途径都会有不同的方法或路线,可能会带到不同的目的地。组织所选的路线会决定六西格玛管理对组织和员工带来影响的广度和深度。企业组织所要选择的方法或者是六西格玛管理开展的深度,取决于哪种方法最适合企业。每种途径和方法都有它的好处和风险。

23.3-3　流程再造

流程再造(BPR)起源于对传统分工条件造成的生产经营与管理流程片段化、追求局部效率优化而整个流程效率低下的再认识。企业流程是把一个或多个输入转化为对顾客有用的输出的活动;流程再造意味着"根本重新思考,彻底翻新作业流程,以便在现今衡量表现的关键,如成本、品质、服务和速度等方面获得戏剧化的改善"。

流程再造具有如下的本质特性:(1)BPR 的出发点——顾客的需求和面向顾客。(2)BPR 的再造对象——企业的流程,由活动、活动间的逻辑关系、活动的实现方式及活动的承担者这四个要素构成。(3)BPR 的主要任务——对企业流程进行根本性反省和彻底的再设计。(4)BPR 的目标——绩效的巨大飞跃。

流程再造首要的也是最关键的一步,就是如何选择并组织实际参与再造的人。再造队伍中五种角色是必备的:(1)领导者;(2)流程负责人;(3)再造小组;(4)指导委员会;(5)再造总监。这五种角色之间既相互联系又有一定的独立性。

流程再造以选择"关键流程"为突破口。挑选的原则有三个:(1)绩效低下的流程,又可称为功能性障碍的流程;(2)位势重要的流程,即对顾客的满意度最有影响的流程;(3)具有可行性的流程。

一般来说,企业流程的突破有以下四种方式:(1)活动本身的突破,包括活动的整合、分散和废除;(2)活动间关系的突破有两种可能,即活动的先后顺序发生突破性变化,或活动间的逻辑关系发生突破性变化;(3)活动执行者的突破,包括从职能制组织转变为流程型组织,或通过授权使员工从被动的执行者转变为自主的管理者;(4)活动实现方式的突破,主要依靠 IT 技术,以加快部门间信息交流速度,加深协作的程度。

在流程再造中,以下四点必须注意:(1)流程再造是一个自上而下的过程;(2)再造离不开不断的沟通;(3)再造要有明确的目标;(4)流程再造的征程中会碰到各种各样出乎意料的问题,管理层要做好准备。

23.3-4 "知识经济"时代绩效提高的方法

知识经济时代使管理学家们重新审视管理学的理论和方法,企业家们也试图以新的组织方式和运作方式来适应知识经济的环境。基于知识经济时代的管理学方法应运而生。

1. 第五代管理

并行处理技术和网络化使得不同部门并行工作成为可能,使得不同公司之间能够进行更有效的共同合作。第五代管理试图创造一种集成环境,这种环境使人和公司的最优秀的才能同他人最优秀的才能相互结合。从现存的工业时代管理模式迈向知识经济时代早期,需要实现以下的转变:(1)从顺序命令链到并行网络化的转变;(2)从命令和控制到集中和协调的转变;(3)从职位权威到知识权威的转变;(4)从顺序活动到同步活动的转变;(5)从纵向交流到横向交流的转变;(6)从不信任到信任和诚实的转变。

2. 知识联盟

知识联盟是两个独立的公司按照一定的协议,由科技人员和经理层相互协作,共同开发研究、交流知识和信息,所得的成果由两公司分享。知识联盟可以是战术上的,也可以是战略上的。知识联盟具有以下特征:(1)学习和创造知识是联盟的中心任务;(2)知识联盟比产品联盟更紧密;(3)知识联盟的参与者范围极其广泛;(4)知识联盟比产品联盟有更大的战略潜力。

3. 柔性组织

柔性组织最先出现在美国的硅谷,是高技术公司正在进行的组织改进实验。"柔性"简单地说是指有灵活和可变的能力来干不同的事和适应不同的需求。柔性组织其实是一种二元型的组织系统。该系统的第一部分类似传统标准结构中的基础组织单元,它为聚集技术、汇总工作、分配报告提供一种稳定的机制,而且使雇员有很强的安全感和稳定感。但这一部分不能适应变化的环境。为弥补这种不足,柔性组织成立临时性、可变化的另一部分——暂时的项目组,其中的成员来自于各个不同的操作单位。需要时,根据个人的特长员工会被迅速地集中起来,针对各种项目开展工作,任务完成后便宣告解散。这意味着每个成员并非固定属于某一个项目小组,而且个人在项目小组中的角色也因为个人的特长和项目需要而时常发生变化。有了这种二元结构,企业既能保持一定的稳定性,又能为建立合适的组织作出有效、快速的反应,员工也能在不同的小组中发挥自己的特长,实现自身的价值。

23.4 绩效改进的策略

23.4-1 引入有能力的治理主体,完善公司治理结构

在多元化的产权结构下,将产权结构优化配置,划清企业所有者与经营者之间的责权利关系,是经营者构建有效的利益激励机制,提高企业绩效的必要条件。对我国的国有企业而言,政府是国有企业的所有者,但政府没有足够的能力来履行所有者的职责,对经营者进行有效监督和激励。因此,引入有能力的治理主体,是国有企业培育核心能力和改进绩效的前提条件。可以一方面通过金融创新,将国有股转化为优先股,使政府从积极的所有者转变为消极的所有者,实现治理权利与治理能力的对称;另一方面通过国有股减持和股权主体多元化,引入有能力的非国有机构投资者和自然人投资者,并且新所有者的股权比例要达到一定阈

值,使他们成为企业的积极所有者,履行对经营管理者的治理职能。

23.4-2　通过组织修炼,建立学习型组织

　　未来的竞争是组织的竞争,组织竞争力的本质是组织素质。为了提高组织素质,就必须进行组织修炼。所谓"组织修炼"就是采用系统思考的方法使组织向"学习型组织"转变。这是由美国麻省理工学院彼得·圣吉教授在《第五项修炼》中最先提出的。下面对学习型组织必需的五种技能或者说修炼进行分述。

　　1. 自我超越

　　自我超越就是学习不断理清并加深个人的真正愿望,集中精力,客观地观察现实;学习如何扩展个人的能力,创造出我们想要的结果。建立个人愿景是自我超越的前提,而修炼的重要方法是保持创造性张力。

　　2. 改善心智模式

　　"心智模式"是由于过去的经历、习惯、知识素养、价值观等形成的基本的、固定的思维方式和行为习惯。心智模式不仅决定我们如何认知周围的世界,而且影响我们的行动。心智模式改变了,工作方式就会相应改变。良好的心智模式帮助管理者作出有效和及时的决策,进而获得良好的组织绩效。

　　3. 建立共同愿景

　　所谓共同愿景就是被组织成员共同认可、向往、渴望的愿望和景象。建立共同愿景中包含下列各项要素:愿景、价值观、目的和使命、目标。

　　4. 团队学习

　　团队学习是发展团队成员整体搭配与实现共同目标能力的过程,它包括转换对话及集体思考的技巧,试图让群体发展出超乎个人才华总和的巨大知识和能力。学习型组织的团队学习被称为"深度汇谈"。

　　5. 系统思考

　　系统思考是一种试图看见整体的思考方式,是一项看清复杂状况背后的结构以及区分高杠杆解和低杠杆解差异所在的修炼。系统思考的精义在于心灵的转换。它指出世界的复杂性有细节性复杂与动态性复杂两种。系统思考被列为组织修炼中的第五项,却是其他四项修炼的基础。管理者在五项修炼中起到如下作用:(1)建立共同愿景;(2)评估组织状况;(3)组织策略;(4)组织变革。

23.4-3　理念提升

　　理念提升主要体现为:

　　(1) 以人为本。

　　在信息社会中人力资本将取代金融资本成为战略资源。人力资本的重要性使过去以财务管理为重心的管理体系必须进行改革,成为以人为本的管理体系。以人为本的管理建立在"自我实现人"假设之上,能够大大改进管理绩效。

　　(2) 超越竞争。

　　一种错误的竞争观点认为:对手在哪方面进行发展,我也必须相应地在同一领域选择与对方相同的方式进行竞争。事实上,聪明的做法是另选择一条跑道,这条跑道能够为自己创

造更高的垄断利润。

（3）新型的价值链。

传统的价值链模型表示为从供应商、公司到顾客，可以称为"顾客需要驱动"的模式。新型价值链的特点是企业不仅为顾客定制，而且同顾客一起去满足他们的顾客的愿望。

23.4-4 建立动态联盟

1. 动态联盟的含义

动态联盟是指两个或两个以上的独立的经济实体之间，在一定的时间和范围内，为了共同开发一种或几种新技术产品，并最终将共同的新成果快速推入市场而形成的一种暂时的组织形式。当共同的目标完成之后，此组织也将解体，为此这种组织也被称为虚拟企业。动态联盟可以包括以下三个方面：（1）"虚拟企业"，是指联合多个企业的才干和能力共同创造某项产品和服务的过程；（2）"动态团队协作"，是指通过在公司内部或公司之间进行资源重组来把握和传递具体的市场机遇；（3）"知识联网"，是指通过不断变化的、互利的方式联合各个企业的知识、经验、技巧和能力。

2. 动态联盟带来的优势

动态联盟能为成员企业带来许多优势：（1）迅速捕捉市场机遇，及时满足客户个性化需求；（2）共同分担费用；（3）降低风险；（4）使成员企业充分利用规模经济优势；（5）扩大市场范围；（6）提高产品的设计质量，优化产品的性能；（7）通过生产计划的仿真，可以优化资源配置和物流管理，实现柔性制造和敏捷制造，缩短制造时间，降低生产成本。

23.4-5 合作竞争策略

在知识经济时代，企业附加价值活动的支点从制造转向了创新的以知识为基础信息的服务项目。知识型产品的经营必然带有知识经营的特征，一个重要的特征就是合作竞争策略。

1. 合作竞争的知识原理

（1）知识分工与积累原理。知识及积累效率的提高依赖于知识专门化前提下所进行的有效分工。从这个意义上说，企业就是知识专门化的装置。知识的专门化在提高知识投资可能收益的同时，也意味着知识投资在时间和空间上可能具有的差异及知识投资的风险。通过合作以及合作企业之间能力的协同，能够有效实现企业与知识投资商的专门化与规模化的统一，形成不同企业的不同专门知识之间的协同。合作是克服知识投资不确定性的有效手段之一。

（2）知识市场的路径依赖和知识能力过剩原理。路径依赖原理的重要意义在于市场领先。只有观念领先、技术领先、生产领先才能获得市场领先，才能锁定消费者，实现知识投资的报酬递增。通过企业间的合作，特别是围绕知识新产品开发中的合作，提高产品开发的速度与效率，提高市场领先的能力。知识越复杂，知识创新的范围越广，知识创新中所需要的投入越大，知识创新的不确定性越高，合作为企业赢得市场领先的优势就越明显。

2. 知识合作的机制和形式

（1）知识合作的机制。网络知识是存在于组织知识系统之间的组织编码知识和非编码知识的有效互动，是组织间知识整合的结果。它有两个显著的基本特点：无法离开参与方的企业知识而存在；并不表现为合作竞争企业组织知识的简单总和。网络知识的形成方式主要有知识聚合、知识重组和知识激活三种。

（2）知识合作的形式。表现为知识合作的时间维度、空间维度和战略维度。从时间维度来看,合作网络主要有稳定和动态两种合作形式;从空间布局来看,主要有区域网络、全球网络和虚拟网络;从企业战略的角度来看,企业知识合作可以分为一体化和多角化两大类。与企业一体化相类似,一体化网络包括垂直一体化网络、水平一体化网络和混合一体化网络。多角化网络则包括同心多样化和非同心多角化网络。

3. 知识合作的管理

（1）知识合作的吸收能力。企业知识合作是指企业如何通过合作向合作伙伴学习,这就涉及企业的吸收能力。企业的吸收能力是认识、评价、消化吸收以及商业化外部知识的能力。它取决于三个要素:对学习组织所提供的新知识的特定类型;合作组织之间的相似性;学习组织对被学习组织中一系列组织问题的了解程度。因此,在合作竞争伙伴的选择中,企业应选择知识基础相类似的组织,或者说在产业创新领域相接近的组织。

（2）知识合作的维护。在知识合作维护的问题上,要认识合作风险、实施合作激励和利用网络约束。网络约束包括内在约束和外在约束。内在约束是指在很多企业网络中,共同利益的实现和网络整体知识水平的提高是保证合作各方利益实现的前提。外在约束主要指合同上的约束,尤其表现在技术转让等方面的合同约束。

绩效的改进,除了上述的策略外,还必须注重技术、管理和制度三类创新的协同与整合,这是三类创新之间互补支持关系的内在要求。企业在绩效改进的过程中,应当始终注重技术、管理和制度三类创新的协同与整合,促进三类创新的有机融合和良性互动,寻求最佳的创新组合,实现创新的协同效应、整合效应和倍增效应,使企业保持持久的生机与活力。

本章思考题参考解答

1. 除了文中所列出的因素外,还有哪些环境因素会对组织绩效产生重大影响?

答:除了文中所列出的六大因素外,还有政治法律环境、经济环境、社会文化环境及行业性质等环境因素会对组织绩效产生重大影响。

政治法律环境是指一个国家或地区的政治体制、制度、政治形式、方针政策、法律法规等方面。一个国家经济体制的选择是直接由政治力量决定的,会对置身其中的企业产生巨大影响。政府的政策广泛影响着企业的经营行为,而法律法规作为国家意志的强制表现,对于规范市场与企业行为有着直接作用,影响着组织绩效。

经济环境是指企业经营过程中所面临的各种经济条件、经济特征、经济联系等客观因素。首先要考察目前国家经济是处于何种阶段:萧条、停滞、复杂还是增长,以及宏观经济以怎么样的一种周期规律变化发展。还有诸如人均收入水平及其分布、消费状况、价格体制及经济基础设施等因素,都会对组织绩效产生重大影响。

社会文化环境是指一个国家和地区的民族特征、文化传统、价值观、宗教信仰、教育水平、社会结构风俗习惯等情况。不同的社会文化下有着不同的管理行为、工作行为及消费行为,从而影响其中的组织绩效。

在行业方面,一个企业能否有长期发展的愿景,首先同它所处的行业本身的性质有关。各行业的发展都有其具体的特点和特别的约束因素,但无论是哪个行业,都有一些较为明显的约束条件,制约和影响行业的发展,如经济体制、需求因素、资源状况等。分析行业性质,一个常用的方法即是认识其处于行业生命周期的哪个阶段,它是行业发展所处的总体环境,包括需求状况及其自身发展内在轨迹的综合反映。同产品的生命周期类似,它分为引入期、成长期、成熟期、衰退期四个阶段。企业所处的是朝阳产业还是夕阳产业,对于组织绩效有着极其重要的影响。

2. 如何对组织的管理者进行监督,使其既有足够的积极性又能减低组织的风险?

答:要使管理者有积极性进行工作,首要的也是最根本的一点,就是要使其所得回报与其所做努力相对应。不能像传统的体制那样,企业负责人、员工的报酬与企业经营绩效不相关,动力机制是由政府从外部植入企业,从而导致职工吃企业的大锅饭,企业吃国家的大锅饭:企业职员包括管理者干与不干一个样,多干少干一个样,干好干差一个样。当企业内部制度设计能够使管理者一分辛劳一分收获时,他们就有积极性努力工作。

但是,随之而来的一个问题就是,高收益总是伴随着高风险。这样,追求高收益、高绩效的管理者总是会给组织带来高风险。这对于组织来说并不总是受欢迎的。这就需要在对管理者进行激励的同时,利用有关机制对他们进行监督。

这种监督必须建立在稳定、严密的制度下,要有相应的机构设置与人员配备,要有易于操作的监督标准与执行程序,这样才能保证监督的有效执行。值得指出的是,上面所说的管理者收入与风险相对应,内在地包含着这样一层意思,即当管理者由于其行为给企业带来巨大风险并导致损失时,他应当受到相应惩罚,这样就可从管理者自身的角度限制企业面临的风险。

3. 中国企业有哪些不良观念? 它们怎样阻碍了组织绩效的提高?

答:中国企业主要有以下不良观念:(1) 缺乏市场意识。在传统计划体制下,国有企业不仅产权归国家所有,而且其经营也受政府部门的直接干预,企业成为听命于计划制定的行政附属物,只责按照计划指标组织生产,对于原料采购、产品定价、销售与推广等无暇顾及。在这种环境下的国有企业面对改革后放开的市场很多显得手足无措,或者无动于衷,无视市场竞争,不知道如何主动去争取市场与客户,依旧我行我素,漠视消费者。这在以消费者为中心的市场竞争时代是根本行不通的,严重阻碍了企业组织绩效的提高。

(2) 战略观念淡薄。如前所述,在传统计划体制下,国有企业只是直接受政府部门控制的生产车间,纯粹是一种现场作业管理,一般时间跨度很短。即使是一个长期的生产计划,也只须按部就班分解到每一季度、每一月与每一天。它们无须考虑加入了时间纬度后环境变化时企业应该如何预防与应对。新兴民营企业也存在着严重的短视问题,过分追求短期收益。缺乏长远战略眼光使得这些企业无法从容应对环境变化,即使成功起步,也往往逃脱不了"短命"的厄运。

(3) 忽视组织文化。我国企业许多管理人员认为文化是软性的东西,可有可无。但是事实上,组织文化是影响企业绩效的重要原因。如果说制度与规范是组织的硬约束,那么组织文化就是组织的软约束。行之有效的组织文化被视为当今社会中大多数组织的重要组成部分。在各级组织中,管理人员面临的主要挑战之一就是发展一种合适的组织文化。共同的信念和价值观能够保证组织成员精诚团结,同时也能为组织的各项活动指明方向。我国企业必须根据自身情况培育出有利于组织绩效的企业文化。

（4）狭隘的竞争观念。在中国的企业中，与缺乏市场竞争观念意识相对应的是，另一些企业过分强调竞争，认为对手都是敌人。无论组织和个人，要保护自己的利益，必须建立胜过对方的基础，竞争是制胜的关键法宝。这种观念的假设是"零和博弈"：双方的亏损额与盈利额总和为零，我有盈利的就是你亏损的，为了保持我的盈利，我就必须击败对方，竞争就成为必然的选择。从今天看来，这可能是十分狭隘的观念。事实上，现实生活中的竞争并非都是"零和博弈"，以前的竞争对手现在可能成为合作伙伴来共同开发新技术或者开发新市场以赢得更多的利润。所以，如果你仅仅为竞争而竞争，很可能你就没有竞争力。

4.阅读《第五项修炼》原著，说明它对改变个人和组织整体的深层次作用，并分析如何将这些理念付诸实施。

答：《第五项修炼》对于改变组织整体和个人的深层次作用，台湾著名管理学家杨硕英的一番话表述得非常明白：圣吉所希望建立的学习型组织，是一种不同凡响、更适合人性的组织模式，由伟大的学习团队形成社会群，有着崇高的正确的核心价值、信念与使命，具有强韧的生命力与实现共享的共同力量，不断创新，持续蜕变。在其中，人们胸怀大志，心手相联，相互反省求真，脚踏实地，勇于挑战极限及过去的成功模式，不为眼前近利所诱，同时以令成员振奋的远大共同愿景，以及与整体动态搭配的政策和行动，充分发挥生命的潜能，创造超乎寻常的成果，从而由真正的学习中体悟工作的意义，追求心灵的成长与自我实现，并与周遭的世界产生一体感。

学习型组织的精神基础是"自我超越"，它表现为组织的每一成员集中精力，培养耐心，全心投入，不断创造和超越自我。改善心智模式是学习型组织的第二项修炼。心智模式通俗地说是指由于过去的经历、习惯、知识素养、价值观等形成的基本的、固定的思维方式和行为习惯。改变心智模式也就是改变我们的思考方式，它是一个不断检验隐藏在我们所有行为背后的基本假设是什么，以及这些假设是否正确的过程。共同愿景就是被组织成员共同认可、向往、渴望的愿望和景象，它在组织中创造出一体感，并遍布到组织全面的活动中，从而使各种不同的活动融合起来。共同愿景可以由外在环境造成，也可以是因组织内部被唤醒的建立新事物的创造力和热情形成。团队学习是发展团队成员整体搭配与实现共同目标能力的过程。团队学习运用"深度汇谈"和"讨论"两种方式，使成员对思维的不一致更敏感并减少对此的不安，通过学习使集体思维变得越来越默契。五项修炼的核心是系统思考。它是"看见整体"的一项修炼，其精髓在于转换思考方式，熟悉、掌握并运用"系统基模"则是将系统观点运用于实践的第一步。

5.比较工业社会与知识经济时代管理理论的异同。

答：在知识经济时代，知识作为最重要的生产要素极大地改变了工业时代的生产方式；信息的传输、处理成本和效率也不再是制约经济增长的主要障碍；知识本身的稀缺性及知识生产能力成为社会经济发展的瓶颈；局域网和广域网的发展使得在公司内部和公司之间的动态协作成为可能。管理学家们和企业家们在此基础上重新审视管理学的理论和方法，正试图以新的组织方式和运作方式来适应知识经济的环境。

与工业社会的管理理论相比，知识经济时代管理理论与之最根本的区别在于，它的着眼点在于有效地取得和利用知识而非物质资本。在工业社会生产中，物质资本是最稀缺的投入要素,相应地,当时的管理重点在于如何最有效地利用物质资源。当知识取代物质资本成为关键投入要素时,管理理论就将中心转移到如何有效地取得和利用知识了。知识联盟、联网等的提出正是体现了这一点。

当然,不管哪个时代的管理,其目的都在于以最有效的方式达成组织目标,不同的仅在于其所采取的具体方式。而从管理的职能与管理过程来看,同工业社会一样,知识经济时代的管理也是包括计划、组织、领导、控制等四个方面。

6. 比较知识经济背景下各种管理方法的异同;对照现实生活,说明现实与理论之间有哪些差异。

答:重要的区别在于它们对于"人"的看法、重视程度与管理方式的不同。虽然存在着人际关系学派,对人管理理论等管理思想,但工业社会中大多时候人被视为一架有惰性的机器,需要不断地上发条并严格控制。在知识经济时代,知识是最为关键的生产要素,而掌握、使用知识的是"人"这一主体,因此,必须重视人的作用。而在管理上,应是人性化的人本管理,让员工在和谐的环境中充分发挥自己的聪敏才智。在这里,自由的氛围与可以挥洒的空间是非常重要的。第五代管理、柔性组织等管理理论都体现出了这一点。

7. 组织如何根据绩效改进的目标采用合适的绩效改进方法和策略?

答:引入有能力的治理主体,完善公司治理结构。在多元化的产权结构下,将产权结构优化配置,划清企业所有者与经营者之间的责权利关系,对经营者构建有效的利益激励机制,是提高企业绩效的必要条件。对我国的国有企业而言,政府是国有企业的所有者,但政府没有足够的能力来履行所有者的职责,对经营者进行有效监督和激励。因此,引入有能力的治理主体,是国有企业培育核心能力和改进绩效的前提条件。

通过组织修炼,建立学习型组织。未来的竞争是组织的竞争,组织竞争力的本质是组织素质。为了提高组织素质,就必须进行组织修炼。所谓"组织修炼"就是采用系统思考的方法使组织向"学习型组织"转变。这是由美国麻省理工学院彼得·圣吉教授在《第五项修炼》中最先提出的。

理念提升。理念提升主要有以人为本、超越竞争、新型的价值链(不仅为顾客定制,而且同顾客一起去满足他们的顾客的愿望)。

建立动态联盟。包括"虚拟企业"、"动态团队协作"和"知识联网"等三个方面。动态联盟能为成员企业带来许多优势:(1)迅速捕捉市场机遇,及时满足客户个性化需求;(2)共同分担费用;(3)降低风险;(4)使成员企业充分利用规模经济优势;(5)扩大市场范围;(6)提高产品的设计质量,优化产品的性能;(7)通过生产计划的仿真,可以优化资源配置和物流管理,实现柔性制造和敏捷制造,缩短制造时间,降低生产成本。

合作竞争策略。在知识经济时代,企业附加价值活动的支点从制造转向了创新的以知识为基础信息的服务项目。知识型产品的经营必然带有知识经营的特征,一个重要的特征就是合作竞争策略。

在绩效改进的过程中,应当始终注重技术、管理和制度三类创新的协同与整合,促进三类创新的有机融合和良性互动,寻求最佳的创新组合,实现创新的协同效应、整合效应和倍增效应,使企业保持持久的生机与活力。

本章案例参考解答

1. 请分析哪些原因使得 IBM 公司陷入困境。

答：导致企业绩效不良的原因有很多，如内部制度问题、组织理念落后等。从本案例来看，不难发现，使 IBM 公司陷入困境的主要原因是外部环境的剧烈变化。这具体表现在行业发展新趋势、竞争对手变化以及技术标准改变等三个方面。

从行业发展新趋势方面来看，到了 20 世纪 80 年代，已不再是主机统治整个计算机行业，而是出现了朝更便宜的计算机以及更大、更好的集成网络方向发展的新趋势，或者说，计算机行业从"点"向"空间"发展，计算机已不再是一台单独的中央处理器，而是一张网络。IBM 以往的核心能力是设计、制造与销售主机，因此这一环境的变化给它带来了挑战。

从竞争对手角度来看，计算机行业的发展促使了许多新企业的加入，它们对于 IBM 公司的主机业造成了很大冲击；与此同时，过去那些长期跟随 IBM 公司的老企业，也开始重新激发活力，希望在新的规则下、新的领域中与 IBM 公司抗衡。竞争的加剧削弱了 IBM 公司的控制力。

从技术标准角度来看，由于计算机业从点到空间的变化，开放式结构受到了欢迎，而 Unix 正好为各大大小小的专业化计算机制造商的产品提供了一个可以与大多数计算机系统兼容和连接的途径。Unix 加速了向功能更强大的小型计算机、工作站和微型计算机方向发展，同时也向计算机网络方向发展。它建造了一个可替换 IBM 公司独有操作系统的计算机标准，对 IBM 公司造成了很大威胁。

2. IBM 公司成立了许多知识联盟，这些联盟有哪些共同点和不同点？

答：这些知识联盟都是 IBM 公司为应对外部环境的变化而创建的。IBM 希望通过这些联盟获得建立新技术的途径，最终改变它的基本能力，以适应计算机业从点到空间的发展。另外，IBM 所选择的知识联盟伙伴都是在该领域具有很强竞争力的公司，如 NTT 公司、三菱、MCI 公司以及 ROM 公司等，是一种优势互补的强强联手。

当然，这些知识联盟间也有不同的地方。从结果来看，其中有些联盟已经失败了，如 IBM 公司买下了本是联盟伙伴的 ROM 公司的所有股份。从合作领域来看，有些联盟所设计的领域是 IBM 公司无法独立发展的，如 MCI 公司的远程电话服务，而有些联盟的领域 IBM 完全可以独自开发，只不过它不愿完全依靠自己而已，如许多合股公司在分子模拟、图像处理等方面进行的软件开发。

3. 请关注一下计算机行业的最新发展动态，分析哪些因素对这个行业会产生最大的冲击，以及一些著名厂商用何种方法来应对。

答：互联网的迅速普及和其个人化的使用特性，都在大众层面上迅速扩大了对 PC 的使用需求。同时，教育、娱乐和数字化办公也从不同层面增加了潜在的消费需求。

然而，据有关机构统计，1998 年国内兼容市场占去了计算机总体市场的 1/4 强，而这一市场的最大客户是大众用户。按照国内大众的购买力估算，5 000 元将是 PC 成为人们生活必需品的价格条件。毋庸置疑，是价格决定了消费者的货币流向，价格无疑构成 PC 大量运用的瓶颈。

高品质低价格一直是消费者的真正需求所在，而且"好用、适用、够用"的理念已被用户所接受。在供给方面,由于计算机工业制造技术的不断进步,导致了零部件系统集成度的不断提高,从而使得计算机整机制造所包含的技术含量进一步降低,大批量、标准质量控制的规模生产成为可能。加上企业的高效率管理、雄厚资金支持和庞大的市场推广能力,提供价格低廉、好用和够用的电脑产品几乎不存在任何技术和操作上的障碍。

2000年6月金长城推出4 999元的电脑,这是全配置的品牌电脑价格首次跌破了5 000元大关,在社会上引起巨大的震动。9月初,康柏推出了全新Prosignia321"全功能"PC……从各个方面来看,低价电脑已经成为市场的销售主流。

在国内各大品牌红红火火的时候,Acer加紧建立生产厂和配装厂,并且加紧完善其销售渠道和维修服务。这样,其他国际公司未能解决的当地生产和物流问题迎刃而解。南方北方同时生产、同时供货,不仅交货快,而且成本降低,给价格的调整创造了条件。据Acer公司中国经理林显郎介绍,公司从1984年开始以"全球品牌,结合地缘"策略走向国际化,在当地建厂,与当地著名的公司合资合作。今天,在祖国内地采取的策略是其全球战略的延伸。其他一些国际大厂商也纷纷采取类似行动,以增强竞争力。

本章测试题

1. 下列不属于绩效不良原因的是: (　　)
    A. 评价标准过低　　　B. 内部制度问题　　　C. 外部环境变化　　　D. 组织理念落后

2. 下列竞争观念正确的是: (　　)
    A. 对手都是敌人　　　　　　　　　　B. 竞争是一种零和博弈
    C. 竞争对手也可以是合作伙伴　　　　D. 在任何方面都应展开竞争

3. 下列各项不属于管理创新实施方法的是: (　　)
    A. 提出一种新的经营思路　　　　　　B. 创设一个新的组织机构
    C. 进行一项制度创新　　　　　　　　D. 采用一种新的生产工艺

4. 挑选流程再造突破口的原则不包括: (　　)
    A. 绩效低下的流程　　　　　　　　　B. 位势重要的流程
    C. 具有可行性的流程　　　　　　　　D. 人数最多的流程

5. 关于流程再造,下列说法正确的是: (　　)
    A. 公司再造是一个自下而上的过程　　B. 再造是对流程的局部改善
    C. 再造离不开不断的沟通　　　　　　D. 再造的出发点是绩效的提高

6. 下列不属于学习型组织必需的五种修炼的是: (　　)
    A. 改善心智模式　　　B. 建立知识联盟　　　C. 团队学习　　　D. 建立共同愿景

7. 下列关于学习型组织的各种说法正确的是: (　　)
    A. 系统思考是其他四项修炼的基础

B. 五项修炼是分时间、分层次依次进行的

C. 自我超越只是员工的个人行为,组织对此无能为力

D. 共同愿景只包括那些长期性的愿望和景象

8. 下列关于理念提升的说法错误的是: （ ）

A. 以人为本的管理有利于激发员工的积极性和创造性

B. 应与对手在同一领域用相同方式进行竞争

C. 新型价值链在传统模型后加上了"顾客的顾客"

D. 信息社会中人力资本将取代金融资本成为战略资源

9. 关于知识联盟的各种说法中错误的是: （ ）

A. 学习和创造是其中心任务　　　　　B. 比产品联盟松散些

C. 参与者范围更广泛　　　　　　　　D. 具有更大的战略潜力

测试题参考答案

导论

1. A； 2. E； 3. D； 4. B； 5. F； 6. E； 7. A； 8. E； 9. F； 10. C； 11. C； 12. B

第1章

1. F； 2. E； 3. F； 4. A； 5. D； 6. D； 7. E

第2章

1. E； 2. C； 3. AC； 4. D； 5. A； 6. ABCD； 7. AB； 8. ABC； 9. ABCD； 10. BC

第3章

1. D； 2. D； 3. A； 4. C； 5. D； 6. B； 7. A； 8. D； 9. E； 10. A

第4章

1. D； 2. B； 3. B； 4. C； 5. D； 6. C； 7. D

第5章

1. C； 2. A； 3. B； 4. A； 5. C； 6. C； 7. B

第6章

1. B； 2. C； 3. A； 4. D； 5. C； 6. C； 7. B； 8. C

第7章

1. B； 2. D； 3. C； 4. B； 5. B； 6. A； 7. D

第8章

1. C； 2. A； 3. D； 4. A； 5. C； 6. A； 7. D

第9章

1. B； 2. A； 3. A； 4. D； 5. C； 6. C； 7. D

第10章

1. C； 2. C； 3. ABCD； 4. AC； 5. AD； 6. C； 7. C； 8. B

第 11 章

1. ACD；　2. AD；　3. ABD；　4. BD；　5. ACD；　6. AC；　7. BC；　8. ABCDG

第 12 章

1. C；　2. ACE；　3. D；　4. C；　5. ABD；　6. BC；　7. B；　8. A；　9. ABCE；　10. D

第 13 章

1. ABD；　2. C；　3. B；　4. ACD；　5. C；　6. B；　7. A；　8. D

第 14 章

1. C；　2. ACD；　3. ABC；　4. ABCE；　5. A；　6. B；　7. C；　8. C

第 15 章

1. ABCD；　2. BCD；　3. BCD；　4. CD；　5. C；　6. B；　7. B；　8. C；　9. ABCD

第 16 章

1. C；　2. A；　3. B；　4. C；　5. D；　6. A；　7. D；　8. ABCD

第 17 章

1. AB；　2. AC；　3. AC；　4. ABD；　5. ABC；　6. ABC；　7. BCD；　8. ABC；　9. ABD；
10. ABD

第 18 章

1. ABC；　2. ABC；　3. ABCD；　4. ABCD；　5. ABCD；　6. ABC；　7. ABCD；　8. ABCD；
9. ABCD；　10. ABC

第 19 章

1. ABD；　2. ABCD；　3. ABD；　4. ACD；　5. BC；　6. ABD；　7. ABD；　8. A；　9. AB

第 20 章

1. C；　2. B；　3. D；　4. A；　5. D；　6. A；　7. C；　8. D；　9. A；　10. B

第 21 章

1. A；　2. D；　3. A；　4. D；　5. B；　6. C；　7. B；　8. D；　9. D

第 22 章

1. B；　2. C；　3. D；　4. C；　5. A；　6. A；　7. D；　8. C；　9. D

第 23 章

1. A；　2. C；　3. D；　4. D；　5. C；　6. B；　7. A；　8. B；　9. B

主要参考文献

D.麦格雷戈:《企业的人事方面》,麦格劳—希尔图书公司1960年版。

F.X.贝阿等:《企业管理学》,复旦大学出版社1996年版。

G.J.施蒂格勒:《产业组织和政府管制》,上海人民出版社1996年版。

H.西蒙:《管理行为:管理组织决策过程的研究》,北京经济学院出版社1988年版。

R.科斯:《论生产的制度结构》,上海三联书店、上海人民出版社1995年版。

W.H.纽曼等:《管理过程》,中国社会科学出版社1995年版。

彼得·圣吉:《第五项修炼》,上海三联书店1994年版。

丹尼尔·A.雷恩:《管理思想的演变》,中国社会科学出版社1986年版。

哈罗德·孔茨、西里尔·奥唐奈:《管理学》,贵州人民出版社1982年版。

哈默、钱比:《改造企业》,牛顿出版股份有限公司1994年版。

加里·哈默、C.K.普拉哈拉德:《竞争大未来》,昆仑出版社1999年版。

罗伯特·R.布莱克等:《管理方格》,海湾出版公司1964年版。

罗锐韧等:《管理沟通》,红旗出版社1997年版。

钱德勒:《看得见的手》,商务印书馆1987年版。

芮明杰:《管理学:现代的观点》(第三版),格致出版社、上海人民出版社2013年版。

芮明杰等:《人本管理》,浙江人民出版社1997年版。

芮明杰等:《再造流程》,浙江人民出版社1997年版。

斯蒂芬·P.罗宾斯:《管理学》,中国人民大学出版社1997年版。

唐·赫尔雷格尔等:《组织行为学》,中国社会科学出版社1988年版。

托马斯·J.彼得斯等:《追求卓越》,中国友谊出版公司1986年版。

维克多·弗鲁姆等:《领导和决策》,匹兹堡大学出版社1973年版。

小詹姆斯·H.唐纳利等:《管理学基础》,中国人民大学出版社1982年版。

杨洪兰:《现代实用管理学》,复旦大学出版社1996年版。

管理学:现代的观点

学生用书

图书在版编目(CIP)数据

管理学:现代的观点 / 芮明杰主编. —3 版. —上海:
格致出版社:上海人民出版社,2015
学生用书
ISBN 978 - 7 - 5432 - 2409 - 4

Ⅰ. ①管… Ⅱ. ①芮… Ⅲ. ①管理学-高等学校-教
材 Ⅳ. ①C93

中国版本图书馆 CIP 数据核字(2015)第 014567 号

责任编辑　忻雁翔
美术编辑　路　静

《管理学:现代的观点》学生用书(第三版)

芮明杰　主编

出　版	世纪出版股份有限公司　格致出版社	印　刷	上海商务联西印刷有限公司
	世纪出版集团　上海人民出版社	开　本	787×1092　1/16
	(200001　上海福建中路 193 号　www.ewen.co)	印　张	16
	编辑部热线　021-63914988	插　页	2
	市场部热线　021-63914081	字　数	374,000
	www.hibooks.cn	版　次	2015 年 5 月第 1 版
发　行	上海世纪出版股份有限公司发行中心	印　次	2015 年 5 月第 1 次印刷

ISBN 978 - 7 - 5432 - 2409 - 4/F · 764　　　　　　　　　　　　　　　　　定价:32.00 元